高等职业教育汽车类专业校企合作“互联网+”创新型教材

汽车维修企业管理

第2版

主　编　徐广琳　初宏伟
副主编　赵晓宛　韩　荧
参　编　徐　磊　谢　丹　李梦雪

机械工业出版社

本书是经全国机械职业教育教学指导委员会审定的全国机械行业职业教育优质规划教材的修订版，主要介绍汽车维修企业相关的运营与管理，内容包括汽车维修企业战略管理、汽车维修企业生产管理、汽车维修企业质量与技术管理、汽车维修企业备件管理、汽车维修企业索赔管理、汽车维修企业客户满意度管理、汽车维修企业财务与成本核算和汽车维修企业人力资源管理。本书配了大量的二维码视频、案例、思政课堂、知识拓展等，开拓学生的视野，激发学生的学习兴趣。

本书可作为高职本科院校汽车工程技术、汽车服务工程技术专业，高职专科院校汽车运用与维修技术专业、汽车技术服务与营销专业、汽车电子技术专业等汽车类专业的教学用书，也可作为有关汽车维修企业的管理人员自学、培训的参考资料。

本书配有电子课件，凡选用本书作为教材的教师均可登录机械工业出版社教育服务网（www.cmpedu.com）注册后免费下载。咨询电话：010-88379375。

图书在版编目（CIP）数据

汽车维修企业管理 / 徐广琳，初宏伟主编．—2版．—北京：机械工业出版社，2021.10（2025.1重印）
高等职业教育汽车类专业校企合作“互联网+”创新型教材
ISBN 978-7-111-69190-7

Ⅰ.①汽… Ⅱ.①徐…②初… Ⅲ.①汽车-修理厂-工业企业管理-高等职业教育-教材 Ⅳ.①F407.471.6

中国版本图书馆CIP数据核字（2021）第189969号

机械工业出版社（北京市百万庄大街22号 邮政编码100037）
策划编辑：张双国 责任编辑：张双国
责任校对：张 力 封面设计：王 旭
责任印制：常天培
北京机工印刷厂有限公司印刷
2025年1月第2版第5次印刷
184mm×260mm · 12.75印张 · 315千字
标准书号：ISBN 978-7-111-69190-7
定价：45.00元

电话服务 网络服务
客服电话：010-88361066 机 工 官 网：www.cmpbook.com
010-88379833 机 工 官 博：weibo.com/cmp1952
010-68326294 金 书 网：www.golden-book.com
封底无防伪标均为盗版 机工教育服务网：www.cmpedu.com

前　言

随着我国汽车工业的迅速发展，汽车售后市场也蓬勃发展，汽车售后市场从业人员的需求量越来越大，许多高职高专院校都相继开设了“汽车检测与维修”“汽车运用技术”“汽车电子技术”等专业，为汽车售后市场培养了大批技术人员。但是，学生在掌握汽车技术的同时，也需要懂得汽车维修企业管理的基本思想和方法，为在汽车后市场就业和自主创业打下一定的基础，本书就是为了满足这一要求而编写的。

本书紧密结合汽车维修企业的实际，重点突出实用性和先进性，以项目为载体，对标职业技能等级标准，使学生在实施项目过程中有的放矢地掌握相应等级的职业技能，多方位、多角度地培养学生职业素养，实现岗课证融通；通过课堂拓展、知识拓展的形式将职业素养、工匠精神、创新意识、绿色环保意识等融入书中，引导学生守正创新、实践创业，实现专业教育中突出人文底色与创新素质的培养目标。

本书共八个项目，内容包括汽车维修企业战略管理、生产管理、质量与技术管理、备件管理、索赔管理、客户满意度管理、财务与成本核算和人力资源管理。书中配有微课、视频等数字资源，是可听、可视、可参照的立体化教材。

本书由长春汽车工业高等专科学校徐广琳、初宏伟任主编，赵晓宛、韩荧任副主编，参加本书编写的还有徐磊、谢丹、李梦雪。在本书编写过程中，得到了一汽大众售后服务部张颖高级工程师的大力支持，在此表示衷心的感谢！

由于时间仓促，书中难免有疏漏和不妥之处，恳请广大读者批评指正。

编　者

二维码索引

（续）

名　称	图　形	页　码	名　称	图　形	页　码
二次下落		59	“三包”规定		112
驶出工位		59	索赔条例		121
钣金修复		61	索赔流程		123
一次修复率		78	索赔件管理		133
备件类型		88	提高客户满意度流程		149
备件订购		89	抱怨处理		149
备件库房管理		97	提高客户感受		150

目　录

项目一　汽车维修企业战略管理

项目导读

汽车维修企业战略管理是汽车维修企业的重要业务内容，关系到汽车维修企业在激烈的市场竞争中运营是否有正确的指导思想，从而站稳脚跟、持续发展。要制订出适合市场、能正确指导汽车维修企业运营的经营战略，必须了解和掌握市场调研，汽车维修企业战略分析、选择与制订等一系列方法与手段，还必须了解汽车维修企业 CIS 战略。

建议学时安排：

序　号	内　容	学　时
认知 1	汽车维修战略分析与制订	2 学时
认知 2	汽车维修企业 CIS 战略	1 学时
认知 3	汽车维修企业经营战略落实	1 学时
项目实施	制订加盟某快修品牌的计划书	2 学时

项目引入

小周从汽车职业院校毕业后一直在一家汽车 4S 店工作，至今已经工作 4 年了。目前，他已经成长为一名机修组长，具有丰富的实践经验，对于他所在的 4S 店管理上的一些问题，向主管反映了几次之后没有得到回应，觉得自己的才智不能充分发挥，就想试一下自己创业，但是舍不得放弃从事多年的汽车行业。这时他的一名同学找到他，建议他从事汽车快修事业，于是他开始详细地考虑汽车快修经营的有关问题。

项目内容

认知 1　汽车维修战略分析与制订

学时	2 学时		难度	高级
学习目标	知识	1）了解汽车维修市场调研常识 2）了解汽车维修企业经营模式 3）了解汽车维修客户维修行为		

（续）

		技能点	能力描述
学习目标	技能	1）能够完成汽车维修经营战略分析	1+X汽车维修企业运营与项目管理技术高级技能大纲【12. 项目管理策略制订分析】
		2）能够选择与制订正确的汽车维修经营战略	
	素养	1）培养创业者的社会责任意识 2）培养诚实守信的职业道德 3）培养创业风险意识	

一、汽车维修市场调研

市场调研是运用科学的方法，有目的、有计划、系统地收集、整理和分析研究有关市场方面的信息，提出解决问题的建议，供相关人员了解市场环境，发现问题与机会，作为经营决策的依据。

市场调研是企业投资前期或者战略转型的重要步骤，是汽车维修企业投资、制订经营战略和经营决策的依据，需要对经营方向进行全面的经济技术分析，包括宏观经济形势与行业政策、周围车源分布、周边维修企业分布、配件渠道等。如果市场调研不够深入细致，缺乏真实的可行性分析，就会没有明确的市场定位、对企业的投资和经营带来致命的影响。

市场调研的信息来源包括行业主管部门的政策和统计资料、网上媒体统计分析资料、市场调查数据资料、客户群体抽查等。市场是不断发展变化的，对收集到的信息也要进行动态分析，对信息的准确性和时效性进行评估，剔除无效、过时和不可靠的信息。

汽车维修市场调研一般分为3个阶段，即调研准备阶段、调研实施阶段和分析总结阶段。

（1）调研准备阶段　调研准备是否充分直接关系到整个调研工作的成败。本阶段的工作内容有：

1）确定问题和调研目标。既不能过于宽泛，也不宜过于狭窄，要有明确的界定并充分考虑调研成果的时效性。

2）拟定调研计划，撰写策划书。具体工作主要包括确立调研项目，确定信息来源，选择调查方式，估算费用，设计调查问卷，撰写调研策划书。

（2）调研实施阶段　本阶段的工作内容主要包括走访、收集调研资料。

（3）分析总结阶段　这阶段的工作内容主要包括调查资料的汇总、调研报告的撰写等；对资料进行校核，剔除不必要、不可靠的资料；对资料进行整理分析，撰写调研报告。

市场调研不仅是企业投资前期投资决策的依据，企业正常运营之后也需要听取市场反馈、收集信息，不断改善企业运营状况。

二、汽车维修企业经营战略分析

经过市场调研之后，需要对汽车维修企业经营面对的所有外部条件做出全面而深入的分析，制订出正确的经营战略。分析内容包括宏观经济形式与行业政策、维修车源与周围汽车维修企业、汽车维修企业经营模式和维修客户维修行为等。

1. 宏观经济形势与行业政策

宏观经济形势分析包括宏观经济环境、区域经济特点、政治和法律环境、社会和文化环境、自然环境、人群消费习惯、区域文化特征等方面的分析。行业政策分析包括对维修行业集中度、企业之间的差别、行业壁垒、行业的整体供需状况和竞争状态、行业自律情况、消费群体对行业的认知、行业政策、法规和标准等方面的分析。

汽车维修企业必须密切注意市场经营宏观环境的变化，分析和鉴别宏观经营环境变化带来的发展机会和产生的新的危机，并制订正确的策略。

2. 维修车源与周围汽车维修企业

维修车源是汽车维修企业的生存基础，汽车维修企业是否具有竞争力、能够在维修车源中取得一定的份额是汽车维修企业生存和发展的关键。

（1）维修车源　维修车源分析需要对拟定厂址周围10km以内的公用车、企业用车和私家车的车型和数量做出统计和估计，维修车源的经济状况及对维修费用的支付能力也会对维修企业的经营造成一定的影响。投资方自身的车源容易做出准确的统计分析，这部分车源将是企业创办初期业务量的重要组成。对潜在的维修车源则需要一个基本预测，还应考虑维修车源的发展，如该地区的经济发展趋势、规划、道路的发展、居民收入的增加等因素对车源发展的作用。

（2）周围汽车维修企业经营要素　分析周围汽车维修企业的经营要素是汽车维修企业经营者投资建厂、制订经营战略的重要参考依据：

1）分析周围汽车维修企业的经营优势、经营特点、业务结构、客户群体、市场地位和组织结构，从中掌握竞争对手的战略方向、市场地位和组织机构体现出的战略重点。

2）分析周围汽车维修企业的技术人员的水平和数量、维修项目、维修价格、维修质量、设备情况、业务开发人员的素质和经验。

3）分析周围汽车维修企业的投资状况、经营规模、经营效益及潜在的经营危机，便于找到市场突破口，确定自身经营策略。

4）分析周围汽车维修企业投资者的素质和能力及社会关系、经营背景、经济实力、管理层的素质、能力和管理方式。

3. 汽车维修企业经营模式

目前，汽车维修企业经营模式有特约经销店（4S店）、汽车经销维修集团（同时经营多品牌特约）、大型修理厂、专项修理店、连锁经营店、小型修理部、汽车美容店、轮胎经营店、快速养护店、O2O模式等。

（1）特约经销店（4S或3S店）　特约经销店又称为特许经销商，是一种以“四位一体”为核心的汽车特许经营模式，包括整车销售（Sale）、零配件（Spare part）、售后服务（Service）和信息反馈（Survey）4个功能。

在4S店的基础上去掉整车销售（Sale）功能的企业，则称为3S店，是汽车生产企业授权在指定区域内从事售后服务、零配件供应、信息反馈三位于一体的现代化修理企业。

4S店一般属于一类汽车维修企业，强调一种整体的、规范的、由汽车企业控制的服务。由于它与各个汽车生产厂家之间建立了紧密的产销关系，具有购物环境优美、品牌意识强等优势，能得到厂家的全方位支持。4S店一般采取一个品牌在一个地区分布一个或相对等距离的几个特约经销店，按照生产厂家的统一店内、外设计要求建造，投资巨大，动辄上千万，甚至几千万，豪华气派。4S店具有统一的外观形象、统一的标识、统一的管理标准，只经营单一的品牌，具有渠道一致性和统一的文化理念，在提升汽车品牌、汽车生产企业形象上的优势是显而易见的。

4S或3S店在经营上具有以下优势：

1）信誉度方面。4S店有一系列关于处理客户投诉、意见、索赔等常见问题的管理方法，给车主留下良好的印象。

2）技术方面。由于4S店只针对一个厂家的系列车型，有厂家的系列培训和技术支持，对汽车的性能、技术参数、使用和维修方面都是非常的专业，做到了“专而精”。

3）售后服务保障方面。随着竞争的加剧，4S店更加注重服务品牌的建立，加上4S店的后盾是汽车生产厂家，所以在售后服务方面可以得到保障。

4）人性化方面。4S店由于投资大、条件好，累了有休息室，渴了有水喝，无聊可以看杂志、书刊、报纸、上网，如果着急用车还有备用车供其使用，整个流程有专门的服务人员进行打理，不用车主操心就能完成整个业务。

4S或3S特约经销店在经营上存在以下劣势：

1）汽车4S店基本是汽车厂家的附属，没有言语权。汽车4S店的经营活动都在为生产厂家服务，为把汽车及配套商品快速而有效地从生产厂商手中流通到消费者手中努力，为维护生产厂家的信誉和扩大销售规模而工作。汽车经销商没有实力与厂家平等对话，处于弱势地位。

2）没有自身的品牌。建筑形式以及专卖店内、外所有的CI形象均严格地按照厂家的要求进行装饰和布置，经销商自身的品牌形象则无处体现，厂家也不允许体现。汽车厂家对汽车4S店的经营管理模式、业务流程、岗位的设置等都有标准的规定和要求，对产品价格、促销政策、销售区域、零配件和工时的价格均强硬控制，使当前汽车4S店的经营弹性范围狭隘，经营模式和服务同质化。

3）完全靠汽车品牌吃饭。汽车4S店的经营状况有90%依赖于所经营产品的品牌，并受4S店的经销商与厂家关系的影响，关系好时厂家给予的相关资源就多，利润的空间就大。

（2）大型修理厂（综合修理厂）　大型汽车修理厂的软硬件设施都很完善，能维护、维修各种品牌的汽车，零配件从市场上购买，设备和人力资源得到充分利用，因而维护及维修价格相对较低，在一定时间内对品牌汽车的技术及性能掌握程度不如4S店。大型汽修厂能够弥补汽车4S店维修的不足，并且大型修理厂资金较为雄厚，正逐步完善其服务质量。大型修理厂一般属于一类或二类汽车维修企业。

（3）连锁经营店（快修店）　连锁经营店与4S店和大型修理厂相比，快修连锁店突出了它的“快”字，软、硬件设施投入相对4S或3S店或大型修理厂少，维修价格也便宜，但管理、服务很正规。快修店一般属于二类和三类汽车维修企业，往往采取连锁经营方式，店面、标色、服装等统一，由连锁总部进行管理、控制、支持、服务。不少快修连锁店目前仍处在初级阶段，形似神不似，只是店面、标色、服装等统一了，而服务理念、服务方式、服务质量未达到快修连锁的要求。

（4）专项维修店 专项维修店指专门从事汽车空调维修、自动变速器维修等专项修理或维护的汽车维修企业，其专业化较强、管理较为正规，软、硬件设施投入相对较少，属于三类汽车维修企业。汽车专项维修店在对汽车用户提供维修服务方面具有重要作用。

（5）小型修理部 小型修理部也称为路边店，属于三类汽车维修企业，具有维修快速、维修价格低廉的优点。小型修理部在提供低端汽车维修服务方面具有重要作用。有些小型修理部没有正规手续。

（6）O2O模式 O2O即Online To Offline（线上到线下），是指将线下的商务机会与互联网结合，让互联网成为线下交易的前台。4S店消费高而路边店的信任体系缺失，这给了上门维护维修O2O企业成长为大平台的机会。

网上集客、线下交易虽然是O2O行业的一贯做法，但在汽车后市场，由于车主习惯、车辆昂贵等诸多问题，Offline端实际上显得更加重要。唯有同时抓住线上、线下两端的服务，才能在汽车后市场稳步发展。O2O模式经营中如果Online端过重、Offline端过轻，虽然大量的平台能够通过优惠吸引用户，但却无法通过良好的线下服务留住用户，缺乏标准化和服务质量，靠补贴、烧流量的模式来留住线上用户显然是难以为继的。

以上各种经营模式，无论是特约经销店、专项维修店还是O2O模式都有其自身的优点也都有缺点，需要从业者根据自身情况选择。

4. 维修客户维修行为

（1）客户送修过程与影响因素 一个较为完整的客户送修过程如图1-1所示。

维修客户在做出要不要维修车辆、送到哪里去维修决定的过程中，除了车辆的使用情况、技术状况等信息有影响之外，汽车维修企业的营销、用户口碑、维修项目设置、维修价格、维修客户的经济状况、公关渠道、政治政策、消费文化、公共宣传等因素都会产生影响。维修客户在送修时还常常会面临维修项目及消费额度的选择。

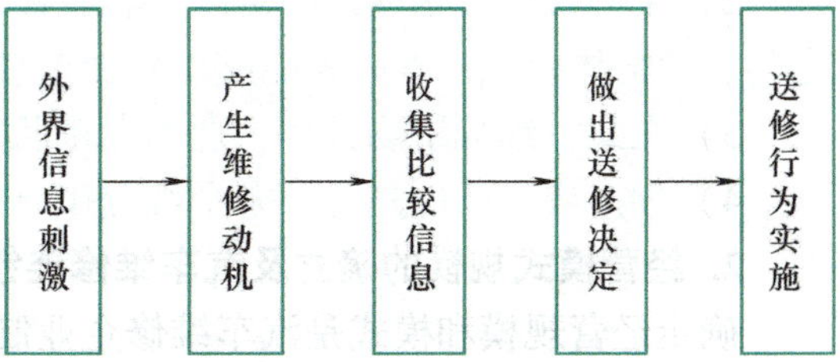

图1-1 客户送修过程

由于维修客户心理特点、消费习惯的不同，不同的维修客户送修过程会有一定的差异，有些维修客户的送修过程可能会简略一些。

（2）维修消费行为类型

1）可引导型。这类维修客户个性不强，消费行为容易受到朋友推荐或者企业营销宣传的影响。

2）被动型。这类客户会在车辆过了生产厂家规定的保修期之后，到了非修不可的时候才去维修。他们除了在维修费用上斤斤计较，选择送修的维修企业必须够档次。

3）非专家型。维修客户对汽车构造不感兴趣，除了会开汽车，其他一概不知或知之甚少，容易接受维修顾问的意见。

4）了解汽车型。维修客户对汽车构造和维修感兴趣，一般为汽车爱好者或者机械行业工作者，喜欢对维修项目仔细询问并有自己的维修意见，并能看出一些路边店的不规范操作。

5）时尚型。这类客户经济条件较好，追求生活品质，注重维修质量，不在意维修消费数额，选择送修的维修企业必须够档次。

三、汽车维修企业经营战略选择与制订

在完成了对宏观经济形势与行业政策、维修车源、周围汽车维修企业等外部经营条件的分析之后，就可以制订正确的经营战略以使企业持续生存和不断发展。制订步骤包括市场细分、经营模式规模的确立和经营战略选择与制订。

1. 市场细分

若要制订适合市场竞争的经营战略，首先要对市场进行细分。市场细分是对每个细分市场做进一步分析的基础。市场细分的意义如下：

1）可以将企业有限的资源集中于一个确定的目标，确立企业的竞争优势。

2）通过细分，明确了客户，能够准确了解客户的需求，制订服务方案，提高客户满意度。

3）提高企业的应变能力，及时了解客户的需求变化和潜在需要，开发新的服务产品。

4）捕捉新的市场机遇、需求点。市场的需求分为现实需求和潜在需求，汽车维修企业在充分研究市场和细分市场时，还必须考虑客户的个性化需求，了解用户的价值观、情感因素、消费理念等一系列信息。

在细分市场的过程中，正确确定目标市场的客户需求，比竞争对手更有效、更有力地传送目标市场更需要的东西，需要明确以下问题：

1）本地区汽车保有量、车源车型分布。

2）某一细分市场客户的需求，客户需求的满足程度，哪个细分市场最有发展前途，拟定的客户群体特点，本公司能够做到而市场没能做到的地方。

3）在某一细分市场其他企业的营销状况，主要竞争对手的优势和劣势。

4）创办或经营的是针对哪个细分市场的汽车维修企业。

2. 经营模式规模的确立及汽车维修连锁经营

确定经营规模和模式是汽车维修企业制订经营战略的首要问题。汽车维修企业的经营规模并非越大越好，只有最合理的经营规模才能产生最佳经营效益。一个“大而全”的企业，未必赶得上一个“小而专，小而精”的企业具有市场竞争力。

根据交通运输部的管理规定，汽车维修企业可分为汽车整车维修企业、汽车综合小修业户和汽车专项维修业户。汽车整车维修企业分为一类汽车整车维修企业和二类汽车整车维修企业，二者的主要区别在企业规模大小、技术力量强弱等方面。汽车综合小修业户和汽车专项维修业户通常称为三类汽车维修企业，并把汽车快修店划分为三类汽车维修企业。

汽车维修企业按照规模划分有大、中、小之分，规模确定涉及行业发展趋势、周围维修企业状况、投资额等多种因素。

投资者在经过科学准确的市场调研和分析后，就可以确定合理的企业经营规模，需要明确下列问题：

1）确定经营战略范围内的维修车辆保有量。

2）确定维修车型和日维修量。

3）确定维修工位数量。

4）确定维修车型。一般情况下，大规模汽车维修企业（集团）适合多品牌特约维修经营，中小规模的企业适合单一车型或专项、专业修理。

5）确定聘用人员数量。

企业经营规模的大小取决于维修市场规模、资源条件、车源分布、周边维修企业分布状况、备件渠道、地理位置、技术力量、员工素质等多方面的因素。

规模大并不等于效益好，规模在很大程度上是竞争优势的结果，而不是竞争优势的原因。经营规模小、资源有限的企业虽然难以搞综合经营以分散风险，但是可以集中资源，通过选择能使企业发挥自身优势的细分市场来进行专业化的经营。

汽车快修连锁是近年来我国汽车维修业发展较快的经营模式，而且相关资料显示，在欧美等发达国家和地区，汽车快修连锁店已成为汽车维护维修的主力军。

（1）汽车维修连锁经营形式　汽车维修连锁经营主要包括3种形式：自由连锁、特许经营和直营连锁。

1）自由连锁。加入连锁的均为独立法人，在连锁总部的指导下共同经营。各成员店使用共同的店名，与总部签订采购、维修、宣传等方面的合同，按合同开展经营活动。各成员店可以自由加入连锁体系，也可以自由退出。

2）特许经营。特许经营指连锁特许者将自己所拥有的商标、商号、产品、专利和专有经营模式等，以特许经营合同的形式授予被特许者使用，被特许者按合同规定，在特许者统一的业务模式下从事经营活动，并向特许者支付相应的费用。

3）直营连锁。连锁公司的店铺均由公司总部全资或控股开设，在总部的直接领导下统一经营，总部对各店铺实施人、财、物等方面的统一管理。

（2）连锁经营加盟　加盟汽车维修连锁可以借助现有的连锁品牌快速起步。准备加盟汽车维修连锁的经营者，需要注意以下事项：

1）必须对加盟集团的品牌做充分的调研，经营者要到加盟集团总部进行项目考察，并与总部工作人员进行业务交流，加盟品牌要有特色、有市场竞争力。

2）在确定厂址之前做好充分的市场调研和车源分析。由于加盟汽车维修连锁经营资金回报周期较长，因而选址上要考虑较长的稳定期。

3）厂址显眼，车辆进出方便，门口有一定的场地，在考虑车流量的同时，还需考虑停车位。

4）加盟集团必须有相对完善的配送系统，或者离备件供应中心相对较近。

5）加盟集团必须有相对完善的客户管理与信息管理支持平台。

3. 经营战略选择与制订

经营战略是企业面对激烈变化、充满挑战的环境，为求得长期生存和不断发展而进行的总体性谋划。汽车维修企业经营者在分析了目标客户群的特点（私车、公车、车型、档次），客户的需要，主要竞争对手的优势、劣势，决定了企业的经营规模、模式之后，为了在汽车后市场求得生存和不断发展，必须科学地选择、评价和拟定经营战略。

（1）“专、精”战略　“专、精”战略是指汽车维修企业主攻某个细分市场，如某个品牌、某一专项修理，能够以更高的效率、更优的质量为某一特定的、狭窄的客户群体服务，在某一方面超过竞争对手。采用“专、精”战略可以集中资源重点突破，从而具有很强的竞争力，取得客户的信任，满足客户需要。

例如市场上出现的变速器阀体维修店，做到集自动变速器维修、设备研发、配件销售、新技术推广于一体，专为变速器专修厂、4S店提供维修技术指导和改良维修方案，开发了卧式变矩器维修设备，不仅可以修复变矩器，还可以加工铜套、光轴、蜗杆等，能够为4S店、修理厂、汽配商及自动变速器维修厂提供自动变速器维修代工服务和变速器阀体代工维修服务。

周围维修企业无论其规模大小、能力强弱都不能“包吃天下”，市场的需求是丰富多彩的，任何地方都存在商机。市场给予企业的机会很多，但不是所有机会都适合，关键是找到适合企业经营战略和经营特点的市场机会，促进企业的生存和发展。

新建的汽车维修企业要想在市场中找到立足点，必须找准市场突破口，经过汽车维修市场调研，通过维修车源分析和周围汽车维修企业的经营要素分析，对行业发展状况进行剖析，发现周围维修企业在哪些要素上经营能力相对低下，找到市场突破口。

采用这种经营战略对于小企业有两方面的好处：一是可以提高专业化程度和维修质量，提高规模经济效益，增加收益，在市场上站稳脚跟；二是随着需求多样化和专业程度的提高，大企业也普遍欢迎这种专业化程度高、维修质量好的企业为其提供配套服务。

如果周围汽车维修企业数量较多而车源相对稳定，市场竞争激烈，不时出现汽车维修企业倒闭，则投资者应该慎重选择，考虑重新选址。

（2）“广、全”战略　“广、全”战略是指汽车维修企业为了使得企业服务功能强大，给区域内的汽车用户提供更大便利，依托平台优势或者集团优势在汽车维修服务中经营范围广、服务项目全，给汽车用户留下深刻印象。“广、全”战略能最大限度地满足客户需求，使客户产生信赖感、依赖感和亲切感。

（3）特色经营战略　这种战略就是使企业在汽车维修行业中独具一格，具有鲜明的特色，并建立差别竞争优势，而不是模仿周边企业的经营模式。

经营特色的塑造可以从服务项目、维修速度、客户会员制、管理风格等方面多方位、多角度开发。经营特色一旦建立起来就会引起客户群的注意，具有很强的竞争力。例如为小型车队经营者开设夜间维修服务，留下一小部分技师在17：00—21：00工作。建立企业经营特色并不受企业规模的影响，即小规模汽车维修企业也能在市场竞争中树立鲜明的经营特色。

如果自身资金实力不够，可以考虑降低成本采取低成本优势，从优化业务流程、加快维修速度、削减管理费用等方面入手提高企业竞争力。当然，也要注意到降低经营成本可能会对维修质量和效益带来负面影响，需要通过管理经营创新来消除可能的负面影响。

因为维修客户不仅仅满足汽车维修企业对汽车本身的维修服务，还关注汽车维修企业对客户的人性化服务，所以汽车维修企业可以考虑提供一些人性化服务，如提供一些社区便民服务、出版报宣传安全卫生知识、提供代用车、设置客户体验车间。

（4）寻找市场空隙战略　寻找市场空隙战略是指寻找那些其他企业不愿意、不便于或未发现的细分市场、地区发展，此种经营战略尤其适合中小型汽车维修企业。在开辟市场新领域时，汽车维修企业管理者应该在被大企业忽视的市场空隙和边缘地带寻找商机，针对客户需要的产品和项目去占领市场、赢得用户；进入空隙后，可视情而定，或者扩大生产向集中化、规模化发展，或者及时退出。

（5）连锁战略　汽车维修企业采取连锁经营战略能够集中优势要素，能够以较低的成本确立较大的战略优势。汽车维修企业连锁模式可以是“中心店＋连锁店”结构，形成完整的服务链，中心店可以集中配置昂贵的设备、一流的技术人才和齐全的服务项目，成为连锁加盟店的强大支柱，而连锁店则发挥便利、快速维护、统一配送等低成本运行的优势，为客户实施最近距离的服务。

认知 2　汽车维修企业 CIS 战略

<table>
<tr><td>学时</td><td colspan="2">1 学时</td><td>难度</td><td>中级</td></tr>
<tr><td rowspan="4">学习目标</td><td>知识</td><td colspan="3">1）了解汽车维修企业形象识别系统
2）掌握汽车维修企业形象特征</td></tr>
<tr><td rowspan="2">技能</td><td>技能点</td><td colspan="2">难度描述</td></tr>
<tr><td>掌握正确运用 CIS 战略的原则，规范运用与管理汽车维修企业 CI 形象</td><td colspan="2">1＋X 汽车维修企业运营与项目管理技术中级技能大纲【3. 维修企业 CI 形象与规范管理】</td></tr>
<tr><td>素养</td><td colspan="3">1）培养品牌意识
2）培养企业荣誉感</td></tr>
</table>

一、汽车维修企业形象识别系统

企业形象识别系统（Corporate Identity System，CIS）由理念识别（Mind Identity，MI）、行为识别（Behavior Identity，BI）和视觉识别（Visual Identity，VI）3 方面组成。企业形象识别系统将企业经营理念与精神文化，运用整体传达系统传达给社会大众、周围团体和企业内部，树立和发展品牌，提高内部员工的自豪感和凝聚力。

在汽车后市场竞争日趋激烈的情况下，良好的企业形象是企业的最佳资产，具有极高的价值，使企业在与其他企业相同的经营条件下，取得更多社会公众的支持，赢得更多的客户。树立良好的企业形象是企业谋求长期生存和快速发展经营战略的一部分。

1. 理念识别

企业理念识别是企业形象识别系统（CIS）的核心所在，是企业形象识别系统的最高层。

（1）基本要素

1）价值追求。价值追求反映出一个企业在社会经济活动中的自我认知，是一个企业本质特征之一。例如，一汽轿车股份有限公司的核心价值观是“争第一、创新业、担责任”。

2）企业精神。企业精神是指企业在长期生产经营的过程中，在其价值观念体系的支配和滋养下，逐步形成和优化出来的群体意识。例如，一汽轿车股份有限公司的企业精神是“忠诚、自强、学习、创新”。

3）经营理念。不同的企业有不同的经营理念。例如，一汽轿车股份有限公司的经营理念是：诚信共赢；丰田汽车公司把其理念归纳为挑战、改善、现地现物、尊重和团队合作。

4）发展战略。每个企业都为了长远经营和兴盛发达而制订发展战略。

（2）表现形式　表现形式主要有理念结构图、标语、警语、守则、口号、企业歌等。

2. 行为识别

企业行为识别是指在其经营理念的指导下形成的一系列经营活动。由于企业行为系统是在不同于其他企业的经营理念指导下形成的，所以在经营活动的重点和具体方法上明显有别于其他企业。企业行为系统分为内部行为活动和外部行为活动。对于汽车维修企业而言，行为识别包含以下要素：

1）维修的主流车型与汽车维修质量。维修的主流车型以及因此而配备的设备，汽车维修质量以及对应的技术水平，它们反映了企业技术能力与经营水平，给社会公众留下整体印象。

2）服务形象。服务的竞争已经成为维修企业间竞争的焦点。服务方式和服务态度体现了汽车维修的附加值，良好的服务会使客户产生亲切感和信赖感，服务形象是企业重要的行为识别要素。

3）经营管理形象。企业经营有方、管理有序能以一种特有的文化和企业精神展现在社会公众和职工面前，产生强大的“文化力”，最终形成强大的竞争力。

4）员工的文化素质、技术水平、工作态度、工作习惯、职业道德、精神风貌、礼仪和服饰和环保观念等。

5）汽车维修企业营销活动、公共关系、公益活动等。

3. 视觉识别

企业视觉系统是在企业经营理念的基础上设计出的识别符号，以刻画企业的个性，突出企业的精神，凸显企业的特征，从而使企业员工、消费者和社会各界对企业产生一致的认同感。

（1）基本要素　企业视觉系统的基本要素具体包括企业名称（全称、简称）、企业品牌标志（logo）、企业标准色、企业造型、印象图案等。

（2）关系要素　企业视觉系统的关系要素具体包括以下内容：

1）办公用品，包括变通信封、印刷品专用信封、信纸、公司专用笔记本。

2）事务用品类，包括公司简介、企业证照、文件类、公司专用请柬。

3）交通运输工具类，包括各类货运车辆、大中小型客车、班车、专用宣传广告车。

4）指示、标识类，包括公司建筑物外观、招牌、旗帜、各部门铭牌、大门、各种入口、室外照明、铭牌霓虹灯。

5）广告展示陈列类，包括广告礼品、展览会展位设计、广告手提袋等。

6）商品及包装类，包括各种包装纸、袋，办公、营业场所、车间内部装潢等。

7）服饰类，包括工作服、工作鞋、帽、领带、胸针、T恤衫。员工的工装应该分为冬季和夏季两种，服务接待人员的服装一般是工作套装或西装，维修人员的服装为工作装。

8）公司网站。

二、汽车维修企业形象特征

1. 客观性

汽车维修企业形象不是经营者的自我感觉，而是一种客观存在。企业的形象由企业的价值观、经营理念、职业道德及其在具体经营活动中的表现来决定，主要通过用户和社会公众进行客观评价和鉴定。

2. 整体性

汽车维修企业形象是在人们心目中形成的综合的、全面的印象，评价一个企业形象的好坏不是只看企业某一方面要素，或某一方面工作的好坏，而是对企业的整体评价，既会看到它的外在形象，也会看到内在经营管理水平；既会看到它的维修技术水平，还会关注服务水平高低。优良的企业形象是外在表现与内在质量的完美统一。

3. 稳定性与可塑性

汽车维修企业的形象既具有稳定性，又具有可塑性。

优良的企业形象一旦树立起来，就会给社会公众留下稳定的、较为长期的印象，形成良好的口碑，既能稳定固有的客户源，还能迎来更多的新客户。相反，如果一个企业在公众心目中形成了较差的形象，扭转过来也十分困难，从而使企业慢慢失去市场。

同时，企业形象是可以逐渐改变的，但是改变的时间一般要比树立初始企业形象经历的时间要长。如果一个汽车维修企业开始的形象差，通过企业全员的努力，靠自身优良的服务和积极的公共关系活动，可以使不好的形象逐渐转变。同样，如果一个企业给公众留下技术水平高、服务质量优的印象，由于某种原因导致了技术水平和服务质量滑坡，也会逐渐被社会公众舍弃。

三、正确运用 CIS 战略的原则

CIS 战略能够塑造鲜明和优良的企业形象，有效地把企业形象传播给公众，获得公众的广泛认同，使企业整体运营进入充满生机与活力的发展轨道。要达到这一目标，需要遵守以下原则。

1. 了解公众，尊重公众利益

若要塑造鲜明和优良的企业形象，首先必须充分了解公众，尊重公众利益，遵循客户至上的准则。如果一个企业在推广 CIS 时片面地主观臆想，一味追求“高端”“时尚”，违背公众的意愿，漠视客户的需求，最终会被公众和客户抛弃。

2. 系统性原则

塑造企业形象必须从整体出发，有计划、有步骤地整体推进，把塑造企业的内部形象与外部形象统筹考虑。

3. 个性原则

汽车维修企业在运用 CIS 战略时要善于塑造自己特有的形象特征，给公众以鲜明印象，有利于企业形象的迅速传播。

4. 尊重真实，不欺骗客户

汽车维修企业应真实地说明企业的情况，坦诚地让公众更多地了解企业，争取公众对企业的理解和谅解。说明企业的情况不能夸张，更不能依靠谎言为企业树立形象。

5. 长期性原则

推广 CIS 战略是一项长期任务，需要经过长期不懈的努力才能取得成效。汽车维修企业要善于创造并把握机会，持续利用各种契机快速提升企业形象。

课堂拓展

讨论：你认为对于汽车维修企业的 CIS 而言，哪些方面是客户特别在意的？

参考建议：员工的职业形象、企业的客户理念、员工的专业能力、员工的文化素养、尊重客户，不欺骗客户、实事求是的态度……

认知 3　汽车维修企业经营战略落实

学时		1 学时	难度	高级
学习目标	知识	1）了解不同类型的汽车维修企业厂区布局、维修车间布置和业务接待厅布置的特点 2）了解企业新创建期间队伍建设与人员管理的工作内容		
	技能	技能点	能力描述	
		能够说出新创建汽车维修企业备件渠道建设的主要工作内容	1＋X 汽车维修企业运营与项目管理技术高级技能大纲【12. 项目管理策略制订分析】	
	素养	1）培养团队精神 2）培养环保安全意识		

汽车维修企业经营战略的运用都要落实到维修项目的设置与更新、员工队伍建设、备件渠道建设等方面。

一、厂区整体布局及选址

从事服务行业的企业及店铺的选址都是至关重要的。汽车维修企业在选址上需要注意交通是否便利、店面室内是否适合维修企业规划、周边车流人员是否密集、配件供应是否方便等问题。

厂区整体布局作为汽车维修企业整体形象的外观展示，包括公司各个建筑物之间的关系、停车位、大门及门卫亭、各种入口等，必须周密规划，合理布置。

1. 大规模汽车维修企业

公司各个建筑物之间要合理布局，便于组织生产和开展业务。人和车辆的行走路线要分开，关键路段设置醒目标志。停车位要设置充足，便于客户接受维修服务，各停车位置应该画出停车位，保持干净整洁，车辆摆放有序。客户活动区和工作区要分开。对于能够展现企业的经营特色、特种服务形式、具有创新意向的企业文化活动场所或设施，尽量设置在公众方便的地方。

2. 中小规模汽车维修企业

中小规模汽车维修企业更需要考虑好厂区总体布局的合理性，因为中小规模汽车维修企业相对占地面积小，一定要合理利用面积和空间，最大限度地发挥土地资源的优势。区域标识一定要避免拥挤杂乱，厂内的每一部分都要干净整齐，给客户留下层次分明、简洁利落的印象。

二、维修车间布置及设备采购

维修车间布置要根据汽车维修企业的经营战略、特色经营项目设置，能够使车间的硬件设备功能得到充分发挥，保证企业安全顺利生产。

维修车间布局的合理性、环境的舒适程度对维修工作效率有直接影响，维修车间的布局和整洁程度还能影响客户对企业的信任度，维修车间应该明亮尽可能采用自然光照明，并配备足够的人工照明。维修车间还应该充分考虑通风和排烟系统，保证维修车间空气清新。

维修车间根据经营项目需求应采购车辆举升机、扒胎机、轮胎动平衡机、空气压缩机、汽车故障诊断仪、各种常用工具等。

1. 大规模汽车维修企业

大规模汽车维修企业要能针对主要维修车型建立健全完善的工位组合。维修车间一般分为机修车间、钣金车间和喷漆车间，这3个车间应该分开设置以防止噪声和污染。机修车间可以分为检测诊断工位、快速维护工位、总成维修间等，还要有洗车场和维修专用停车场，还应配有专用工具库房和资料室，保证专业化汽车维修。

2. 中小规模汽车维修企业

车间面积、设备配置要能保障经营项目涉及的维修作业顺利进行，尽可能提高维修工位的利用率。备件库的进、出口应该设在不妨碍车辆移动的地方。

三、业务接待厅布置

业务接待厅是接待维修客户、客户办理相关手续的地方，其布局的合理性、整体的整洁程度会给客户留下第一印象。

1. 大规模汽车维修企业

所有门牌、标识字体应该清晰明亮并保持整洁，招牌、广告都应该清洁，不能有褪色和陈旧感。业务接待厅内明显处要张贴平面图，悬挂或者粘贴有关企业理念、服务流程、企业服务形象、近期活动的悬挂物、张贴物，以及引导客户进行定期维护的宣传画、维修工时一览表等。设立宽敞舒适的客户休息室，并提供饮料，要有娱乐设备、电脑、报纸、杂志，使客户在业务接待厅等车维修的过程中得到放松和娱乐。

2. 中小规模汽车维修企业

业务接待厅不必追求宽敞气派，整洁实用即可，有时甚至可以设在维修车间的一角。接待厅应该能随时观察到车辆进出情况，业务人员进出仓库和车间要方便。要根据资金状况，以相对较少的投资搞好企业形象宣传，悬挂或者粘贴有关企业理念、服务流程的悬挂物、张贴物，也应该将常用配件的价格表、维修工时一览表张贴在业务接待厅的适当位置。

课堂拓展

讨论：在落实汽车维修企业实体建设过程中，需要注意什么？

参考建议：安全环保、6S标识、车间通风、防止噪声污染、区域分明、设备专业高效、员工劳动保护、废液回收……

四、队伍建设与人员管理

人才资源是汽车维修企业创立和发展最重要的资源，员工的数量与质量和汽车维修企业的规模、投资额相关，所聘员工数量越多、聘用人才层次越高，企业为此付出的成本就越高。新创建的汽车维修企业，必须充分认识到招聘及培训的重要性，在员工招聘工作中必须控制人才的数量与质量，谨慎对待管理人员和关键技术岗位人员的选聘。团队结构合理是团队协调、协作、协同工作的基础，组建和建设汽车服务和维修团队必须注意团队结构的合理性，这样才能充分发挥每一名员工的才智，并能让刚刚参加工作的年轻人不断成长，而避免过多的高能力、高技术水平的人才在一起内耗。

汽车维修企业的管理者要注意调动员工的活力和智慧，进行有效的激励。选择适当的激励方式进行绩效管理和薪酬管理，使物质奖励、精神激励和工作激励相辅相成，提高员工的满意度，增强团队活力和凝聚力。

随着汽车维修技术的变革，维修技术的高新技术含量越来越高。来自职业院校的毕业生和其他经过专业培训的人才受过专业培训及高等教育，他们决定了企业的素质，能为企业的发展提供人才支撑。

对于管理人员和维修技师，必须结合企业的维修战略，定期进行针对性的企业经营理念和技术培训，提升员工队伍的整体服务能力，从而提升客户满意度。

五、备件渠道建设

在汽车维修企业管理中，备件渠道建设是非常重要的部分，及时而优质的汽车备件供应是优质汽车维修服务的有力保障，同时能给汽车维修企业带来一定的经济效益。

订购备件、管理备件、减少库存、将库存盘活等都是备件管理重要的工作。备件的库存一直是企业占用资金最大的项目。备件的积压实际是资金的积压，库存备件的价值会随着时间的推移而贬值。

1. 备件订购管理

汽车维修企业建设备件渠道、提高采购管理水平的目标是追求“良性库存”，即以最合理的库存最大限度地满足客户需要。

（1）做好备件需求分析　汽车备件需求分析主要是估计市场规模的大小以及产品的潜在需求量。合理的备件需求分析能够满足客户的需求，最大限度地优化库存，降低库存对企业资金的占用。汽车备件需求分析就是用最合理的库存最大限度地满足客户需求。做好备件需求分析需要充分了解快速更换类零件、维修服务类零件、车身机械类零件、大总成、附件、其他类零件的销售特性。

（2）尽量缩短采购空间距离和供货时间　在建厂选址或选择备件经营厂家时，尽量选择空间距离近的厂家以便联系和采购，尽量选择供货速度快的备件商合作。

（3）制订合理的备件订购计划，保证备件库存合理　备件库存的合理性取决于备件订购计划的合理性，备件的积压就是由于备件订购计划不合理造成的。从保障汽车维修的角度来讲，希望备件越多越好。从订购角度来讲，希望订购次数越少越好，订购量越大越好。汽车维修企业制订备件采购计划时，需要兼顾以上各方面，制订合理的备件采购计划，从而保证备件库存合理。

（4）保证备件质量　与良好信誉的备件供应商合作，加强对备件商供货质量的考核和评价，确保汽车备件质量，避免因为备件质量差而影响维修质量下降，影响企业声誉。

2. 备件库存管理

备件库存管理是备件渠道建设十分重要的一个环节，对备件的及时供应、成本控制有着重要影响，直接关系到维修作业的及时性。

1）合理设置备件库房。备件仓库应有足够的面积和高度，保证多层货架的安装，保证进货及发货通道的畅通。仓库各工作区域应有明显的标牌，如收发货区、索赔区、车间领料口等。

2）仓库发货必须有正式的单据为凭证。仓库管理人员要审核汽车备件出库单据，包括汽车备件调拨单或提货单。

3）抓好零备件的进出库管理。备件发放要有利于生产取用。

4）库存盘点管理。为了掌握库存汽车备件的变化情况，避免备件的短缺丢失或积压，汽车维修企业必须对库存零件进行定期盘点。

六、营销与宣传

营销与宣传是汽车维修企业开业的重要环节，有效的营销与宣传能够迅速让周边客户得到新店开业的信息。

在开业前期推广时期，应该结合企业 CIS 战略制作一些能够展示企业形象、特色鲜明的宣传品，同时在线上和线下传播。不断主动去收集和挖掘客户的需求，维护住老客户，开发新客户，让老客户转介绍更多的新客户，最终才会有源源不断的客户进店。

开业前期准备

经营管理及发展

项目实施

制订加盟某快修品牌的计划书

一、了解高专汽车维修连锁机构

高专汽车维修连锁机构是东北地区汽车维修行业的新锐品牌，自 2014 年创立以来，高专汽车特许连锁加盟店出现在东北地区多座城市，为广大车主提供规范优质的汽车维修服务，受到消费者的一致好评。高专汽车维修连锁机构起源于吉林省吉创汽车维修，从事汽车维修行业多年，2014 年高专汽车维修连锁机构开始延伸快修维护业务，包括连锁机构总部、中心店和加盟店，连锁机构总部和中心店的管理人员和技术人员都是长春汽车工业高等专科学校毕业生，具有良好的专业素质和职业道德。高专汽车维修连锁机构采取中心店 + 加盟店的运营方式，一家中心店支撑 4 ~ 5 家加盟店，服务项目维修规范到位，标志着高专汽车维修连锁机构经营模式的全面升级，并以此为契机致力于为居民区车主提供全方位的汽车生活服务。加盟店的服务项目包括汽车维护、汽车维修、轮胎、洗车、美容装饰、汽车改装升级。中心店的服务项目则针对常见的汽车后市场，除了加盟店的服务项目外还有钣金喷漆、疑难故障排除、保险代理销售、售后理赔、协赔、提供代驾车辆、代驾等，能对各加盟店提供良好的服务支撑。

高专汽车维修连锁机构已是加盟商认同的高成功率创业项目和事业，已经出现加盟人创业成功并开办二店。为了不断提高各加盟店的技术水平和管理水平，总部定期组织各加盟店相关人员参加汽车维修新技术培训和管理培训。高专汽车维修连锁机构品牌形成了多快好省的品牌特点，为广大车主所信赖。

高专汽车维修连锁机构正积极推进“百店十城”的战略计划，秉承“规范、诚信、品质、整洁”的经营理念，品牌创业、品牌服务、品牌报国，做汽车后市场最受信赖的品牌！

核心价值观：客户为本，服务社会。

经营理念：规范，诚信，品质，整洁。

发展战略：高专汽车维修连锁机构将做到规范的服务意识和精湛的维修技艺的完美结合，为客户提供安全贴心的汽车服务，彰显高专汽车维修连锁机构对其企业价值观和品牌宏伟抱负的永恒信心，立志将高专汽车维修连锁机构打造为“汽车后市场的新锐品牌”，立足吉林辐射东北！

加盟流程如图 1-2 所示。

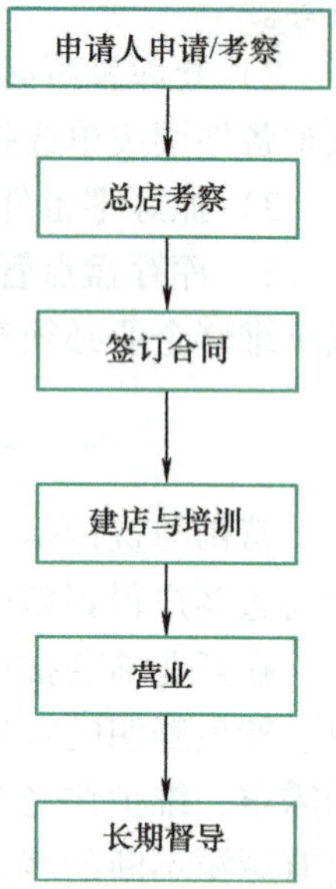

图 1-2　加盟流程

二、制订高专汽车维修连锁机构加盟店创业计划书

（一）项目介绍

项目名称：高专汽车维修连锁加盟南阳路店。

经营范围：汽车维护、汽车维修、轮胎、洗车、美容装饰、汽车改装升级。

项目投资：20 万元。

回收成本期限：4 年。

加盟店地址：长春市绿园区南阳路上海绿地 B 区正门。

项目概况：本加盟店为高专汽车维修连锁机构加盟店，采取直营连锁方式。面向绿园区西北部的私家车车主、少部分机关企事业单位汽车用户，主营汽车维护、钣金喷漆和汽车动力系统改装升级，也可以承接机电故障排除，距离高专汽车维修连锁机构高力中心店 4.7km，可以迅速获得中心店的技术支持。

企业宗旨：以服务社区为中心，为社区内汽车用户提供规范和贴心的专业汽车服务。

（二）市场分析与可行性研究

1. 宏观环境分析

根据 2014 年交通运输部会同国家十部委联合印发的《关于促进汽车维修业转型升级　提升服务质量的指导意见》，鼓励汽车维修企业连锁经营，鼓励品牌化发展，汽车维修业将从服务粗放型向服务品质型转变；实施汽车维修技术信息公开制度，保障所有维修企业平等享有获取汽车生产企业汽车维修技术信息的权利，促进市场公平竞争；破除维修配件渠道垄断，鼓励原厂配件生产企业向汽车售后市场提供原厂配件和具有自主商标的独立售后配件；允许授权配件经销企业、授权维修企业向非授权维修企业或终端用户转售原厂配件，推动建立高品质维修配件社会化流通网络；加强维修人才队伍建设；提高维修装备技术水平，鼓励开展汽车维修检测设备第三方安全、环保认证；充分运用互联网、大数据、云计算等技术手段，创新机制和模式，积极推进行业信息化建设。

交通运输部 2015 年 8 月对《机动车维修管理规定》（交通部令 2005 年第 7 号）做了如下修改：第五条新增一款，作为第二款。内容为“托修方有权自主选择维修经营者进行维修。除汽车生产厂家履行缺陷汽车产品召回、汽车质量‘三包’责任外，任何单位和个人不得强制或者变相强制指定维修经营者”。新的条款限制了汽车生产企业滥用汽车保修条款，保障了消费者维修选择权。

以上政策法规可以使保修期内的汽车用户选择到其他维修企业维修维护汽车，而不必非到4S店去维修，从而会出现一部分保修期内的汽车用户选择到加盟连锁店维修维护。

随着汽车越来越多地进入家庭，截至2019年底长春市区的机动车保有量已经超过160万辆，约每个市区家庭都拥有一部汽车，从2009年开始大量进入长春市民家庭的私家车目前已经有相当多的车辆进入维修期。

2. 车源分析

由于选址周围有一些新开发的成熟小区，家庭状况一般在小康水平或小康水平以上。加盟店主要的目标群体是区域内的私家车用户，一些豪华品牌的过保修期汽车用户。本区域住户从事汽车行业较少，车主对汽车构造不感兴趣，除了会开汽车，其他一概不知或知之甚少。有一些做生意的年轻汽车用户，买车、用车讲究面子，喜欢玩车。

加盟店选址周围有上海绿地B区、碧水云天、高力德国村等近几年新建的住宅小区，而且新开通了54路有轨电车直达长春西客站，南阳路也加宽整修了，车流、人流逐渐增多。因此本加盟店除了面向本区域居民汽车维修用户外，还能有一部分流动汽车用户。加之《机动车维修管理规定》第五条新增的第二款的实施，未来还能有一部分4S店客户来本店维护。

3. 周围汽车维修企业分析

在西环城路的一个院子里，有一个中等规模的汽车维修厂，距离本加盟店4.3km，经营项目较为齐全，有较为稳定的车源，经营风格较为传统，没有鲜明的CI形象。地址偏僻，到达主路交通不便。

周围零散的有一些路边店，从事一些汽车简单维护、轮胎更换，店面内部脏乱，管理和技术水平较差。

4. 项目规模的分析

根据高专汽车维修连锁加盟对加盟店的设计和本加盟店辐射到的区域在汽车维护、汽车维修、轮胎、洗车、美容装饰、汽车改装升级各项业务的维修车辆保有量，确定本加盟店为小规模的汽车维修企业，属于三类汽车维修企业，项目规模适当。

根据以上分析，本项目可行。

（三）市场风险预测

竞争者的出现是本店主要的市场风险，为了能让企业在市场中生存和壮大，要实行4个标准的管理模式，即“标准化流程，标准化操作，标准化形象，标准化价格”建立自身的品牌。汽车维修服务更专业、更标准、更了解本地市场。加盟店的技术人员和管理人员是来自于长春汽车工业高等专科学校毕业生，具有专业的汽车维修技能、汽车理论知识和职业素质，在汽车后市场具有良好的口碑。

（四）经营战略选择与制订

依托加盟总店的“广、全”战略，扩大服务范围，除了汽车维护、汽车维修、轮胎、洗车、美容装饰、汽车改装升级等项目之外，还可以承揽钣金喷漆、疑难故障排除、保险代理销售、售后理赔、协赔、提供代驾车辆、代驾，增加周围汽车用户的信赖感和依赖感。针对区域内一些年轻、时尚的车主，采用特色经营战略，加大宣传力度，重点实施车辆改装升级服务，提升企业技术实力方面的形象。

本店选址在高力汽贸城附近，选用维修备件十分方便。

(五) 成本预算

1. 加盟店的成本预算

加盟店启动资金由加盟申请人和加盟总部共同承担，加盟申请人占49%，联盟总部占51%，具体安排如下。

1) 办理工商、税务登记、道路运输、环保等费用：1万元。

2) 店铺（200m^2）租金及押金：10万元/年。

3) 装修：6万元。

4) 备件及油品、易耗品：3万元。

5) 购买设备费用：5万元。

6) 流动资金（工资等）：8万元。

7) 公司其他开支：2万元。

（水费、电费、管理费、工商管理、税费、卫生费及流动资金等）

合计：35万元。

2. 加盟费用预算

因为本项目采取直营连锁方式，无须缴纳加盟费用。

总成本预算（启动资金）：35万元，其中加盟申请人承担费用为35万元×49%＝17.15万元。

(六) 行业相关法律法规

1) 国家标准《汽车维修业开业条件》（GB/T 16739.1—2014，GB/T 16739.2—2014）中规定了汽车维修企业必须具备的人员、组织管理、质量管理、生产管理、环境保护、设施、设备等条件。

2) 根据《中华人民共和国劳动法》规定，与员工签订劳动合同，交纳相应的社会保险。

3) 依法纳税，合法经营。

(七) 人员机构配置

职员及岗位职能如下。

1) 加盟店经理1名：负责整个加盟店的管理工作。

2) 机修技师1名：负责机电维修技术工作，精通常见各车系机电维修。

3) 机修中工1名：负责机电维修工作，能够处理汽车常见故障。

4) 机电/钣金徒工2名：机电/钣金维修工作。

5) 洗车/美容工4名：负责汽车美容/洗车工作。

6) 管理人员1名：负责财务、备件管理工作。

总共10名，要求持证上岗的职员，必须拥有资格证书。

(八) 自身优势

(1) 本人的工作经验　本人有4年汽车维修厂工作经验，曾任某品牌4S店机修组长。

(2) 本人的社会资源　与丰田、福特、大众等品牌4S店技术经理的同学保持密切关系，知晓主流品牌汽车维修规范。

(3) 本人教育背景　本人是长春汽车工业高等专科学校汽车检测与维修技术专业毕业生，获得劳动部门颁发的汽车维修高级维修工资格证书。

(4) 本人的资金支持　自主创业愿望已久，启动资金已完全到位。

课堂拓展

讨论：你认为在汽车维修市场创业，除了具有热情之外，还应该具备哪些条件？

参考建议：要想在汽车维修市场成功创业，要从以下几方面考虑：是否有这方面的工作经验，具有必要的管理能力和维修技能；是否结合自身情况，进行了市场调研，有了正确的经营方向，从而能站稳脚跟、持续发展；是否具有必要的社会资源和人脉；是否身体健康，精力旺盛；是否具有必要的资金……

项目二　汽车维修企业生产管理

项目导读

通过项目一的学习，了解了汽车维修企业的经营战略发展过程。从本项目开始，将要学习了解汽车维修企业的生产管理情况。作为汽车维修企业的管理者，应能够了解汽车维修企业生产经营中，如何进行生产调度，如何制订工时费用标准，如何在企业中推行实施6S管理模式，让6S管理成为企业每位员工的工作习惯，如何让员工进行高效标准的服务工作，使每位客户及车辆都能得到满意的服务，从而树立企业的形象和提升企业的知名度。作为汽车维修企业的从业者，应能够迅速融入企业环境中，迅速成为企业的骨干或者管理者。

建议学时安排：

序　号	内　容	学　时
认知1	汽车维修生产的基本管理	1学时
认知2	汽车维修生产的工时管理	1学时
认知3	汽车维修企业的服务流程	3学时
认知4	汽车维修企业的6S管理	1学时
项目实施	接待维修/维护客户	1学时

项目引入

张先生是一家小型建筑装潢公司的老板，生意十分繁忙。这两天他的桑塔纳轿车加速时有些发抖，于是就开车到他经常光顾的一家维修站。刚一进门就看见业务接待桌前围了很多人，他等了半天才开好派工单。张先生开车到维修间，看到车间内车辆较多，车间主任说他来得不是时候，1h后才能给他检修，什么时候能修好也说不准。张先生有些不耐烦了，就开车去了另一家维修店。

汽车维修企业怎样才能避免这种造成客户流失的事情呢？

有两家汽车修理厂，一家厂区标识清楚，客户休息室舒适、明亮，员工穿着整洁的工作服，车间现场物品摆放整齐，地面清洁，客户车上使用五件套保护套，作业时修理工使用翼子板保护套。另一家修理厂厂区没有标识，客户找半天找不到地方，办公物品摆放杂乱，业务接待处喧闹嘈杂，车间工作现场配件、废料、工具、旧件等物品堆积，地面油污、尘土没人打扫，作业时修理车辆不用翼子板保护罩。

假如你是客户，你会选择哪一家？回答当然是第一家！那么如何才能创建一个环境优美、管理有序、员工状态优良的汽车维修企业呢？

项目内容

认知 1　汽车维修生产的基本管理

<table>
<tr><td>学时</td><td colspan="2">1 学时</td><td>难度</td><td>中级</td></tr>
<tr><td rowspan="5">学习目标</td><td>知识</td><td colspan="3">1）了解汽车维修企业的生产调度管理内容
2）了解汽车维修企业的安全环保管理内容</td></tr>
<tr><td rowspan="3">技能</td><td>技能点</td><td colspan="2">能力描述</td></tr>
<tr><td>1）能够合理化调度维修车间的日常生产作业</td><td colspan="2">1＋X 汽车维修企业运营与项目管理技术中级技能【工作二：维修企业的生产管理作业—任务六：维修车间调度管理】</td></tr>
<tr><td>2）能够检查维修企业的日常安全、环保管理并提出改善方案</td><td colspan="2">1＋X 汽车维修企业运营与项目管理技术中级技能【工作一：维修企业的日常管理作业—任务二：维修车间安全检查】</td></tr>
<tr><td>素养</td><td colspan="3">1）培养全局意识、责任意识
2）培养安全意识、环保意识</td></tr>
</table>

汽车维修生产的基本管理包括生产计划、生产调度、收费管理、安全与环保管理等，它是汽车维修企业生产顺利、快速、高效完成维修任务的重要保证。

一、汽车维修企业的生产计划

1. 汽车维修企业生产计划的作用

汽车维修企业生产计划能从时间上保证客户的维修车辆按期出厂，为客户节约时间，为企业提高信誉。科学合理的维修生产计划可以提高人员、设备、场地、资金等的利用率，减少浪费，做到过程连续、生产均衡、质量保证。

2. 汽车维修企业生产计划的分类

按照维修生产计划的范围划分，汽车维修企业生产计划可分为整厂维修生产计划、车间维修生产计划、单车维修生产计划等；按维修计划时间分为年度、月度、周或日的维修生产计划等。

3. 制订汽车维修生产计划

制订维修生产计划分为制订目标、找到依据、编制计划和实施计划 4 步。

（1）制订目标　制订计划的第一步就是要搞清楚自己的目标，没有目标就没有方向，无论是个人还是企业都是如此。汽车维修企业的目标就是满足客户需求，利润只是满足客户需求的副产品而已。

（2）找到依据　汽车维修生产计划的依据应该是企业根据客户资料统计的维修量和预计

的维修增量、季节性的维修需求、阶段性的活动安排、突发性的事件处理等，对不同维修工种的工作量的需求，以及对企业的场地、人力、设备、设施和各工种的实际生产能力的需求。

由于车辆维修时多工种综合作业，所以在编制维修生产计划时，要注意各工种（环节）之间的“动态平衡”，以免耽误维修时间。

（3）编制计划　汽车维修企业编制生产计划要根据市场预测，考虑企业自身的生产能力等因素，经综合平衡后确定。维修生产计划要按照一定的表格形式，有生产指标和作业形式等内容。

（4）实施计划　在汽车维修作业实施过程中，汽车维修企业应通过各种方法、手段、分析计划的执行情况，加强派工调度、维修统计、维修分析、进度检查，发现计划实施过程中存在的问题，以便及时更正计划的偏差。

然而，目前大多数汽车维修企业由于汽车的预约维修做得差，几乎处于没有生产计划的状态，因而常常临时性的加班加点，从而使汽车维修生产的均衡性较差。

二、汽车维修企业的生产调度

执行车辆维修生产计划时，一个生产环节的变化会引起一连串的问题（如后续工序待工、相邻工序待料等）。因此，一个灵活而有经验的生产调度系统是生产计划顺利执行的必要保证。

1. 调度的定义

调度是指根据某一预定目标，在组织实施过程中按照预想计划，随时掌握动态变化，集中控制关键环节，协调平衡上下左右相关各方达到衔接一致，保证预期目标的实现。

调度在汽车维修企业的生产运作中具有组织、指挥、控制和协调的作用。汽车维修企业的调度一般设置在维修车间，由车间主任兼任调度工作，负责车间内的生产指挥和协调工作，其他部门均由各部门经理兼任调度工作，共同协调完成维修任务。

2. 汽车维修企业生产调度的基本任务

汽车维修企业生产调度（即派工调度）的基本任务是根据生产作业计划安排，以及待修车辆的实际修理项目的难易程度不同，调度维修人员实施车辆维修。

特约维修服务站一般不使用派工单，而使用维修任务委托书（表 2-1），所以在特约维修服务站，维修任务委托书就是派工单。

表 2-1　一汽大众经销商任务委托书

预约							
客户：					委托书号：		
地址：					送修日期：		
联系人：					约定交车：		
电话：			移动电话：		时间变更：		
牌照号	颜色	底盘号	发动机号	万 km	购车日期	旧件带走	是否洗车
						是□ 否□	是□ 否□
车型				付款方式		燃油箱	满□空□
生产日期			客户描述				

（续）

维修项目					
项目代码	项目名称	工时费	材料费	主修/自检	备注
小计					

维修增项					
项目代码	项目名称	工时费	材料费	主修/自检	备注
小计					

备件清单					
备件代码	备件名称	数量	出库单价	合计金额	备注
小计					

建议维修项目				
建议委托书	建议维修项目代码	建议维修项目名称	工时费	材料费

预估费用合计：　　　　　　　　　　　　　　　　　＊注：客户凭此委托书提车，请妥善保管！

互检：机/电________　钣金________　喷漆________

终检：机/电________　钣金________　喷漆________

服务总监：________

地　址：

电　话：　　　　　　　　　　　服务顾问：

说　明：　　　　　　　　　　　制单：

客户签名：________

3. 汽车维修企业的生产调度方式

目前，国内汽车维修企业采用的生产调度方式通常有派工单传票制度和派工单公示制度两种。

（1）派工单传票制度 即生产调度人员通过派工单（表2-2）的方式，将维修项目及维修要求下达给承修车间及承修班组，由承修班组根据派工单所列的作业内容与作业要求进行维修，质检员凭派工单进行维修质量检验。由于派工单标明了具体的作业项目和进度、质量要求等，因此，不仅起到了生产指令的作用，也便于汽车维修过程中各工序的交接，而且由于派工单随车下达，方便了汽车维修企业的生产现场管理。

表2-2 派工单

车型______ 车号______ 维修类别______ 承修车间______ 班组______ 工单号______

序号	主要作业项目	定额工时	要求完工时间	主修人竣工签字	质检员签字
备注					

派工员________ 派工日期________

（2）派工单公示制度 即维修车间在接到派工单时，将派工单所列的作业内容与作业要求集中公示于维修车间内的公示牌，并在维修进度表（表2-3）上公布当前所有在厂维修车辆的维修信息等。

表2-3 车间维修进度表

序号	车型	车牌号	维修类别	派工单号	主要作业项目	附加作业项目	完工日期	主修人	目前存在问题

4. 对调度人员的要求

调度人员良好的工作作风有助于调度工作的顺利进行和管理目标的实现，没有良好的工作作风，不仅会影响调度工作质量和工作效率，还会影响调度人员与职工之间的关系。为此，生产调度人员在派工调度时，应遵循：

1）要合理地处理好汽车维修过程中各生产环节之间的关系，使承修车辆在维修过程中质量最好、过程最短、耗时和耗费最低。

2）应该特别注意各承修班组的维修工作量的基本均衡，避免忙闲不均，产生维修人员之间的经济矛盾，进而影响员工之间以及员工和领导之间的相处关系。

3）要保证承修班组的技术水平与所承修车辆相适应。

4）经常在车间工作，了解生产情况，勤于思考，掌握规律，做到指挥生产心中有数，杜绝乱指挥。

三、汽车维修企业的收费管理

价格杠杆是实现汽车维修企业与顾客“双赢”的途径之一。汽车维修收费管理工作直接关系到维修业户的经营成果，对维护汽车维修业户的经济利益和企业声誉、维护消费者合法权益都有十分重要的意义。《中华人民共和国道路运输条例》明确指出：“机动车维修经营者应当公布机动车维修工时定额和收费标准，合理收取费用”。

1. 汽车维修收费管理要求

汽车维修业户必须从以下方面抓好汽车维修收费工作：

1）严格执行交通行业主管部门和物价管理部门制定的汽车维修收费标准，按规定计算维修作业工时和收取维修费用，不随意增加工时、随意加价、乱收费用。

2）各类维修作业的收费项目、工时定额、工时单价公布于众，明码标价，让客户明白消费。

3）在接待客户、确定维修项目时，就应该向客户报出维修价格，并估算出维修费用，对个别特殊维修项目收费不能立即确定的，或维修费用较高的项目，应事先向客户做必要的解释。

4）在维修过程中，如果有重要零件需更换或需要增加维修项目、增加维修工时时，应先通知客户，向客户确认增加的维修项目及维修费用，客户同意后再进行维修。

5）严格按照汽车维修技术规范进行维修作业，严禁虚报维修作业项目或遗漏、减项。

6）严禁使用假冒伪劣配件，偷换汽车零部件，乱收材料费用。

7）遵守国家法律法规，合理结算费用，列明收费清单，依法开具发票。

2. 汽车维修的收费内容

汽车维修的收费内容包括工时费用、材料费用和其他费用 3 项。

（1）工时费用　汽车维修工时费用是指汽车维修所付出的劳务费用，即完成一定的维修作业项目而消耗的人工作业时间所折算的费用，也就是常说的人工费用。

（2）材料费用　汽车维修的材料费用是指汽车维修过程中合理消耗的材料的费用，一般分为配件费用、辅助材料费用（棉纱、锯条、密封圈等低值易耗品）和油料费用（机油、制动液等油品）3 类。

（3）其他费用　其他费用是指除上述费用以外的，汽车维修过程中按规定允许发生的费用，主要包括材料管理费、外协加工费等。其中，材料管理费是指在汽车维修过程中使用汽车维修业户的外购配件时，在其购进价格的基础上加收的一部分费用。外协加工费是指在汽车维修过程中，由于承修业户的设备与技术条件有限，由承修业户组织到厂外进行的加工。外协加工费一般由承修业户事先垫付，然后向客户照实收取。

3. 汽车维修总费用的计算

汽车维修总费用就是工时费用、材料费用和其他费用 3 项费用之和，即

维修总费用 = 工时费用 + 材料费用 + 其他费用

四、汽车维修企业的安全与环保管理

1. 汽车维修企业的安全管理

近年来，汽车工业的飞跃式发展促进了汽车维修业的快速膨胀，随之汽车维修企业的安

全生产管理问题，无论从其经济效益还是从社会影响力都显得特别突出。管理工作不到位势必会给人的生命带来极大危害，给企业的经济造成巨大损失。一般情况下，汽车维修企业都会对安全生产做出具体的规定：

1）为保证生产正常进行，保障员工身体健康，全体员工必须遵守本制度。

2）全厂员工必须按规定参加安全生产教育，严格遵守各工种安全操作规程和机具操作规程。

3）工作时不得在工场打闹、追逐、大声喧哗。

4）必须按规定穿着劳动保护用品，不得穿拖鞋上班。

5）工场内严禁吸烟。

6）非工作需要不得动用任何车辆，汽车在厂内行驶车速不得超过8km/h，不准在厂内试制动。严禁无证驾驶。

7）加强对易燃物品的管理，不得随意乱放。

8）在车间、油库、材料间等处所应配备充足的灭火器材，并加强维护，使之保持良好技术状态，所有员工应会正确使用灭火器材。

9）进入油库，严禁吸烟，严禁携带易燃易爆物品进入油库。

10）工作灯应采取低压（36V以下）安全灯，工作灯不得冒雨或拖过水地使用，并经常检查导线、插座是否良好。

11）手上有水时不得扳动电力开关或插电源插座，电源线路熔体应按规定安装，不得用铜线、铁线代替。

12）非电工不得扳动配电盘上的开关及电器设施。

13）下班前必须切断所有电器设备的前一级电源开关。严禁电器、电动机在雨天淋雨受潮。

14）作业结束后要及时清除场地油污杂物，并将设备机具整齐安放在指定位置，以保持施工场地整齐清洁。

15）定期进行安全生产检查。

2. 汽车维修企业的环保管理

环境是国家的重要资源，也是人民生活质量的基本条件，环境保护是国策大事。环境保护人人有责，关系人人。清洁有序的环境也是保证汽车维修质量的重要条件。环保规定通常包括：

1）维修车辆清洗应在规定的固定地点进行，每天应对汽车清洗地点进行清扫，保持下水道疏通，场地整洁。

2）保持场地清洁，汽车拆卸维修时，应做到油、水不落地，拆下的零件应放置在零件盆中，废油接入油盆中，拆修完毕后立即清扫场地。

3）废旧料应分类放置在规定的收集地点，废机油倒入收集桶内，定期处理废旧料和废机油。

4）锉削制动蹄片应防止有害粉尘扩散，危害人体健康，有条件的应装置防尘罩或去尘装置。

5）车辆喷漆应在烤漆房或喷漆间内进行，防止漆尘飞扬，污染环境。

6）检修空调机时，制冷剂不得随意排放到大气中，应使用冷媒回收装置回收利用。

7）维修车辆的废气排放应达到国家标准的规定要求，不得随意降低标准，不达到标准的不准出厂。

8）环保工作由生产技术部门负责，定期进行监督检查，落实奖惩措施。

认知 2　汽车维修生产的工时管理

<table>
<tr><td>学时</td><td colspan="2">1 学时</td><td>难度</td><td>初级</td></tr>
<tr><td rowspan="4">学习目标</td><td>知识</td><td colspan="3">了解汽车维修企业工时的计算方法</td></tr>
<tr><td rowspan="2">技能</td><td colspan="2">技能点</td><td>能力描述</td></tr>
<tr><td colspan="2">掌握控制维修时间的方法和要素</td><td>1＋X 汽车维修企业运营与项目管理技术中级技能【工作三：财务管理策略制订与分析—任务十五：企业财务数据制订与分析】</td></tr>
<tr><td>素养</td><td colspan="3">1）培养原则性
2）培养业务综合素养</td></tr>
</table>

一、汽车维修工时费用的计算

汽车维修工时费用的计算方法是：

工时费用＝工时单价×定额工时

1. 工时单价

汽车维修工时单价是指统一规定的完成某种汽车维修作业项目每小时的收费标准，一般由各省交通行业主管部门和物价管理部门统一制定并向社会公布执行。

汽车维修工时单价的类别，一般根据汽车维修作业项目的不同，划分为以下 3 种：汽车大修（包括发动机、车架、变速器、前桥、后桥、车身等总成大修）、汽车维护（包括一级维护、二级维护）和专项修理（包括小修），各类维修作业项目规定不同的工时单价标准。

2. 定额工时

汽车维修定额工时是指统一规定的完成某种维修作业项目所需要的工时限额，即在标准的维修作业条件下，具有标准熟练程度的维修人员完成某一车型的某一维修项目所需要的工作时间，一般用“h”来表示，也称为工时定额。汽车维修定额工时一般由各省交通行业主管部门和物价管理部门统一制定并向社会公布执行。

汽车维修工时定额也根据汽车维修作业项目的不同，划分为以下 4 种：汽车大修工时定额、汽车总成大修工时定额、汽车维护工时定额、汽车小修工时定额。

一般情况下，汽车维修管理部门所规定的统一工时定额是当地进行汽车维修核计工时的最高定额。

汽车维修工时费用见表 2-4。

表 2-4　汽车维修工时费用

序　号	维 修 项 目	维修时间/h	维修工时费用/元
1	更换机油格	1.45	145
2	制动维护	1	100
3	四轮定位	1	100

（续）

序 号	维 修 项 目	维修时间/h	维修工时费用/元
4	更换变速器油	1	100
5	更换散热器冷却液	1.5	150
6	更换传动带	1.5	150
7	平衡轮胎	2	200
8	更换火花塞	1.5	150
9	更换平衡杆球头	1.5	150
10	更换横拉杆球头	1.5	150
11	更换前桥	3	300
12	更换后桥	8	800
13	更换减振器	1.5	150
14	更换轮胎	1.5	150
15	更换前轮轴承	2.5	250
16	更换后轮轴承	3.5	350
17	更换正时带	4	400
18	更换驻车制动线	2	200
19	更换柴油格	1.5	150
20	更换汽油格	1.5	150
21	光碟	2	200
22	清洗节气门	1	100
23	清洗燃油箱	3	300
24	清洗喷油器	1.5	150

二、汽车维修时间的控制

1. 实际维修时间和维修工时定额的关系

在日常的维修生产中，维修项目的实际维修时间总是和维修工时定额标准不完全一致，但是应该基本符合维修工时定额标准，不应有太大的出入。实际维修时间与维修工时定额之间应当存在一个相对理想的比值。目前，根据一些先进维修企业的统计资料表明，实际维修时间与维修工时定额理想的比值为0.9～1.05。

如果实际维修时间与维修工时定额的比值小于0.9，意味着维修效率太高，可能存在下列问题：

1）实际维修时间过短，有可能维修作业不规范，省略工序，片面追求维修效率，忽视维修质量。

2）标准维修工时定额太大，即标准维修工时定额脱离实际，不合理。或者随着维修技术的发展，维修人员熟练程度的提高，标准维修工时定额已经落后过时，需要重新调整。

如果实际维修时间与维修工时定额的比值大于1.05，意味着维修效率太低，可能存在下列问题：

1）维修效率太低，维修作业的有关环节存在问题，有怠工现象。

2）标准维修工时定额太小，即标准维修工时定额脱离实际，不合理。

2. 维修时间的控制

对于汽车维修企业而言，应当在保证维修质量的同时，做好维修作业时间的控制，提高维修生产管理水平，从而提高汽车维修企业的经济效益。要做好维修作业的时间控制可以从以下方面进行考虑：

1）培训管理人员和维修人员进行时间管理，树立强化时间观念，为车间和前台服务安装对讲机等通信设备。

2）建立以维修业务量、维修质量为主要内容的员工激励与业绩考核制度，鼓励维修人员提高维修效率，缩短维修时间。

3）业务接待、车间调度员向维修人员下达维修任务委托书或者派工单时，应明确维修完工时间，使维修作业人员心中有数。可以在维修车间采用维修进程看板目视管理，维修看板上每一辆在修车辆的维修项目、维修进程随时更新，使维修车间人员对维修生产情况一目了然。

4）维修车间工艺布局、设备安置合理化，维修过程中，各个工序衔接合理，缩短辅助工序的作业时间，避免不必要的等待时间。

5）配备足够的设备、专用工具、检测仪器，且设备齐全良好，减少不必要的等待、借用时间。

6）配件部门充分配合，有足够的库存，制单、发料人员业务熟练，尽量缩短配件材料领发的时间。

7）对维修人员开展技术培训，不断提高维修人员的技术水平与熟练程度。

认知 3　汽车维修企业的服务流程

<table>
<tr><td>学时</td><td colspan="2">3 学时</td><td>难度</td><td>中级</td></tr>
<tr><td rowspan="5">学习目标</td><td>知识</td><td colspan="3">1）掌握汽车维修企业的服务流程及执行规范
2）掌握服务接待的仪容仪表及接待礼仪</td></tr>
<tr><td rowspan="3">技能</td><td>技能点</td><td colspan="2">能力描述</td></tr>
<tr><td>1）能够熟练执行维修维护客户日常接待流程</td><td colspan="2">1＋X 汽车维修企业运营与项目管理技术中级技能大纲【8. 检验交车与回访作业】</td></tr>
<tr><td>2）能够在接待客户过程中恰当地运用服务礼仪</td><td colspan="2">1＋X 汽车维修企业运营与项目管理技术中级技能大纲【7. 礼仪的规范与保养的规范】</td></tr>
<tr><td>素养</td><td colspan="3">1）培养职业素养
2）培养礼仪素养</td></tr>
</table>

汽车维修企业在维修服务中应该具有完整而规范的服务流程，并且服务流程中的每一个环节都应有一套服务标准，明确了售后服务顾问的服务规范及职责，使维修作业趋于标准化，预防服务差距的产生和扩大，同时有利于企业在市场中树立专业化的形象。有效执行汽车维修服务流程有助于售后服务顾问均化每天的工作量，增加维修业务量，减少返工率，提高劳动生产率和工作效率，从而增加企业利润。

一、业务接待岗位职责

业务接待（服务顾问）是服务流程的主要执行者，对客户是否会成为忠诚的客户并留下，进而成为忠诚客户，业务接待负有主要的责任。不满意的客户会宣传其对维修企业的不满，由此带来的损失是不可估量的。优秀的服务顾问可以化解客户的不满，挽回由于客户的不满而带来的损失，为企业创造最大的效益。

业务接待岗位职责如下：

1）引导、受理客户预约。

2）负责客户的接待工作。

3）负责客户车辆的故障诊断，与客户达成协议（任务委托书）。

4）负责车辆维修后的电话服务跟踪。

5）负责向索赔员传递车辆状态信息，并负责索赔技术鉴定。

6）负责向维修技师传达客户的想法，描述车辆的故障形态，分配维修工作任务。

7）负责交车工作，解释维修内容。

8）负责建立、完善客户档案。

二、服务流程

汽车维修企业的服务流程包括预约、准备、接待、修理、质量检验、交车结账、电话跟踪回访环节。

1. 预约

预约是汽车维修服务流程的第一个重要环节，因为它构成了汽车维修企业与顾客的第一次接触，从而提供了立即与客户建立良好关系的机会。预约主要通过电话预约完成，分维修企业主动预约和用户主动预约两种形式。

（1）预约的好处

1）可以缩短客户等待时间，保证客户按约定的时间取车，从而减少客户抱怨。

2）可以非常准确地利用车间的设备利用率，减少设备空闲时间。

3）可以对接受的汽车维修订单进行时间安排，削峰填谷。

4）可以及时订购备件，减小备件库存。

（2）预约的工作内容

1）询问用户及车辆基础信息（核对老客户数据、登记新客户数据）。

2）询问行驶里程。

3）询问上次维修时间及是否是重复维修。

4）确认客户的需求、车辆故障问题。

5）介绍特色服务项目及询问客户是否需要这些项目。

6）确定服务顾问的姓名。

7）确定接车时间。

8）暂定交车时间。

9）提供价格信息。

10）告诉客户带相关的资料（随车文件、防盗器密码、防盗螺栓钥匙、维修记录等）。

（3）预约的流程（图 2-1）

1）进行预约。根据提醒服务系统及用户档案，经销商主动预约客户进行维修维护，对返修客户和投诉客户要特别标出，以引起其他相关工作人员的注意。

2）填写预约表。预约人员参考客户档案，将客户及车辆资料写在修理单上。

3）确认预约。预约人员提前 1 天与客户联络，确认预约客户。

进行预约　　填写预约表　　确认预约

图 2-1　预约的流程

1. 预约

2. 准备

（1）准备的工作内容

1）草拟工作订单，包括目前为止已了解的内容，可以节约接车时间。

2）检查是否是重复维修，如果是，在订单上做标记以便特别关注。

3）检查上次维修时发现但没纠正的问题，记录在本次订单上，以便再次提醒客户。

4）估计是否需要进一步工作。

5）通知有关人员（车间、备件、接待、资料、工具）做准备。

6）提前一天检查各方能力的准备情况（技师、备件、专用工具、技术资料）。

7）根据维修项目的难易程度合理安排人员。

8）定好技术方案（对于重复维修、疑难问题）。

9）如果是外出服务预约，还要做相应的其他准备。

（2）准备的工作流程（图 2-2）

1）准备修理单。服务顾问参考客户档案，打印出资料或预约表，将客户及车辆资料写在修理单上。对返修客户和投诉客户要特别标出，以引起其他相关工作人员的注意。

准备修理单　　确认备件库的预约备件　　确认维修技术人员

图 2-2　准备的工作流程

2. 准备工作

2）确认备件库的预约备件。确定供简单工作及定期检查用的主要零件有库存，若预约备件不足，则要求备件部门订购必要的备件。

3）确认维修技术人员。服务顾问应根据维修项目的难易程度合理安排维修人员，准备相应的工具、工位和技术方案。

3. 接待

（1）接待的工作内容　服务顾问在接待客户时，应主要做好以下工作：

1）识别用户需求（用户细分）。

2）自我介绍。

3）耐心地倾听客户陈述。

4）当着客户的面使用保护罩。

5）全面彻底地维修检查。

6）必要时与客户共同试车。

7）总结客户需求，与客户共同核实车辆、客户信息，将所有故障及客户意见（修或不修）写在任务单上，请客户在任务单上签字。

8）提供详细价格信息。

9）签关于车辆外观、车内物品协议，或此内容包括在任务单上。

10）确定交车时间和方式（交车时间尽可能避开收银台前的拥挤时间）。

11）向客户承诺工作质量，做质量担保说明和超值服务项目说明。

（2）接待的工作流程（图2-3）

1）日常准备。在客户到来之前，服务顾问应准备必要的文件、脚垫、座椅套等。

2）接待客户。服务顾问应礼貌地迎接客户，自我介绍，询问客户姓名，以及他/她是否预约了等。对于未预约客户，在修理单上写下客户和车辆的资料，询问客户是否第一次来。对于预约客户，取出已准备好的修理单和客户档案/资料。

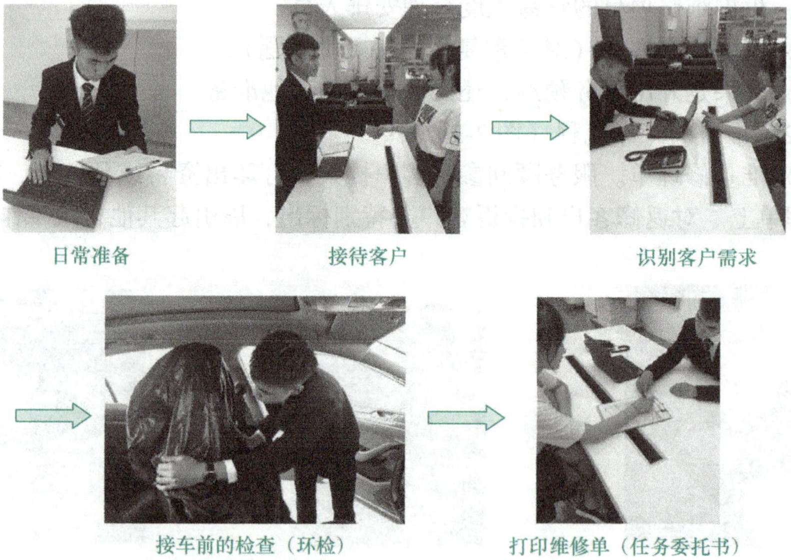

图2-3　接待的工作流程

3. 接车、制单

3）识别客户需求。服务顾问应耐心地倾听客户陈述，询问检查目的和里程表读数，然后确定技术检查程序（例如，40000km 例行检查），了解故障现象及故障产生的情况等，用客户的原话将故障现象及要求写在修理单上。

4）接车前的检查（环检）。服务顾问在填写维修单之前与客户一起对车辆进行检查，当着客户的面使用五件套，提供手提袋装纳客户的物品，同时看一下车辆是否存在某些缺陷（如车身某处有划痕，某个灯破碎等），有无贵重物品留在车内等，把这些缺陷在维修单上注明。如果故障在行驶中发现，应与客户一起进行试车。

返修或投诉的车辆，服务顾问可要求车间主任协助，在修理单上清楚提示“返修”或“投诉”。

5）打印维修单（任务委托书）。服务顾问总结客户需求，解释要做的工作、估价和交车日期及时间，与客户共同核实车辆、客户信息，将所有故障及用户意见（修或不修）写在任务单上，打印维修单，并请客户在任务单上签字。

4. 维修

（1）维修的重要性　维修作业是汽车维修企业的核心环节，汽车维修企业的经营业绩和车辆维修质量主要由此环节产生，做好维修工作十分必要。

（2）维修/进行工作的工作内容　具体包括：

1）遵守接车时的安排。

2）车间或小组分配维修任务，全面完成订单上的内容。

3）保证修车时间。

4）订单外维修需争得客户的签字同意。

5）正确使用专用工具、检测仪器、参考技术资料，避免野蛮操作。

6）做好各工种和各工序之间的衔接。

7）技师在维修工作订单上签字。

4. 维修

（3）修理/进行工作时的工作要求　维修人员在维修/进行工作时的工作要求具体如下：

1）保持良好的职业形象，穿着统一的工作服和安全鞋。

2）作业时要使用座椅套、脚垫、翼子板罩、转向盘套、变速杆套等必要的保护装置。

3）不可在客户车内吸烟、听音响、使用手机等与维修无关的工作。

4）作业时，车辆要整齐摆放在车间，时刻保持地面、工具柜、工作台、工具等整齐清洁。

5）作业时，工具、油水、拆卸的部件及领用的新件不能摆放在地面上。

6）维修完毕后，将旧件、工具、垃圾等收拾干净。

7）将更换下来的旧件放在规定位置，以便客户带走。

8）将座椅、转向盘、后视镜等调至原来的位置。如果拆卸过蓄电池，收音机、电子钟等的存储已被抹掉，应重新恢复。

维修人员一定要注意以上工作细节。

5. 质量检验

（1）质检的重要性　只有稳定的维修质量才能使客户满意，才能保障维修业务健康、持续、稳定地发展下去。因此，在维修过程中和维修结束后，维修人员认真进行质检不仅可以保障客户满意率，更重要的是可以降低返修率，为企业节省时间和金钱，提高企业在客户心中的地位。

（2）质检的工作内容

1）随时控制质量，在客户接车前纠正可能出现的问题，即自检。

2）路试（技师/工或服务顾问）。

3）在工作单上写明发现但没去纠正的问题，服务顾问签字。

4）清洁车辆。

5）停车并记录停车位。

6）准备服务包（特色服务介绍等宣传品、资料、礼品、用户意见调查卡等）。

7）向服务顾问说明维修过程及问题。

（3）质检的流程（图2-4）

1）维修后质量自检。维修后质量自检可以随时控制质量，在客户接车前纠正可能出现的问题，维修技师应查看修理单，以确认最后检查已完成（例如查看车间主任的签字）。如有必要，技师/技工或服务顾问进行路试。特别修理（如昂贵的修理、保修工作或返修等）的收费必须由维修经理批准。维修经理必须亲自确认返修或投诉车辆的交车前的最后检查，在修理手册或质量保证书中记录已完成的检查。

2）清洁车辆。服务顾问应确认车辆里外已清理干净，确认其他交车前的礼仪工作（将座椅恢复到原来位置），再次检查接车前的检查项目（车身损伤等），并与原先的检查进行比较。

3）准备交还给客户的材料。服务顾问应准备要交还给客户或要给客户看的换下来的零件和材料，修理手册或质量保证书。

5. 质检、交车准备

图2-4　质检的流程

6. 交车结账

（1）交车结账的工作内容

1）检查发票（材料费、工时费与实际是否相符）。

2）向客户解释发票内容。

3）向客户说明订单外工作和发现但没去解决的问题，对于必须修理但客户未同意的项目需要请客户签字。

4）给客户看旧件。

5）指示客户看所做的维修工作。

6）告知某些备件的剩余使用寿命（制动/轮胎）。

7）向客户讲解必要的维修保养常识，宣传经销商的特色服务。

8）向客户宣传预约的好处。

9）告别客户。

（2）交车结账的流程（图 2-5）

1）通知客户提车。服务顾问应到休息室或打电话通知客户维修工作已完成，请客户提车。

2）解释所做的工作和费用。服务顾问应解释所做的工作，并展示换下的零件，陪客户到车旁展示接车前检查的项目都完成（如门铰链已加油），展示所做工作的质量（如果在诊断时进行了路试，此时也应与客户一起进行路试。）。服务顾问应向客户讲述在维修中发现的问题，并提供有用的信息。

3）请客户付款。服务顾问取下座椅套，陪客户至业务接待处；向客户解释所做的工作，请客户付款；通知客户下次维护检查的时间；询问客户，何时进行维修后跟踪比较方便。

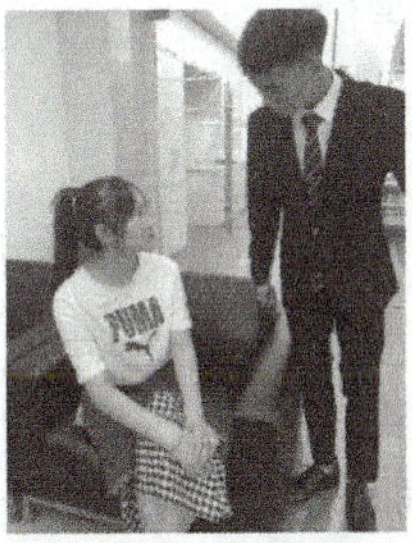
通知客户提车

解释所做的工作和费用

请客户付款

送客户离去

图 2-5　交车结账的流程

6. 交车、结算

4）送客户离去。服务顾问向客户交还修理手册或质量保证书、钥匙等；陪同客户去取车；感谢客户，并目送客户离去。

7. 电话跟踪回访

（1）电话跟踪回访的目的

1）对客户惠顾表示感谢，促进客户信任度。

2）了解客户对服务是否满意。如果他/她不满意，采取行动解决任何可能存在的问题。

3）将跟踪结果反馈给服务顾问、服务经理、车间主任等，找出改进工作的措施，以利今后的工作。

4）通知客户下一次例行维护检查的时间。

（2）电话跟踪回访的工作内容（图 2-6）

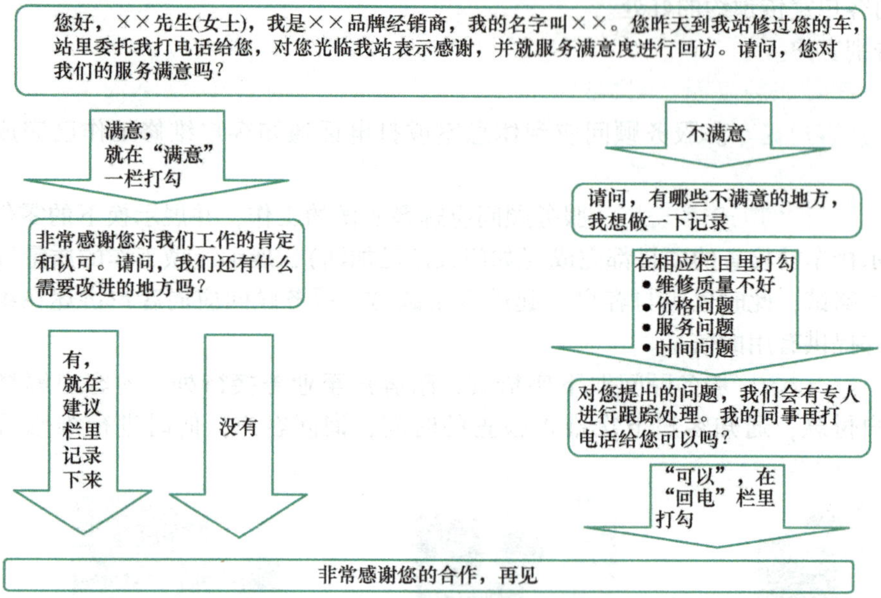

图 2-6　电话跟踪回访的工作内容

（3）电话跟踪回访的流程（图 2-7）

1）维修后跟踪。电话回访专员取出有关的修理单（在维修后 1 周以内），通过电话，在预约的日期和时间联络客户，并且按照预定的程序进行电话跟踪回访（如感谢客户惠顾、确认他/她是否满意等）。如果客户满意，感谢客户，并欢迎继续光临惠顾。如果客户不满意或有投诉，感谢客户向公司提出了问题，帮助公司杜绝同样的问题再次发生。电话回访专员应请客户将车开回维修中心，解决投诉的问题，并立即向维修经理报告投诉。

2）回访跟踪结果反馈。电话回访专员总结当天跟踪的结果，向维修经理报告跟踪结果。

7. 跟踪服务

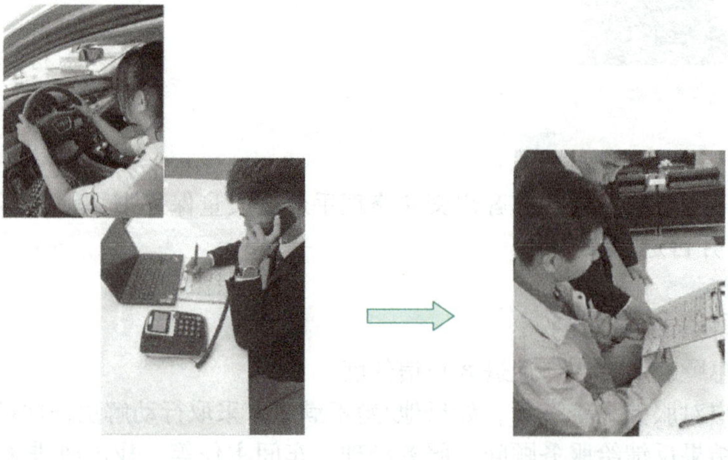

维修后跟踪　　回访跟踪结果反馈

图 2-7　电话跟踪回访的流程

课堂拓展

讨论：你认为服务接待人员在执行服务流程中，如何诠释“严谨”的工作态度？

参考建议：扎实的专业技能，敏锐的思维，服务意识，独立解决问题，持续学习，承压能力，团队合作，责任心……

认知 4　汽车维修企业的 6S 管理

<table>
<tr><td>学时</td><td colspan="2">1 学时</td><td>难度</td><td>中级</td></tr>
<tr><td rowspan="5">学习目标</td><td>知识</td><td colspan="3">1）掌握 6S 的概念
2）掌握 6S 管理的意义、内容及实施方法</td></tr>
<tr><td rowspan="3">技能</td><td>技能点</td><td colspan="2">能力描述</td></tr>
<tr><td>1）能够制订维修车间 6S 检查报告</td><td colspan="2">1 + X 汽车维修企业运营与项目管理技术中级技能大纲【4. 维修企业的日常管理作业】</td></tr>
<tr><td>2）能够对维修企业的 6S 提出改善方案</td><td colspan="2">1 + X 汽车维修企业运营与项目管理技术中级技能大纲【4. 维修企业的日常管理作业】</td></tr>
<tr><td>素养</td><td colspan="3">1）培养安全环保意识
2）培养社会责任意识</td></tr>
</table>

一、6S 管理的概念

6S 管理是由日本企业提出的 5S 扩展而来，是现代企业行之有效的现场管理理念和方法。通过规范现场、现物，营造一目了然的现场环境，培养员工良好的工作习惯，其最终目的是提升员工的品质。

6S 内容包括整理（Seiri）、整顿（Seiton）、清扫（Seiso）、清洁（Seiketsu）、素养（Shitsuke）、安全（Security）6 个项目（图 2-8）。

整理（Seiri）——将工作场所的所有工作物品区分为有必要的和没必要的，有必要的留下来，其他的都清除掉。目的：腾出空间，空间活用，防止误用，塑造清爽的工作场所。

整顿（Seiton）——把留下来的必要物品按规定位置摆放，并放置整齐加以标识。目的：工作场所一目了然，缩短寻找物品的时间，保持整整齐齐的工作环境，消除过多的积压物品。

清扫（Seiso）——将工作场所内看得见与看不见的地方清扫干净，保持工作场所干净、亮丽。目的：稳定品质，减少工业伤害。

清洁（Seiketsu）——将整理、整顿、清扫进行到底，并且制度化，经常保持环境外在美观的状态。目的：创造明朗现场，维持上面 3S 成果。

素养（Shitsuke）——每位成员养成良好的习惯，并遵守规则做事，培养积极主动的工作精神（也称习惯性）。目的：培养有好习惯、遵守规则的员工，营造团队精神。

图 2-8　6S 管理项目

安全（Security）——重视成员安全教育，每时每刻都有安全第一的观念，防患于未然。目的：建立起安全生产的环境，所有的工作应建立在安全的前提下。

用以下简短的语句来描述 6S 以方便记忆：

整理：要与不要，一留一弃。

整顿：科学布局，取用快捷。

清扫：清除垃圾，美化环境。

清洁：形成制度，贯彻到底。

素养：养成习惯，以人为本。

安全：安全操作，生命第一。

6S 之间彼此关联，整理、整顿、清扫是具体内容。清洁是指将上面的 3S 的做法制度化、规范化，并贯彻执行及维持结果。素养是指培养每位员工养成良好的习惯，并遵守规则做事。开展 6S 容易，但长时间的维持必须靠素养的提升。安全是基础，要尊重生命，杜绝违章。

二、6S 管理的意义

1. 提升企业形象

1）整齐清洁的工作环境，饱满的工作情绪，有序的管理方法，使客户有充分的信任，容易吸引客户，并且增强企业员工的自信心。

2）6S 做得好，原来的客户会不断地免费进行宣传，会吸引更多的新客户。

3）在客户、同行、员工的亲朋好友中相传，产生吸引力，吸引更多的优秀人才加入企业。

2. 营造团队精神，创造良好的企业文化，加强员工的归属感

1）共同的目标拉近员工的距离，建立团队精神。

2）容易带动员工积极上进的思想。

3）取得良好的效果，员工对自己的工作有一定的成就感。

4）员工们养成良好的习惯，容易塑造良好的企业文化。

3. 增加工作效率，减少浪费，降低成本

1）经常习惯性地整理整顿，不需要专职整理人员，减少人力。

2）对物品进行规划分区，分类摆放，减少场所的浪费。

3）物品分区分类摆放，标识清楚，找物品的时间短，节约时间。

4）减少人力，减少场所，节约时间就是降低成本。

4. 保障工作质量

一旦员工养成了做事认真严谨的习惯，做任何事情都一丝不苟、不马虎，工作的返修率会大大降低，工作质量自然有保障。

5. 改善情绪

1）清洁、整齐、优美的环境带来美好的心情，员工工作起来更认真。

2）上司、同事、下级谈吐有礼，举止文明，给员工一种被尊重的感觉，容易融合在这种大家庭的氛围中。

3）工作环境优美，工作氛围融洽，工作自然得心应手。

6. 保证生产安全

1）工作场所宽敞明亮，通道畅通。

2）员工养成认真负责的习惯，会使生产及非生产事故减少。

3）地上不会随意摆放、丢弃物品，墙上不悬挂危险品，这些都会使员工人身安全、企业财产得到安全保障。

三、6S之间的相互关系

整理是整顿的基础，整顿又是整理的巩固，清扫显现整理、整顿的效果，而通过清洁和素养，形成持续改善气氛。6S之间的相互关系如图2-9所示。

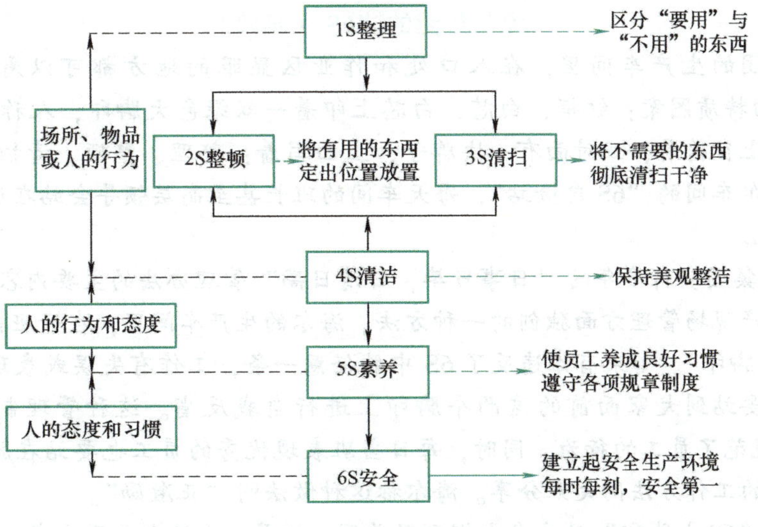

图2-9 6S之间的相互关系

“只有整理没有整顿，物品真难找得到；只有整顿没有整理，无法取舍乱糟糟；只有整理、整顿没清扫，物品使用不可靠；3S效果怎保证，清洁出来献一招；标准作业练素养，公司管理水平高。”

四、6S管理的实施方法

（1）定点照相法　所谓定点照相，就是对同一地点、面对同一方向，进行持续性的照相，其目的就是把现场不合理现象，包括作业、机器、流程与工作方法予以定点拍摄，并且进行连续性改善的一种手法。

（2）红牌（红标签）作战　红牌作战中的红色牌子或者标签，用来区分日常生产活动中的非必需品。将平常生产活动中非必需品贴上红色标签，这样可以使作业人员和管理人员一目了然地看出什么东西是必需品，什么东西是多余的。贴红牌的对象包括库存、机器及空间等。

（3）目视化管理　通过目视化管理，作业人员能一眼就知道何处有什么东西及其数量，同时可以将现场管理的内容、流程以及订货、交货日程等制作成看板，使作业易于了解，以进行必要的作业。

五、6S管理实施应注意的问题

6S管理推行容易，在较短的时间内就可以收到明显的效果，但要坚持下去，持之以恒，不断改进，却不容易。很多企业实行过6S管理，但不少都半途而废。

汽车维修企业在开展6S管理过程中，要始终贯彻自主管理和优化管理的原则，每位员工要从自身做起，从优化做起，并注意以下问题：

1）6S管理要长期坚持，整理、整顿不能平日不做，而靠临时突击将物品整理摆放一下。创造良好的工作环境，不能靠购置几件新设备、刷刷墙面。素养形成不能靠一个会议解决问题。

2）6S管理要依靠全体员工自己动手，持之以恒来实施，并在实施过程中不断培养全体员工的6S意识，提高6S管理水平。

案　例

海尔集团的“6S大脚印”

在海尔集团的生产车间里，在入口处和作业区显眼的地方都可以看到地上有一块60cm×60cm的特质图案：红框、白芯，白芯上印着一双绿色大脚印，人称“6S大脚印”。站在这大脚印上往前看，正对面有一块牌子，上面写着：整理、整顿、清扫、清洁、素养、安全。这是海尔车间的“6S自检站”，每天车间的班长甚至高层领导会站在这里总结或反省当天的6S情况。

6S是海尔集团实行多年的“日事日毕，日清日高”管理办法的主要内容，“6S大脚印”是海尔加强生产现场管理方面独创的一种方法。海尔的生产车间里，在开班前、班后会的地方都有“6S大脚印”。如果有谁违反了6S中的任意一条，工作有失误或表现不佳，下班开会的时候，就要站到大家面前的这两个脚印上进行自我反省。这种管理制度通过“负激励”，有效地规范了员工的行为。同时，每日当班表现优秀的员工也要站在脚印上介绍自己的经验，把好的工作方法同大家分享。海尔称这种做法叫“正激励”。

海尔也将“6S大脚印”从青岛也搬到了美国。这是一个海尔美国南卡工厂的6S班前会一个片断—— 一位管理人员说："按照6S的要求，我们每天要对现场进行清理。做得比较出色的，今天我们把她请出来，希望大家能够按照她的方式，严格处理自己的工作现场。"一位女工走出队列，站到了两个大脚印上，说："今天站到这个地方我非常激动。在工作中的安全、卫生、质量方面我尽了最大的努力。对我的表扬是工厂对我工作的认可。我非常高兴，在今后的日子里，我会继续努力，为海尔贡献我的力量。"当站在大脚印上的演讲者越来越多的时候，车间里的6S越来越好了。

课堂拓展

讨论：从海尔集团"6S大脚印"案例中，你获得了什么启示？

参考建议：

1）我们每天要善于批评与自我批评，及时发现自己的不足并改正。

2）有一双发现别人亮点的眼睛。

3）愿意同别人分享自己的成功经验，不保留、不自私。

4）小的事情，只要坚持下去变成习惯，就会发生质的改变。

项目实施

接待维修/维护客户

1. 任务说明

本任务中，需要同学扮演服务顾问和客户2种角色，另外选择n名同学作为评价员，对服务顾问的表现进行评分，并且完成评分表。小组成员可轮流扮演服务顾问和客户，任务完成后，教师对任务完成情况进行点评和评分。

2. 任务描述

小秦是某大众4S店的前台服务顾问，他要接待一位预约的客户，这位客户要做速腾轿车的15000km维护，同时，他的轿车在制动时偶尔会发出声音，客户希望把这个问题也检查一下。请完成该客户的服务接待工作。

3. 材料

1辆轿车，1份预约单，1份接车单，1份任务委托书，5件套。

4. 任务实施

（1）预约客户　预约登记表见表2-5。

表2-5　预约登记表

预约登记表					
服务顾问		主修人		工位	
客户		联系人		联系电话	
牌照号		底盘号		行驶里程	
车型		预约登记日期			

（续）

预约接车开始时间			预约接车结束时间		
预约维修开始时间			预约维修结束时间		
维修类型	定期维护□　其他□		预约类型	主动□	被动□
交通服务			付费方式		
地址					
维修项目			维修备件		
预计维修项目费用合计		预计维修备件费用合计		预计总费用	
用户需求描述：					
经销商建议：					
预约专用工具：					

服务顾问预约准备确认			
备件确认	工具确认	车间调度员确认	服务顾问提前 1 小时确认
是否确认　是□　否□ 确认时间： 确认人：	是否确认 是□ 否□ 确认时间： 确认人：	是否确认　是□ 否□ 确认时间： 确认人：	是否确认　是□　否□ 确认时间： 确认人：
服务顾问签字：		签字时间：	

（2）接待　接车单见表2-6。

表 2-6　接车单

接　车　单						
基本信息及需求确认	车牌号		车型		接车时间	
	客户姓名		客户联系电话		方便联系时间	
	客户陈述及要求：				是否预约	是□　否□
					是否需要预检	是□　否□
					是否需要路试	是□　否□
					贵重物品提醒	是□　否□
					是否洗车	是□　否□
					是否保留旧件	是□　否□
					如保留旧件，放置位置：	
	服务顾问建议：					
	预估维修项目（包括客户描述及经销商检测结果）：		预估维修费用及时间（备件、工时等）			
			预估交车时间：			
	注意！因车辆维修需要，有可能涉及路试，如有在路试中发生交通事故，按保险公司对交通事故处理方法处理！					

（续）

	检查项目	接车确认	备注（如异常，请注明原因）	
接车检查				接车里程数：______km 油表位置：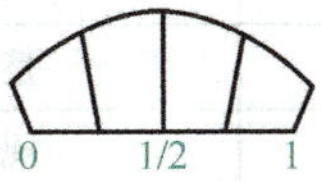
	车辆主副及应急钥匙	正常☐ 异常☐		
	内饰	正常☐ 异常☐		
	电子指示系统	正常☐ 异常☐		
	刮水器功能	正常☐ 异常☐		
	天窗	正常☐ 异常☐		
	音响	正常☐ 异常☐		
	空调	正常☐ 异常☐		外观确认［含轮胎、轮毂（盖）、玻璃等，如果有问题，画圆圈标在车辆相应位置］： 
	点烟器	正常☐ 异常☐		
	座椅及安全带	正常☐ 异常☐		
	后视镜	正常☐ 异常☐		
	玻璃升降	正常☐ 异常☐		
	天线	正常☐ 异常☐		
	备胎	正常☐ 异常☐		
	随车工具	正常☐ 异常☐		
	服务顾问签名：			客户签名：
整体评价	客户整体评价（请在下述相应表格中打“√”）			客户签字
	非常满意☐	满意☐	一般 ☐	不满意 ☐　非常不满意 ☐

（3）服务接待评价　服务接待评价表见表2-7。

表2-7　服务接待评价表

实训内容	接车	姓名		
考核项目	评分标准	分数	评价员评价	教师评价
小组合作	和谐	5		
活动参与	积极、认真	5		

（续）

考核项目	评分标准	分数	评价员评价	教师评价
语言	礼貌、规范	5		
着装	整洁、整齐	5		
动作	规范、有礼	5		
问题提问（回答）	专业性	15		
表达能力	强	10		
沟通能力	强	10		
环车检查	规范、全面	15		
使用五件套	正确、规范	5		
工单填写	规范、不漏项	10		
开拓能力	灵活、机动、创新	10		
合计		100		
总评（评价员评价×50%＋教师评价×50%）				
教师签字：				年　月　日

5. 素质目标

培养学生具有较强的经营意识、客户意识，具有很好的团队协作精神和良好的职业素养，具有较强的事业心和高度的责任感，具有较强的表达能力及良好的沟通能力。

6. 注意事项

1）语言规范，动作得体。

2）正确使用五件套保护车辆。

3）正确填写接车单，不漏项。

7. 参考话术

预约参考话术：

❖“您好！我是【经销商名称】4S店客服专员【姓名】。请问您是【车牌号/车型】的车主【客户姓名】女士/先生吗？”“请问您现在方便接听电话吗？”

❖“不好意思，打扰您了！那我什么时候方便与您再次联系呢？……谢谢您！祝您用车愉快！再见！”

❖“您好！我是【经销商名称】4S店服务顾问【姓名】。很高兴为您服务！请问怎么称呼您？（等待客户回答后）【客户姓氏】女士/先生，请问有什么可以帮到您？（如果客户提出预约需求）请您稍等，我做一下记录……（做好记录后）【客户姓氏】女士/先生，我已经帮您做好了记录，客服专员（服务）随后会给您致电，安排来店日期和时间。感谢您的来电！祝您用车愉快！再见！”

❖（对新车首次维护客户）“【姓名】女士/先生，感谢您选择我们【车型】！请问您的爱车现在行驶了多少公里了？……做过首次维护了吗？”

❖（对建议维修客户）“【客户姓氏】女士/先生，我们这次来电是想提醒您，您上次来店【建议维修项目】没有进行，考虑到此项目涉及车辆性能和行车安全，我们建议您及时来店进行【建议维修项目】。请问您哪天方便来店？”

❖ “【客户姓氏】女士/先生，通过电话我们无法判断您的车况。为了确保您的安全和车辆的性能，需要您尽早开车来店进行检查。我来为您安排一个时间，由资深维修技师为您的爱车进行检查，好吗？”

❖ “【客户姓氏】女士/先生，请问您有熟悉的服务顾问吗？我们可以为您提前安排……”（如果客户没有指定服务顾问）“【客户姓氏】女士/先生，我们为您安排了一位优秀的服务顾问接待您，他的姓名是【服务顾问姓名】。”

❖ “【客户姓氏】女士/先生，您本次【预约服务项目】预计需要【工时数】，预计工时费用为【工时费】、预计备件价格为【备件价格】。以上报价仅为预估价格和时间，最终费用和时间以服务顾问或维修技师实际诊断的结果为准。”

❖ “【姓名】女士/先生，来店时，请您携带行驶证、驾驶证和维护手册，并注意在【预约时间】前务必到达。您的工位我们将会为您保留10min时间，请及时到达！”

❖ “【 姓名】女士/先生，感谢您选择预约服务！我们将为您准备好专用工位和备件，服务顾问【 姓名】届时将准备好欢迎您的光临！祝您用车愉快！再见！”

接车/制单参考话术：

❖ “您好！欢迎光临【经销商名称】4S店，请问您是来看车还是来做维修保养的？”

❖ “【客户姓氏】女士/先生，我是服务顾问【姓名】，很高兴为您服务！”

❖ “女士/先生，您好！欢迎光临【经销商名称】4S店，我是接待员【姓名】。请问有什么可以帮到您？……请问怎么称呼您？……”

❖ “【客户姓氏】女士/先生，为了更好地了解您爱车的车况和设置，我将对您的车辆进行环车检查。请问您方便与我一起吗？……请问您车内是否有贵重物品？您可以将贵重物品放到我们提供的储物袋里。……首先，我们先检查一下驾驶室，包括油量、里程、电子系统、舒适系统和其他设置等，在检查之前，我先为您的爱车铺上五件套，以保证在维修过程中您爱车的内饰清洁。”

❖ “【客户姓氏】女士/先生，您的爱车需要在行驶过程中进行检测，才能明确故障和维修项目。我们推荐对您的车辆进行路试。请问您需要一同去吗？”

❖ “【客户姓氏】女士/先生，我给您详细解释一下本次维修维护的全部内容，您本次维修维护内容是【维修项目内容】，这是价格【维修项目价格】，我们免费的增值服务项目【免费服务项目内容】，如果您觉得没有问题，请在这里签字。”

❖ “【客户姓氏】女士/先生，不知您对此次维修的‘任务委托书’是否有疑问？如果没有问题，您是否还有其他的需求？……请您在这里签字。”（客户签字后）“谢谢！”

❖ “【客户姓氏】女士/先生，这边是我们的免费上网区，这个是我们的透明车间看板，您可以随时观看车辆的维修进度和状态，那边是报纸、杂志放置和电影放映区，这是我们的服务员【姓名】。（服务员点头微笑示意）【服务员姓名】，这是我们的客户【客户姓氏】女士/先生。……【客户姓氏】女士/先生，您先休息，有需要我们随时联系。”

❖ “【客户姓氏】女士/先生，您这边请！……【客户姓氏】女士/先生，您慢走！您的爱车维修完成后，我会立即联系您！”

项目三　汽车维修企业质量与技术管理

项目导读

汽车维修的质量与技术管理是汽车维修企业非常重要的工作内容。质量管理制度、维修过程控制、质量检验等对汽车维修企业的工作起着监督和检验的作用。文件管理、售后信息反馈、专用工具及测量设备的管理、企业内部的培训管理、汽车维护及修理的技术管理等对汽车维修企业的工作起着指导作用。车辆维修过程中的质量管理和技术管理直接影响客户的满意度。因此，汽车维修企业必须重视质量管理与技术管理，建立健全全面质量管理体系，按照质量与技术管理的规章制度执行，提高一次修复率，进而提高客户的满意度与忠诚度。

建议学时安排：

序　号	内　容	学　时
认知 1	汽车维修企业的技术管理	3 学时
认知 2	汽车维修企业的质量管理	3 学时
项目实施	某品牌 4S 店提升钣喷维修质量管理	1 学时

项目引入

张先生开着刚维修好的车辆上了高速路，一个急拐弯，前车轮竟然飞了出去。当时车上坐有 5 人，还好当时高速路上车辆不多，也未造成撞车事故，但车上人员均出现一定程度的轻伤。后来查看车辆，张先生才发现汽车前轮轮毂螺栓没有安装上。该车维修费用为 7860 元，车主要求 4S 店给车上每人赔偿 1 万元的损失费，4S 店最终只赔偿了 13880 元（含维修费）。你认为该 4S 店在维修质量管理方面存在哪些漏洞？从这个事例中分析执行质量管理制度对维修质量的重要性。

项目内容

认知1　汽车维修企业的技术管理

<table>
<tr><td>学时</td><td colspan="2">3学时</td><td>难度</td><td>初级</td></tr>
<tr><td rowspan="7">学习目标</td><td>知识</td><td colspan="3">1）了解技术管理包含的内容
2）了解培训员、质量检查员、工具资料管理员的岗位职责
3）掌握汽车维护的内容及双人快修的流程
4）掌握总成拆装的技术标准
5）掌握钣金喷漆的作业标准
6）掌握汽车维修出厂的技术标准
7）了解维修技术飞行检查的内容</td></tr>
<tr><td rowspan="5">技能</td><td>技能点</td><td colspan="2">能力描述</td></tr>
<tr><td>1）能描述车辆维护及双人快修操作的技术要点</td><td colspan="2">1+X汽车维修企业运营与项目管理技术中级技能大纲【7.礼仪的规范和保养的规范】</td></tr>
<tr><td>2）能描述完成总成拆装的技术要点</td><td colspan="2" rowspan="3">1+X汽车维修企业运营与项目管理技术高级技能【工作一：生产管理策略制订与分析—任务三：维修技术管理策略制订】</td></tr>
<tr><td>3）能描述完成钣金喷漆作业的技术要点</td></tr>
<tr><td>4）能进行维修企业技术管理及策略制订</td></tr>
<tr><td>素养</td><td colspan="3">1）培养团队合作意识
2）培养工匠精神
3）培养工程安全、环境意识</td></tr>
</table>

一、技术管理概述

随着汽车保有量的日益增加，我国的汽车维修企业获得了更多的发展机遇。但是，由于汽车维修企业的快速发展，带来的汽车维修人才缺口和维修行业从业人员的快速流动，也给汽车维修企业带来了诸多不便。经营难、管理难以及提高难等问题，经常困扰着汽车维修企业的经营者。然而，众多的服务理念培训却往往凸显出服务技能的不足。所以，建立一个长效的管理机制，认真做好汽车维修企业的技术管理，让汽车维修企业的关键员工能够在服务理念与服务技能上的双重表现都能达到或超过客户的期望，从而为企业积累更多的客户资源，并巩固与扩大汽车维修企业的市场地位，便显得尤为重要。

1. 技术管理的内容

国内大多数品牌的汽车生产企业都制订了售后服务维修技术管理要求，对自己的维修生产企业（经销商）的技术信息反馈、技术资料的利用、专用工具的使用以及维修质量的控制工作进行了详细全面的规定，以促进汽车维修企业管理工作的有效进行。

汽车维修企业的技术管理主要包括技术文件的管理、专用工具及测量仪器的管理、售后车辆信息反馈、经销商内部培训等方面的内容。

（1）技术文件的管理

1）技术经理指定专人负责技术文件的下载、汇总、下发、应用等工作，建立资料目录及借阅档案，可随时借阅，具有能阅读光盘版技术资料的设备。确保技术文件正确、及时使用。

2）做好技术文件的保密工作。

3）技术经理或者内部培训员负责对技术文件上的内容对维修技师展开内部培训，技术经理每季度抽查1~2项维修项目进行考核：维修人员应会查阅维修技术资料，并按维修资料要求进行维修。

（2）专用工具及测量仪器的管理

1）专用工具和测量仪器的配置及管理：按汽车生产企业的要求配备齐全，设置专用工具员进行管理并建立借用档案，专用工具员应熟悉专用工具和测量仪器的基本使用功能。

2）专用工具和测量仪器的状态：定期维护，无损坏，仪器辅助设施配置齐全，建立维护档案。

3）技术经理有计划地对站内相关维修技师进行专用工具、设备使用培训。

4）对经销商缺少的必备的专用工具要尽快订货完善，避免因为缺少专用工具而影响维修质量。

（3）售后车辆信息反馈

1）经销商应定期（每周）将批量投放的车辆信息汇总、整理，通过网络系统中的车辆信息反馈单反馈给技术支持组。

2）新产品、新项目首批投放地区的经销商应及时、准确地做好售后质量信息快捷反馈工作，反馈方式为通过网络系统的质量信息快速反馈单反馈给技术支持组。

3）经销商应负责整理并提供维修信息、典型维修案例等方面的技术信息。

4）经销商对车辆信息反馈的准确性、及时性、完整性负责。按照汽车生产企业售后服务科要求的格式将技术疑难问题反馈给售后服务科技术支持组，同时技术经理对经销商反馈的信息进行确认并负责对其进行解释。

5）经销商应按要求在网络系统中填写车辆信息反馈单，并按照有关内容要求认真填写，要求的信息必须填全。特殊情况允许使用传真等手段。

6）车辆信息反馈应该齐全、完整、及时，内容清晰、翔实。

7）经销商应按维修手册有关要求进行检修及故障排除，并将检修过程填写于售后网络中的车辆信息反馈单中。

8）重大问题处理完毕后，经销商应将总结报告按时通过网络信箱或电子邮件方式（特殊情况可以填写“重大问题报告”以传真形式）反馈给售后服务科技术支持组。

9）经销商维修人员在解决技术疑难问题后，应及时报告给技术经理，技术经理应对故障现象、故障分析、故障排除及建议等内容进行整理，并以典型故障排除报告样式将信息以网络信箱、电子邮件或传真方式反馈给技术支持组。

10）技术经理应对信息反馈单进行归档管理以方便查询。

（4）经销商内部培训

1）经销商必须建立内部培训机制。

2）技术经理负责经销商内部的培训工作。

3）内部培训工作要有计划，每次培训后必须建立培训档案记录，以备查询。

（5）对经销商技术管理考核

1）汽车生产企业的售后服务部门负责考核经销商的技术水平，考核结果作为经销商年终评比及对经销商索赔能力评定的依据。

2）汽车生产企业的售后服务部门负责对经销商技术经理日常工作的考核。

2. 技术管理的组织机构及岗位描述

（1）技术管理的组织机构　汽车维修企业的技术管理工作通常由技术部来完成。技术部设有技术经理（1名）、质量检查员（1名）、内部培训员（1名）、工具/资料管理员（1名）。

（2）技术管理相关岗位及岗位描述

汽车维修企业的技术管理岗位主要有技术经理、内部培训员、质量检查员和工具/资料管理员。

1）技术经理。

① 管辖范围：工具库。

② 直接下属：

A. 质量检查员。

B. 内部培训员。

C. 工具/资料管理员。

③ 素质要求：

A. 大专或以上学历，汽车或汽车维修专业。

B. 有相关领域工作经历及年限5年以上汽车维修工作经验。

C. 具有一定的英语阅读能力，能够熟练地操作计算机。

D. 具有良好的执行能力、沟通能力、团队合作意识、组织协调能力、服务意识。

E. 通过主机厂高级技师以上认证。

F. 熟悉汽车驾驶，有驾驶执照。

④ 职责与权限：

A. 负责定期收集技术疑难问题及批量投放的质量信息。

B. 负责技术资料的消化、吸收并指导使用。

C. 负责收集并反馈重大、安全、批量质量相关信息，配合主机厂开展技术管理工作。

D. 负责控制、监督经销商的维修质量，要求形成质量分析月报表，以月报形式向服务总监汇报，提出改进建议。

E. 负责疑难故障的诊断及维修技术攻关，指导车辆维修。

F. 负责监督、指导维修人员使用专用工具。

G. 负责协助索赔员对部分索赔件进行鉴定。

H. 负责建立文件化的质量体系，推行ISO9001标准认证。

2）内部培训员。

① 直接上级：技术经理。

② 素质要求：

A. 大专以上文化程度，汽车或汽车维修专业。

B. 熟悉汽车构造及相关知识，具有较强的汽车维修技能。
C. 较强的语言表达能力。
D. 熟悉计算机操作。
E. 具有一定的英语阅读能力。
F. 熟悉汽车驾驶，有驾驶证。
③ 职责与权限：负责本站内的各项技术培训工作。
3）质量检查员。
① 直接上级：技术经理。
② 素质要求：
A. 具有中专以上文化程度，汽车专业或汽车维修专业。
B. 具有丰富的汽车维修知识和汽车理论知识。
C. 具有一定的组织能力、协调能力及管理经验。
D. 熟悉汽车驾驶，有驾驶证。
③ 职责与权限：
A. 负责维修质量的检验。
B. 负责监督维修人员的维修工作。
C. 负责不合格品返修质量的监督、检查。
D. 负责参与重大、疑难故障的分析、鉴定。
4）工具/资料管理员。
① 直接上级：技术经理。
② 素质要求：
A. 具有中专或高中以上学历。
B. 熟练掌握常用的计算机办公软件（如 Word、Excel、PPT 等）。
C. 有相关领域工作经历及年限 1 年以上汽车行业维修工作经验。
D. 具有汽车维修资料使用知识、文件资料管理知识、库房管理知识。
E. 有良好的数据统计能力、沟通能力、团队合作意识、服务意识。
③ 职责与权限：
A. 建立维修工具、设备及售后服务资料目录，负责日常收发和管理日常使用情况记录。
B. 负责维修工具、设备及售后服务资料日常状态检查，数量核查以及日常维护。
C. 负责与主机厂联系，订购维修工具、设备、服务人员工作服等。
D. 负责工具/资料库房日常管理。

二、汽车维护的技术管理

1. 汽车维护的概述

汽车维护是指根据车辆各部位不同材料所需的维护条件，采用不同性质的专用护理材料和产品，对汽车进行全新的维护护理的工艺过程。

现代的汽车维护主要包含了对发动机总成、变速器总成、空调系统、冷却系统、燃油系统、动力转向系统等的维护范围。

汽车维护通常分为定期维护和季节维护。

（1）定期维护　按照汽车行驶时间和里程的约定进行的维护称为定期维护。只有定期对车辆进行维护才能保证车辆始终处于一个良好的运行状态，正确维护车辆还可以达到延长车辆使用寿命的目的。定期维护包含的项目非常多，在此仅介绍部分内容。

1）首保。按汽车生产企业规定的时间、里程及时进行新车首保，无论是对于汽车的技术状态，还是将来对车辆备件进行索赔，影响都非常大，因此详细地了解首保业务是非常必要的。

① 首保的目的：汽车生产企业为了保证使用该企业的系列产品的用户车辆处于良好的技术状态，决定对售出的车辆进行强制性首次维护。此项工作由经销商承担，对用户免费，费用由汽车生产企业承担。

② 首保规定：

A. 凡用户购置汽车生产企业的产品，行驶到规定里程范围，应该接受新车首次免费维护。

B. 超过维护里程车辆将不提供免费维护服务。

C. 维护项目按照规定进行（维护手册）。

D. 维护后，用户认可，由经销商和用户在维护手册上盖章签字，以便日后办理索赔业务，未经首次维护的车辆无索赔权。

E. 用户委托的公路送车单位必须严格执行新车维护规定，若违反规定，厂家不再提供免费维护服务和质量担保。

③ 首保程序：

A. 用户提供行车证、产品合格证、维护手册、免费维护凭证。

B. 经销商审核、车证相符，对未超出维护里程的车辆给予免费维护服务。

④ 首保项目根据品牌和车型的不同会有不同。

⑤ 结算办法：

A. 工时费及材料费由厂家承担，费用按规定执行。

B. 维护检查时，若发现质量问题，用索赔方式处理。

C. 因使用不当造成的损坏，可由经销商提供有偿服务。

D. 维护结束后，填结算单，盖索赔章，开具发票、盖汽车维修企业章，按规定时间将结算单、发票及免费维护凭证寄往汽车生产企业的售后服务部审核结算。

E. 维护不当造成的质量问题，由维护单位负责。

F. 若不按照规定项目认真工作而造成不良后果，将追究经销商责任。

2）常规维护。常规维护通常称为“小保养”，一般包括机油及机油滤清器、空气滤清器、汽油滤清器和空调滤清器的更换，火花塞的维护/更换，变速器油等相关的系统检查项目与维护。

更换三滤和机油是维护中最常见的项目。三滤指汽油滤清器、空气滤清器和机油滤清器，它们的作用是过滤汽油中、空气中和机油中的杂质，防止杂质进入发动机内部，引起发动机异常磨损或工作异常等现象发生。更换三滤的目的是更好地保护发动机，尽量延长发动机的使用寿命，这也是最常规的维护项目。

机油及机油滤清器的更换主要是针对润滑系统进行的维护。润滑系统的主要作用就是对汽车发动机的各个零件进行有效的润滑，以防过度磨损。机油滤清器功能是去除机油中的各种杂质，保证润滑系统的正常，机油滤清器应在换机油时与机油一并更换。在常规情况下汽车每行驶 5000km 时就需维护一次。

空气滤清器的清洁维护视使用环境而定。迈腾轿车空气滤清器首次更换为 15000km，以后每 20000km 更换一次。

正确安装燃油滤清器可防止汽油在储运及加注过程中混入杂质和水分造成气缸磨损。为保证发动机运转良好，更换燃油滤清器周期一般为 30000km 或 1 年。

火花塞属易耗件，不同的车型更换里程不同，有的车型每 20000km 更换一次，有的车型每 50000km 更换一次。此外，制动液、变速器油、蓄电池、节气门、喷油器、制动片等零件，在常规维护时都属于必检的检测项目，视使用情况进行维护。

3）定期更换正时带。正时带的主要作用是驱动发动机的配气机构，使发动机的进、排气门在适当的时候开启或关闭，以此来保证发动机的气缸能够正常地吸气和排气。对于所有的发动机来说，正时带是绝对不可以发生跳齿或断裂的，如果一旦发生跳齿现象，发动机将不能正常工作，便会出现怠速不稳、加速不良或不着车等现象。如果正时带断裂，发动机就会立刻熄火，多气门发动机还会导致活塞将气门顶弯，严重时会损坏发动机。

正时带属于橡胶零件，随着发动机工作时间的增加，正时带和正时带的附件（如正时带张紧轮、正时带张紧器和水泵等）都会发生磨损或老化。因此，凡是装有正时带的发动机，厂家都会有严格要求，在规定的周期内定期更换正时带及附件，更换周期则随着发动机的结构不同而有所不同，一般是每 60000km 更换一次。

更换自动变速器油

4）定期更换自动变速器油（ATF）。自动变速器在维护的时候需要经常检查变速器的油位和定期更换变速器油，一般装有自动变速器的车辆要求每 60000km 必须更换自动变速器油。

需要注意的是，在换油时必须更换厂家规定的自动变速器用油，这是因为不同的自动变速器其内部结构、摩擦零件和密封零件等都会有所不同，原厂用油是根据变速器的结构和材料特殊配制的，其他品牌的油未必适用；而且更换变速器油时会有部分旧的油液残存在变速器的油道和液力变矩器内，若加入不同的油液，两种不同的油液在自动变速器内部混合后，可能会使自动变速器油的性能下降，导致自动变速器出现润滑不良或工作异常等故障严重损坏自动变速器。

5）检查底盘。在常规维护中，除了一些零件需要定期更换以外，还有部分零件是需要定期检查的，如制动盘、制动片、制动管路、转向拉杆球头、减振器等，还有一些橡胶零件，如轮胎、球笼防尘套、上下支臂胶套以及平衡杆胶套等零件，这些零件因磨损或老化而出现故障会对车辆的行驶造成安全隐患，因此在维护的同时还需要对底盘的零件进行详细的检查。

需要注意的就是，底盘的多数零件在损坏时，都会导致车辆在行驶当中出现异常或颠簸而出现异响，如果听到这些异响，应该尽快查出产生部位及原因，然后视情况修复，这样才能够尽可能地保证行车安全。

（2）季节维护　为使汽车适应季节变化而实行的维护称为季节维护。一般季节维护可结合定期维护一并进行。季节维护的主要作业内容是更换润滑油，调整油路、电路，对冷却系统进行检查维护等，如空调检测及加注制冷剂。

汽车进入高温季节时，应对全车进行一次必要的技术检查和调整，其维护的主要内容有：一是检查冷却系统的零件，主要是检查冷却系统的密封情况、风扇传动带的松紧度、散热器盖上的通风口和通气口是否畅通、冷却液是否充足、节温器状况是否良好等。二是改善润滑条件，减轻各零件的磨损。首先要保证润滑油的数量充足和质量良好，使零件能得到充分润滑。其次要加强对空气滤清器和机油滤清器的维护，保证工作正常。对多尘条件下使用的车辆，要适当缩短润滑油的更换周期。三是检查和补充防冻液。汽车维修企业应选择质量好的防冻液，避免因防冻液质量不好而腐蚀零件。四是检查制动及轮胎等。在冬天，制动显得尤为重要，如果发现制动不灵敏或跑偏、轮胎花纹磨损严重、气压不足，应重点矫正或更换。

2. 汽车维护的项目

汽车维护不仅可以延长汽车的使用寿命，而且也有利于人体的健康。尤其是在季节变更的时候，汽车维护对汽车的运行就更加重要。

汽车维护项目见表3-1。

表3-1　汽车维护项目

定期维护项目-按里程/km	7500	15000	25000	35000	45000	55000	65000
查询自诊断系统故障存储器	■	■	■	■	■	■	■
检查安全气囊和安全带状态及安全气囊罩壳是否损坏		■	■	■	■	■	■
检查车内所有开关、车内照明、杂物箱照明、用电器、显示器和仪表各警报指示灯的功能		■	■	■	■	■	■
检查车外前部、后部、行李舱照明灯等所有灯光状态和闪烁报警装置、静态弯道行车灯、自动行车灯控制功能		■	■	■	■	■	■
检查前照灯光束，必要时调整前照灯光束		■	■	■	■	■	■
检查风窗刮水器、清洗器及前照灯清洗装置功能，必要时调整喷嘴和添加清洗液		■	■	■	■	■	■
检查粉尘及花粉过滤器：清洗外壳，更换滤芯		■	■	■	■	■	■
润滑车门止动器和车门铰链	■	■	■	■	■	■	■
检查滑动天窗功能、清洗导轨并用专用润滑脂润滑		■	■	■	■	■	■
目测检查发动机及机舱内的其他零件是否有泄漏或损坏（从上面）	■	■	■	■	■	■	■
检查制动液液位	■	■	■	■	■	■	■
检查冷却液液面高度及浓度（防冻能力），必要时添加冷却液或调整浓度	■	■	■	■	■	■	■
检查风窗玻璃清洗液液面高度，必要时添加清洗液	■	■	■	■	■	■	■
检查蓄电池固定情况，电眼颜色（免维护蓄电池无电眼检查蓄电池电压）	■	■	■	■	■	■	■
清洗空气滤芯壳体，必要时更换滤芯		■	■	■	■	■	■

（续）

定期维护项目-按里程/km	7500	15000	25000	35000	45000	55000	65000
更换空气滤清器滤芯，清洗壳体			■		■		■
检查火花塞状态，必要时更换火花塞	■		■		■		■
更换火花塞		■		■		■	
检查喷油器状态（适用于1.8TFSI发动机）	■	■	■	■	■	■	■
检查正时带状态及张紧度——仅限于2.0L2V 85kW汽油发动机		■	■	■	■	■	■
检查多楔带的状态，必要时更换多楔带			■		■		■
更换发动机机油及机油滤清器	■	■	■	■	■	■	■
目测检查变速器、主减速器及等速万向节防护套有无泄漏或损坏（从下面）	■	■	■	■	■	■	■
检查转向横拉杆球头的间隙，紧固程度及防尘套状况	■	■	■	■	■	■	■
检查手动变速器内的齿轮油油位，必要时添加齿轮油	■	■	■	■	■	■	■
检查自动变速器润滑油油位，必要时添加润滑油		■		■		■	
检查自动变速器润滑油油位及油质，必要时添加或更换润滑油			■		■		■
检查主减速器机油油位，必要时添加机油，仅限于全轮驱动（4MOTION）						■	
检查DSG（直接换档变速器）齿轮油油位，必要时添加DSG变速器齿轮油		■		■		■	
检查DSG齿轮油油位及油质，必要时添加或更换DSG变速器齿轮油			■		■		■
检查Haldex离合器机油，必要时添加离合器机油，仅限于全轮驱动（4MOTION）		■		■		■	
检查Haldex离合器机油及油质，必要时添加或更换离合器机油，仅限于全轮驱动（4MOTION）			■		■		■
更换燃油滤清器				■			■
加注燃油添加剂G17（备件号：G 001 700 03）	■	■	■	■	■	■	■
目测检查制动系统是否有泄漏和损坏	■	■	■	■	■	■	■
检查排气系统是否有泄漏或损坏及紧固程度		■	■	■	■	■	■
目测检查车身底部防护层和底饰板是否破损		■	■	■	■	■	■
检查前、后制动摩擦衬块厚度	■	■	■	■	■	■	■
检查所有轮胎（包括备胎）的花纹深度、磨损形态，清除轮胎上的异物	■	■	■	■	■	■	■

（续）

定期维护项目-按里程/km	7500	15000	25000	35000	45000	55000	65000
进行轮胎换位，按要求检查轮胎气压，必要时进行校正，检查车轮螺栓拧紧力矩	■	■	■	■	■	■	■
维护周期指示器复位	■	■	■	■	■	■	■
试车：检查行车、驻车制动器，变速器，离合器，转向及空调等功能，查询故障存储器，终检	■	■	■	■	■	■	■

注：1. 每24个月更换制动液。

2. 各次定期维护（包括首次维护）的燃油添加剂G17均由客户购买。

3. 定期维护的技术要求

目前，在汽车维修企业里汽车维护的作业形式主要分为：单人维护和双人快修维护。单人维护主要靠一名维修技师来完成全部的维护内容，耗时比较长，工作效率相对比较低。这里重点介绍双人快修维护。

（1）双人快修维护的定义　双人快修维护（Quick Service Pair Check）就是由两名技师在最短时间内按标准流程完成汽车的维护检测。双人快修维护的服务理念就是：快捷（Quick）、标准（Standard）、专业（Professional）、可靠（Credible）。

1）快捷（Quick）。双人快修维护最大的特点即是“快”。双人快修维护把传统的一名技师的维护检测工作变成由两名技师共同承担，通过双人配合缩短作业时间、提高工作效率、提高工位和设备的使用率、缩短客户等待时间。

以丰田卡罗拉系列轿车4万km常规维护为例，传统维护流程的作业时间需要260min，而双人快修只需要85min即可完成厂家规定的200多项维护项目，如图3-1所示。

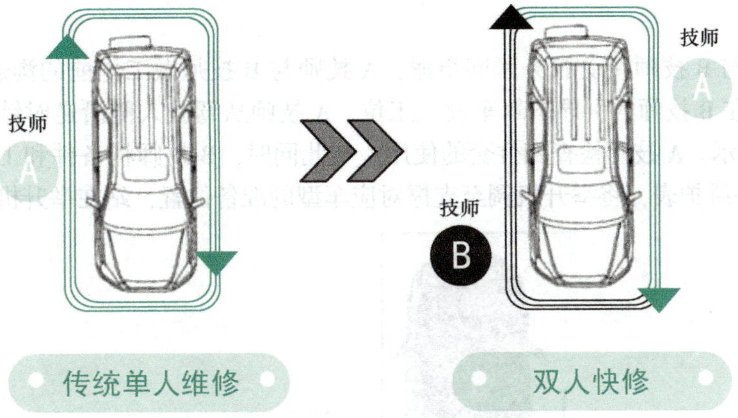

图3-1　单人维修与双人快修的比较

2）标准（Standard）。

① 流程标准化：双人快修维护根据各种车型的不同特点，依托厂家技术标准为每款车型量身设计标准化的操作大纲，严格执行厂家的所有技术标准。

② 操作标准化：双人快修维护充分体现了对操作标准化的苛求，每次维护检测所需的专用工具就多达十几种，充分确保了所有操作都按照规定标准完成。

以行驶系统的检测为例，双人快修维护要求必须使用轮胎沟槽检测尺、钢直尺、螺旋测微仪、百分表等多种专用测量工具，对轮胎、制动盘、制动片、制动卡钳等重要零部件进行十余项的检测，充分确保行车安全和舒适性。

3）专业（Professional）。

① 专业技师：双人快修维护的技师都是经过严格的专项培训、达到厂家资质标准的专业人员。

② 专业操作：双人快修维护的操作既是标准的，也是专业的。双人快修维护由两名训练有素的专业技师，以专业化操作对车辆进行全面的维护检测，从而保证车辆达到优良使用工况。

例如，双人快修维护要求对机油滤清器底座和放油螺塞进行检查和清洁并确认螺纹没有损坏，并且在进行安装时，必须使用扭力扳手按照规定的力矩拧紧，而非正规的维护完全依靠手感，很少使用扭力扳手进行紧固。双人快修维护要求在加入厂家所规定的机油后，起动发动机，模拟正常工况，进行渗漏检查以确保万无一失，而很多维修店根本不做此项检查。

4）可靠（Credible）。

① 检测项目全面：每一次双人快修维护，就相当于汽车的一次全面体检。双人快修维护要求对车辆进行规定里程的全部项目的维护检测，从而避免安全隐患。

② 检测数据量化：双人快修维护针对不同车型配有相应的“双人快修检修单”，对于维护检测中能量化的数据都要求填写在检修单中，这样客户可以参照具体数值对维护检测服务做出直观的评定。对于维护检测中不能量化的数据，技师会根据专业知识和经验向客户提出建议。

例如，结合实际情况对所有需要添加或更换的项目进行详细记录，依照标准必须更换的建议客户更换，还可以继续使用的（如蓄电池、防冻液、变速器油、正时带等）只进行添加、调整，从而避免不必要的浪费，让客户满意。

（2）双人快修维护的流程（以迈腾 B7 轿车维护为例）

1）任务准备。

① A 技师与 B 技师接受服务顾问指派，A 技师与 B 技师做工作前的沟通。

② A 技师在 B 技师的引导下驾车驶入工位，A 技师从驾驶人侧沿逆时针方向检查车辆外观，如图 3-2 所示。A 技师检查四件套的使用。与此同时，B 技师将备件和工具按照工作要求分成两组，准备维护表，将举升机调至支撑对应车型的准备位置，站在举升机驾驶人侧。

图 3-2　车辆外观检查

任务准备

③ A 技师坐到驾驶人座位，检查制动踏板、离合器踏板、加速踏板行程间隙以及自动回位功能；检查转向盘的调节和锁止功能，查看有无松旷，然后将转向盘位置还原；开关车内中控锁，测试上锁和开锁功能；检查玻璃升降器的开关和升降功能；检查后窗锁止功能；将玻璃全部落下，检查两侧反光镜的调节功能，然后还原。

2）车辆检查。

① 检查起动、前进档位、喇叭功能是否正常，将变速杆置入 P 位、手动档置入空档，B 技师将检测仪交给 A 技师。

② 依次检查风窗清洗器、前照灯清洗装置功能。如有必要调整喷嘴角度，检查风窗刮水器。

③ 打开点火开关，A、B 技师配合检查示廓灯、前照灯、前雾灯，检查远光功能、闪光功能、仪表或相应开关指示灯是否正常。

④ 检测静态随动转向灯（转弯灯）、辅助行车灯。

⑤ 进行故障自诊断，读取故障存储器内容并记录，消除故障记录，维护归零。

车辆检查

⑥ B 技师打开行李舱在舱口处铺好垫子，取出备胎放到胎架上轻合行李舱盖，不加地锁。

⑦ A 技师将变速杆置入 R 位，A、B 技师同时配合依次检查尾灯、后雾灯、牌照灯、倒车灯、左转向灯、右转向灯、危险警告灯，制动灯。

⑧ A、B 技师配合检查倒车雷达功能，检查行李舱灯，打开发动机舱。

⑨ A 技师对车内系统进行检查，检查巡航定速仪表显示、仪表背光、仪表亮度调节功能、仪表时钟，关闭前照灯、开启示廓灯，依次检查各档位并将变速杆恢复至 P 位；检查车内按钮夜视背光功能、空调系统功能、音响系统功能；检查安全气囊罩壳、座椅气囊功能是否受限；检查遮光板灯、顶灯、右遮光板灯、杂物箱灯；检查点烟器是否正常弹出；检查天窗功能，关闭天窗；检查眼镜盒开关功能，后视镜防眩目功能；检查驻车制动器及指示灯功能；松开驻车制动器，检查安全带高度调节拉进和卡扣功能、座椅调节功能，检查座椅固定是否牢固；打开行李舱锁和燃油箱盖，关闭点火开关。

⑩ B 技师检查发动机舱。打开发动机舱，清洁车身前部和前照灯水渍、安装翼子板护罩、检查蓄电池和电极是否牢固、蓄电池是否破损漏电。清洁发动机舱，打开发动机护罩，检查制动液液面高度和油质，必要时进行添加；检查制动总泵和真空助力器制动软管是否渗漏、是否存在机械干涉；检查玻璃清洗剂，必要时进行添加；检查发动机是否漏油；检查各油路、气路、容器和接头是否存在渗透、破损、干涉现象；检查线束及插头是否存在老化、破损、松动和干涉现象；检查橡胶件是否存在老化、破损现象；清洁加注盖及加注口四周；拨开机油尺，保持发动机舱开启状态。

⑪ A、B 技师分别将两侧举升机胶垫撑在车底规定位置，A、B 技师检查并保证自己一侧的支撑安全。检查完毕后，A 技师向 B 技师做升车手势，B 技师升车；举升机胶垫与车身完全接触后，A、B 技师再次检查己方一侧的支撑，确保安全后，A 技师向 B 技师做升车手势，B 技师升车，在 B 技师举升车辆的同时，A 技师准备相应备件和工具。

3）一次举升。

一次举升

① B 技师从前排乘员侧开始拆卸护板，将护板放在工具车上，螺母放在

收集盒中。A、B 技师配合检查气压及胎面状况，清洁台面杂物。检查三点轮胎花纹深度并记录在维护检查表上。

② B 技师将机油桶放在放油螺塞处，慢慢松开螺塞，排放机油。

③ A、B 技师配合进行底盘部件检查，A 技师负责后部底盘依次检查，检查排气系统是否有泄漏或损坏及紧固程度；检查供油系统是否泄漏和损坏；目测检查制动系统、悬架系统是否有泄漏和损坏。B 技师负责前部底盘，目测检查发动机、变速器、主减速器及等速万向节防护套有无泄漏或损坏，检查转向横拉杆球头间隙、紧固程度及防尘套状况；目测检查制动系统、悬架系统是否有泄漏和损坏，目视检查底盘螺栓紧固状态。

④ A 技师确保工位和四周安全后，向 B 技师做降车手势。B 技师将车辆降到四轮与地面接触，在 B 技师降车的同时，A 技师准备机油、空气滤芯等。

一次下落

4）一次下落。

① A 技师检查备胎胎压、检查胎面状况、清洁胎面杂物、检查三点胎面花纹深度。将备胎放回行李舱固定，并关闭行李舱。对于 TSI 发动机，在上部更换机油滤芯。按规定用量加注机油，清洁残留油迹，拧紧机油加注盖，安装尾气排放装置。

② 拔掉线束，依次拆卸、检查火花塞，观察火花塞是否有积炭现象，陶瓷体是否存在裂纹，如果需要则进行更换。

③ 打开膨胀壶的密封盖，检查防冻液液面高度，检查防冻液冰点，如有需要，添加一定配比的防冻液；更换防冻液，在更换防冻液或者维修冷却系统相关部件时，需要用 VAS6096 进行冷却系统的排气和防冻液的加注。

④ A 技师检查多楔带的张紧度，检查是否有老化开裂现象、是否存在油脂痕迹，拆卸空气滤清器滤芯，清理滤芯壳，用棉布擦拭后安装滤芯，必要时更换并将旧件密封存放。风沙较大地区的清洁和更换里程应适当提前，必要时可更换滤芯，B 技师安装护罩，示意 A 技师起动车辆。

⑤ A 技师得到 B 技师的示意后，起动车辆，检查发动机是否正常。微机检测各喷油嘴喷油状态是否正常，关闭点火开关拉紧驻车制动手柄，下车，将尾气排放装置归位。B 技师将检查结果记录在维护检查表中。

⑥ A 技师站在车辆右后方，保证工位安全后向 B 技师做出升车手势，B 技师升车，A 技师整理工具，将旧件集中放置。

二次举升

5）二次举升。

① B 技师检查放油螺塞有无渗漏。

② A 技师与 B 技师配合安装发动机护板。完成后，A 技师行至举升机控制处。

③ A 技师确保工位和四周安全后，向 B 技师做降车手势，B 技师将车辆降到拆卸轮胎的位置停止。B 技师降车的同时，A 技师分别准备 A、B 技师拆装轮胎所需的工具，然后站在左后轮处。

6）半举升。

① A 技师负责左后轮胎、B 技师负责右后轮胎，分别上下左右晃动轮胎，检查轮胎轴承是否松旷、简单清洁轮毂表面、拆下轮胎放在轮胎架上。清理制动碎屑，检查制动片厚度

并告知客户相关信息。

② A 技师负责左前轮胎、B 技师负责右前轮胎，同时操作。

③ 轮胎换位。A 技师将原左前轮安装在左后轮的位置，B 技师将原右前轮安装在右后轮位置。完成后，B 技师到举升机控制钮处。

④ A 技师确保工位和四周安全后，向 B 技师做降车手势，B 技师将车辆降至地面。B 级师将前排乘员侧举升机胶垫复位，A 级师准备紧固轮胎螺栓所需工具。

半举升

7）二次下落。

① B 技师按左后、左前、右前、右后的顺序紧固轮胎螺栓。

② 在 B 技师紧固轮胎螺栓后，A 技师随后安装护罩，A 技师将驾驶人侧举升机胶垫部位归位，将检查结果记录在维护检查表中。

二次下落

8）驶出工位。

① A 技师坐到驾驶位置，保持发动机运转，打开前照灯，打开发动机舱，对氙灯进行基本设置。

② B 技师检查机油液面是否正确，必要时调整，安装好机油尺，关闭发动机舱。

驶出工位

③ A 技师先用棉布清理天窗轨道，再用适量专用润滑脂润滑轨道，开关天窗两次。润滑 4 个车门、开闭两次车门。润滑行李舱及发动机舱盖两侧铰链。取出空调滤芯，清洁或更换，清理滤芯壳并用棉布擦拭，将旧件密封存放。

④ B 技师将所用工具归位。将所有检查结果和车辆改装内容记录在维护检查表中并在任务委托书上签字。

⑤ A 技师坐到驾驶位置并起动发动机，关闭所有车窗。将车辆和单据交质量检验员检验。

⑥ B 技师整理清洁工具、设备、旧件以及现场场地，准备开始下一项工作。

三、汽车维修技术管理

1. 总成拆装的技术管理

（1）发动机总成的拆装

1）发动机总成解体。

① 把发动机润滑油放净，固定好后进行拆解。

② 拆除发动机外部附件（起动机、发电机、水泵、高压油泵、气/水/油/电路等）。

③ 拆下正时盖及正时机构（正时带、正时齿轮、正时链轮等）。

④ 拆下气门室盖，气缸盖及相关部件（气门摇臂总成，进、排气支管）。

⑤ 翻转发动机，拆下油底壳、机油泵等。

⑥ 拆解曲轴连杆机构，并做好标记。

⑦ 对拆解的零件进行清洗、检查、测量，做技术质量记录。

⑧ 过程检验员检验、核实，报件及加工。

⑨ 在发动机拆装过程中，尽量保证不漏汽油，防止因汽油引起火灾。

2）发动机总成组装。

① 清洗发动机的各部件并用压缩空气吹净。

② 测量各主要部件的数据是否达到规定要求，并填写记录单。

③ 校正连杆安装活塞、活塞销、活塞环（注意方向、标记及是否热装）。

④ 安装气缸套、曲轴、止动片及轴瓦（按规定力矩紧固螺栓）。

⑤ 安装活塞连杆组在气缸内（按规定分好各活塞环的角度）。

⑥ 安装曲轴前、后油封，机油泵，油底壳及飞轮（机油泵加注少量机油，按规定力矩紧固螺栓）。

⑦ 安装气缸盖总成（按规定的顺序紧固螺栓）；安装正时机构（对准正时标记，调整正时带松紧度）。

⑧ 调整气门间隙，安装气门室盖，并加注润滑油。安装外部各附件，接好油/气/水/电路，准备起动发动机。

⑨ 台试，热磨，调整，过程检验员检验。

⑩ 发动机起动后应仔细检查，应无漏油、漏水现象，且运转情况应符合发动机大修竣工出厂技术条件的相关标准。

（2）自动变速器总成的拆装

1）自动变速器总成解体（以01M变速器为例）。

① 把自动变速器油放净，清洁自动变速器表面，检查自动变速器外表面，固定好后进行拆解。

② 拆卸滑阀箱总成，包括滤清器、传输线、手动阀、滑阀箱及密封管的拆卸。

③ 拆卸油泵到隔离管，包括

A. 油泵的拆卸，用T45交叉分步拆下7个螺栓，用M8取出油泵并做目视检查。

B. 取出B2制动器组件。

④ 拆卸K2离合器到大太阳轮：

A. 置P位，用螺钉旋具固定大太阳轮，拆卸小输入轴固定螺栓及两个垫片。

B. 取出大、小输入轴并目视检查。

C. 取出大太阳轮并目视检查。

⑤ 拆卸B1制动器到行星齿轮支架，包括

A. 拆卸G38（输入轴转速）、G68（输出轴转速）传感器。

B. 取出B1（倒档）制动器活塞、单向离合器，取出行星齿轮支架。

C. 取出B1（倒档）制动器片组。

2）自动变速器总成安装。

① 清洗变速器总成的各部件并用压缩空气吹净。

② 安装行星齿轮系及B1自动器，包括轴向滚针轴承、行星齿轮架、B1制动片组、碟形弹簧、单向离合器、弹性挡圈、轴向轴承、大太阳轮、轴向滚针轴承、大输入轴、轴向和径向滚针轴承、小输入轴、小输入轴拧紧螺栓、调整垫片等的安装。

③ 安装G38（输入轴转速）、G68（输出轴转速）传感器。

④ 安装油泵总成，油泵螺栓拧紧力矩为8N·m+90°。

⑤ 安装滑阀箱，包括密封塞、手动阀、滑阀箱、传输线的安装。更换密封塞上的O形圈并进行必要的润滑。滑阀箱螺栓拧紧力矩：5N·m，交叉分步拧紧至规定力矩。传输线螺

栓拧紧力矩为 10N·m。更换传输线 O 形圈并进行必要的润滑。

⑥ 进行油路压力实验，加载负荷试验，过程检验员检验。

⑦ 装车起动后应仔细检查，应无漏油、漏水现象，且换档平顺，符合变速器大修竣工出厂技术条件的相关标准。

2. 钣金、喷漆作业标准

（1）钣金作业标准　汽车钣金指汽车外壳的加工制造、修理，是汽车修理过程中的一个工种，用来矫正汽车碰撞以后车身/车架变形的工作。

1）汽车划痕的修复。汽车表面深的或浅的划痕总是相伴产生的，划痕的深浅是由划伤部位是否露出底漆来区分的，露出底漆即称为深划痕，否则称为浅划痕。若出现深划痕，其金属裸露处很快会产生锈蚀并向划痕边缘扩展，增加修复难度。目前，油漆划痕修复的最基本方法主要有以下几种：

钣金修复

① 漆笔修复法：用相近颜色的漆笔涂在划伤处来修复划痕。此法简单但修复处漆附着力不够，易剥落而难以持久。

② 喷涂法：采用传统补漆的方法来修复划痕。该方法的缺点是对原漆伤害面积过大，修补的时间过长，效果难尽如人意。

③ 计算机调漆喷涂法：结合计算机调漆并采用新工艺方法的深划痕修补技术。这是一种快速的技术修复，但要求颜色调配准确，修补的面积尽可能缩小，经过特殊溶剂处理后，能使新旧面漆更好地融合，达到最佳附着。

2）车身凹坑的修补。对凹陷的修复可根据凹陷的大小、程度和部位采用适当的方法进行。

① 凹陷较小而且不太深时，可采用钣金锤、垫铁、拉杆、撬具进行修平。

② 当凹陷部位较大时，可采用加热收缩法和锤击相结合进行修复。

③ 填充修复凹陷部位：用填料覆盖经修复处理后仍遗留的微小凹陷部位。

3）锈孔或裂口的修复。对锈孔或裂口进行修理时，先用钢丝刷（或砂纸）将损坏部位的油漆除掉，再根据损坏程度决定是更换整块钣金件还是修复损坏部分。如果损坏比较严重，最好进行整块更换，因新件比修复件更坚固美观，价格也较低，而且修复时间短。如果损坏较轻，则可将损坏部分及周围其他附件拆下（有利于恢复损坏面的部件可不拆），然后用剪刀或手锯条把受腐蚀而变疏松的金属除掉。用锤子将孔边向里敲进，形成一个轻度凹面，以便打腻子。用钢丝刷将金属表面的锈屑除掉，再涂一层防锈漆以免再生锈。用一块锌砂或薄铝皮将孔堵上。锌砂适合用来补大孔，将锌砂剪得跟孔的尺寸与形状大致相同，然后把它贴在孔处，砂边要比周围钣金部分低，再把填料抹在砂的周边上，然后才能填充填料与重新喷漆。薄铝皮适合用来补小孔，将薄铝皮剪成孔的尺寸和形状，撕掉保护纸，将它贴在孔上（根据厚度需要可贴一层或几层），然后将其紧压在钣金件上即可，最后填充填料和喷漆。

（2）喷漆作业标准

1）调漆作业。

① 色号查询：根据所修车辆颜色，查找所需色号。

② 表面准备：工作中，配色标准板（如燃油箱盖、车身部位等）表面往往有许多污染物，可能会影响颜色的对比效果。因此，在调色前应用细蜡进行清洁处理，以免造成喷涂后颜色上的差异。

③ 色卡的对比：如果没有找到原厂色号就用色卡对比查号。根据色卡找出相近颜色，然后依据色卡查出对应的色号，即可得到相近的配方。

④ 配方查询：通过车辆原厂色号或通过色卡查出的色号，使用计算机查询该色号所提供的配方。

⑤ 调色：调色前必须将色母搅拌约10min，使各种调料成分分布均匀。然后，根据查出的颜色配方在电子秤上按顺序计量添加色母及树脂量。

⑥ 对比色板：将配好后的漆搅拌均匀，与待调配的标准色板进行对比，比对方法有以下几种。

A. 比较法：调漆棒与车身颜色直接比对。

B. 点漆法：将漆点在车身上，待干燥后进行比对。

C. 涂抹法：将漆均匀涂在车身上，待干燥后与车身进行比对。

⑦ 添加色母进行微调：根据需要添加相应的色母，对现有的颜色进行微调。在微调之前，应充分了解新进漆色母特性。

⑧ 调漆应在光线充足的条件下进行。最佳时间段应为日出后3h，日落前3h（应在标准灯下进行，请结合实际修改）。

2）喷漆作业。

① 前期处理。

A. 坯面清理：根据车辆修复后的状况，采用除锈剂、砂纸、铁刷等进行。

B. 除锈后，用清水将坯面清洗干净，用棉丝等将需抹腻部位擦拭干净，干燥10min。

C. 用2号60目粗砂布对需喷漆部位进行打磨。

D. 用清水清洗后，用棉丝等将打磨部位擦拭干净，干燥10min。

E. 坯面清理后自检要求：无锈、无剩余不牢固漆皮、无油污。

② 车身修复。

A. 调配原子灰，原子灰和固化剂的比例为50∶1。

B. 用调配后的原子灰填在金属表面凹处补修复表面。

C. 干燥：

a. 大气温度在20℃以上时，自然干燥，干燥时间不少于20min。

b. 大气温度低于20℃时，红外线烤干，干燥不少于5min。

c. 温度过高、过低时，适当延长或缩短干燥时间，每低5℃干燥时间延长10min。每高5℃干燥时间缩短5min。用红外线烤干时，干燥时间适当缩短。

d. 当环境湿度大于85%时，禁止用原子灰填补修复操作。

e. 第1道腻子干燥后，用2号60目干砂布对填补修复表面进行打磨。

D. 第2遍用原子灰填补修复不平表面。

E. 干燥（同上）。

F. 第2道腻子干燥后，用P150～P240号水砂纸对填补修复表面进行打磨。

G. 第3遍用原子灰填补修复不平表面。

H. 干燥（同上）。

I. 第3道腻子干燥后，用P600～P800号水砂纸对填补修复表面进行打磨。

J. 个别有砂眼的地方用砂眼灰找平。

K. 用 P800 ~ P1000 号水砂纸将修补表面磨平。

L. 干燥（同上）。

M. 填补修复表面后自检要求：无砂眼，无砂纸道痕、平整、光滑。

③ 喷底漆。

A. 配合比例：稀料与底漆比例为 2 : 1，用搅拌尺充分搅匀。

B. 喷底漆：喷枪喷嘴直径为 1.5 ~ 1.8mm，将喷枪的压力调至（0.3 ±0.1）MPa，使喷枪喷出的液体呈直角、扇面形，喷嘴至漆面约 15 ~ 20cm。

C. 干燥：大气温度常温时（20℃以上），干燥时间不低于 10min；大气温度过高、过低时，适当延长或缩短干燥时间。

D. 打磨：用 P1000 号水砂纸对喷漆表面进行打磨至平整、光滑。

E. 干燥：大气温度常温时（20℃以上），干燥时间不低于 15min；大气温度过高、过低时，适当延长或缩短干燥时间。

F. 使用压缩空气将喷漆表面吹干净。

G. 喷底漆表面自检要求：无划痕、平整、光滑。

④ 喷普通面漆。

A. 使用已调制好的漆料进行喷漆作业。

B. 漆在使用前加的固化剂、稀料比例为：漆和固化剂 2 : 1，加 30% 稀料。

C. 喷枪喷嘴直径为 1.5 ~ 1.8mm。

D. 使用压缩空气压力：0.4 ~ 0.8MPa。

E. 喷漆每遍相隔时间：每次喷完漆后自然干燥 5 ~ 10min，最后一遍面漆需要烘干，60℃ ±5℃烘干 30min。

F. 干燥：整车喷好后，在大气温度 20℃时，至少干燥 6 ~ 8h。大气温度过高、过低时，适当延长或缩短干燥时间。

喷漆表面要求：平滑、光亮、色泽均匀、边界整齐、无泡、无龟裂、无皱纹、无流痕，无需喷的部位不得有漆痕。

⑤ 喷金属面漆。

A. 使用已调制好的漆料进行喷漆作业。

B. 漆在使用前加的稀料比例为：漆和稀料 2 : 1。

C. 喷枪喷嘴直径为 1.5 ~ 1.8mm。

D. 使用压缩空气压力：0.4 ~ 0.8MPa。

E. 喷漆每遍相隔时间：5 ~ 10min。

F. 一般喷漆至少 3 遍。

G. 罩膜：喷涂方法同普通面漆。

H. 干燥：整车喷好后，在大气温度 20℃时，至少干燥 6 ~ 8h；大气温度过高、过低时，适当延长或缩短干燥时间。

⑥ 烘烤。

A. 喷涂后再进行加温烘烤，烤房内温度应达到 70℃ ±5℃并保持 40 ~ 60min。

B. 烘烤时应逐渐升温，以保持喷涂后漆面有充分的流平时间，并防止温升过快造成漆面皱折。

⑦ 喷漆后的车辆发现微小缺陷（如脏点）时，可用P1500号以上砂纸抛光，然后打蜡。

⑧ 安装附件，用清水清洗车辆，检查合格后交付。

喷漆过程参数监控表见表3-2。

表3-2　喷漆过程参数监控表

<table>
<tr><td>委托书号</td><td colspan="2"></td><td>车型</td><td colspan="3">□捷达 □宝来 □高尔夫 □速腾 □迈腾</td></tr>
<tr><td>颜色</td><td colspan="2"></td><td>设备状态</td><td>□正常
□异常</td><td>工作环境</td><td>□符合
□不符合</td></tr>
<tr><td>油漆部位</td><td colspan="6">□整车 □前盖 □后盖 □前车门 □后车门 □前叶 □后叶
□车顶 □前围 □后围 □前杠 □后杠 □其他______</td></tr>
<tr><td>打腻子</td><td colspan="6">是否按作业指导书的步骤和要求实施操作？□是 □否</td></tr>
<tr><td>喷　漆</td><td colspan="6">是否按作业指导书的步骤和要求实施操作？□是 □否</td></tr>
<tr><td rowspan="2">烤房烘烤</td><td>起始时间</td><td>设定温度</td><td colspan="2">观察时间/温度</td><td>观察时间/温度</td><td>出房时间</td></tr>
<tr><td>点　分</td><td>℃</td><td colspan="2">点　分/　℃</td><td>点　分/　℃</td><td>点　分</td></tr>
<tr><td colspan="7">说明：</td></tr>
<tr><td>操作人</td><td colspan="3"></td><td>检验员</td><td colspan="2"></td></tr>
</table>

3. 汽车维修出厂技术标准

维修人员对有关项目进行维修后，应确保完成所有维修工作，并符合以下出厂技术标准。对不符合要求的，下一工序的维修人员或检验员有权拒绝接收或责令返修。

（1）更换发动机、发动机大修的出厂技术标准

1）空气滤清器、机油滤清器效能良好，无阻塞，安装牢固，密封无渗漏现象。

2）发动机无异响，油底壳无渗漏。

3）发动机各部接口螺栓、螺母安装力矩符合原厂规定。

4）各汽油管、真空管、水管安装正确，不漏油、水、气。

5）各传感器安装力矩符合规定，导线接头连接牢固，不漏电，无短路。

6）V带、正时带无老化开裂及磨损过度现象，张紧度符合原厂规定。

7）起动机起动时无空转、打滑现象，蓄电池桩头牢固，蓄电池液正常。

8）发电机充电正常。

9）发动机支点、排气管接口安装牢固，接口垫不漏气。

10）离合器自由行程符合规定，离合器接合平稳，分离彻底，挂档不响，无打滑现象。

11）散热器、空调泵、助力泵、发电机安装牢固，冷却风扇及设备工作正常。

12）点火正时符合原厂规定。

13）气缸压力（冷却液温度高于80℃时）不低于0.882MPa，各缸压差不大于0.098MPa。

14）在常温下，机油压力应符合规定，油温80℃，2000r/min压力不低于2×10^5Pa。

15）冷、热起动工作正常。

16）加速灵敏、不爆燃、不回火、不冒烟。各工况供油正常，过渡平顺。热磨合4h之

后，拆下火花塞应无上油现象。

17）在走合期之内（1500km）允许排气管有不明显的冒蓝烟。在各档内均需避免发动机以高转速行驶。

18）尾气排放符合要求。

19）计算机检测无故障。

（2）发动机中修、发动机更换活塞及活塞环的出厂技术标准

1）空气滤清器、机油滤清器效能良好，无阻塞现象，安装牢固，密封无渗漏现象。

2）发动机冷车允许有轻微异响，油底壳无渗漏。

3）发动机各部接口螺栓、螺母安装力矩符合原厂规定。

4）各汽油管、真空管、水管安装正确，不漏油、水气。

5）各传感器安装力矩符合规定，导线接头连接牢固，不漏电。

6）V带、正时带张紧度符合原厂规定。

7）起动机起动时无空转、打滑现象，蓄电池桩头牢固，蓄电池液正常。

8）发电机充电正常。

9）发动机支点、排气管接口安装牢固，接口垫不漏气。

10）离合器自由行程符合规定，离合器接合平稳，分离彻底，挂档不响，无打滑现象。

11）散热器、空调泵、助力泵、发电机安装牢固，冷却风扇及设备工作正常。

12）点火正时符合原厂规定。

13）气缸压力（冷却液温度高于80℃）不低于0.882MPa。

14）在常温下，机油压力应符合规定，油温80℃，2000r/min压力不低于2×10^5Pa。

15）冷、热起动工作正常。

16）加速不爆燃、不回火、不冒烟。各工况供油正常，过渡平顺。热磨合4h之后，拆检火花塞应无明显上油现象。

17）在走合期之内（1500km）允许排气管有不明显的冒蓝烟。在各档内均需避免发动机以高转速行驶。

18）尾气排放符合要求。

19）计算机检测无故障。

（3）维护、小修作业的一般技术标准　对维护作业内容必须按制造厂的要求逐项进行检查，并耐心向客户解答清楚，涉及车辆行驶安全及车辆使用寿命的机件损坏或发生问题时，必须向客户解释清楚，如果客户不做修理，必须在施工单上注明。

1）更换的配件必须按工艺安装好，外表擦拭干净。

2）油、液面检查后，必须擦拭清洁。

3）检查防尘套后，要擦拭清洁。

4）校对点火正时、尾气排放必须使用仪器。怠速转速、空调转速必须热车检查。

5）正时带张紧度必须用手按或用仪器检查。

6）机器盖、勾、门轴等部位点油（客户不要求点油除外）。

7）检查有无松动的地方，必须用工具或手进行检查。

8）制动踏板必须检查无效行程，助力效能、驻车制动必须检查拉紧齿数和驻车制动效能。新换制动片要有磨合期，一般为200km。

9）轮胎压力、花纹按标准检查，压力超过30%时必须对客户进行说明。

10）小修项目维修时，必须按维修手册维修方法进行。

（4）检修制动系统的出厂技术标准 项目包括更换制动总泵、更换真空助力器、更换制动软管、更换制动分泵、更换制动盘、更换制动片、更换制动铜管、更换制动管三通、更换ABS总成。

1）目视制动油杯，油面在上、下标准范围之内。

2）安装制动管路无渗油、无漏油。

3）制动踏板自由行程符合标准，一般为0.5～2mm。

4）踏下制动踏板最大制动时，制动踏板距地间隙大于总行程的1/3。

5）必要时路试，在平坦干燥柏油路面空档车速30km/h时踩紧急制动，制动距离不超过6.2m，轮迹偏离不超过轮胎面宽。40～60km/h车速轻点制动，不跑偏。

6）在制动试验台上测试制动力，空载时应占整车质量的60%以上，满载时应占50%以上。且前轴左、右轮制动力差不得大于5%，后轴左、右轮制动力差不得大于8%。

7）制动协调时间不得大于0.3s，制动完成释放时间不得大于0.8s。

8）带ABS的车辆维修后，ABS装配良好、牢固，其性能符合原设计规定。故障排除后清除原故障信息。

9）驻车制动：

① 驻车制动有效拉紧行程为2～3齿，在平坦道路上用2档起步，拉紧驻车制动器操纵杆，发动机应有熄灭现象。

② 汽车空载正、反两方向在坡度20%的干燥坡道上，使用驻车制动应保持5min以上固定不动。

③ 采用制动试验台试验，在空载情况下，其制动力总和不得小于该车总质量的20%。

注：制动系统一般采用路试，特殊情况需上制动试验台的车辆，测试数据要附在委托书后。

（5）检修转向系统的出厂技术标准 项目包括更换转向器、更换横直拉杆、更换下控制臂、更换转向盘万向节、更换转向助力泵、更换油管。

1）转向系统操作轻便、转动灵活。

2）转向盘无自由量，转向盘在中间位置。

3）最大转向角时轮胎侧面不磨损。不得与其他部件有干涉现象。

4）横拉杆球头无明显间隙。

5）车轮平行时，转向助力油在上、下标准线之内。

6）转向助力泵、油管无渗漏。

7）行驶中车轮向后能自动回正，保持直线行驶。

8）更换转向器，更换横直拉杆，更换下控制臂、球头、传动轴万向节，更换前减振器，必须调前束。检测仪测试，前轮侧滑不超过±5m/km。

9）转向系统大修后，车辆前轮定位符合原厂规定。

（6）检修传动系统的出厂技术标准

1）离合器。项目包括更换飞轮盘、离合器片、离合器轴承、离合器拨叉、离合器拉线、离合器总泵、离合器分泵。

① 离合器接合平稳、分离彻底、不打滑、不抖动、无异响。
② 离合器自由行程，目测一般为15~25mm。
③ 离合器分离时，踏板距地间隙小于总行程的1/3，或按客户要求。
④ 目视离合器分泵、总泵、油路无渗漏。
⑤ 离合器油杯油面在上、下标准线之内。

2）变速器。项目包括更换机械变速器、自动变速器、换档杆，清洗自动变速器。
① 变速器操作灵活、无异响。
② 行驶中不掉档、不乱档、无异响。
③ 自动变速器行驶中升档、降档正常，无异响。
④ 目视变速器、油管、散热器无渗漏。
⑤ 自动变速器油液面在上、下标准线之内。
⑥ 机械变速器油面在油孔处用手指摸到为标准。

（7）检修电器系统的出厂技术标准

1）发电机。项目包括更换调节器、充电指示灯、发电机。
① 充电电压符合原厂规定，一般在13.8~14.8V（2500r/min）时。
② 充电指示灯：打开点火开关时灯亮。
③ 发电机转动无异响。
④ 维修线路无破损。
⑤ 带的松紧度符合厂家维修手册标准。

2）起动机。项目包括更换吸力包、线束、飞轮齿圈，安装变速器。
① 起动机转动无异响，离、合正常无卡滞、空转现象。
② 吸力包动作正常，无不吸现象。
③ 蓄电池桩头不发热。
④ 维修线路无破损，桩头及端子良好。

3）照明灯及仪表指示。项目包括更换灯泡、熔体、总成、开关。
① 各处指示灯安装牢固、齐全有效。
② 各仪表灯安装牢固、齐全有效。
③ 维修线束无破损，插头良好。
④ 需上检测仪测试灯光的车辆，测试结果要附在委托书后。

4）检修全车电路。
① 更换全车线束：
A. 全车线束必须按原厂装配格局进行走线安装。
B. 更换过线束后必须用卡子卡紧线束，不得有散及过长、过短现象，以免造成断折或磨损而搭铁。
C. 更换全车线束时不得自行更改线束接头，不允许跨接电路，以免造成起火及电路损坏。
② 维修更换局部线束：
A. 局部线束更换必须按原厂装配格局进行走线安装。
B. 维修局部线束时，不得因维修造成对其他电路的干涉。

C. 对局部线束维修时，不得自行接替代线，应按原厂规定更换维修。

③ 对于电器故障的检查、维修、更换：

A. 对于电器设备检查维修时，不得自行断开电路或跨接电路，不得自行更换大负荷熔体或用铜丝代替。

B. 对于维修、更换过的电路部分，必须达到原厂规定的电压、电阻、电流。

C. 在维修过程中必须用专用设备对电路进行测量，不得自行使用自制的测试工具，以免损坏电路。

D. 在维修过程中严禁在发动机或搭铁处试火。

④ 在大修过后，必须达到全车灯光齐全，所有用电部件工作稳定、正常。

(8) 车身维修的出厂技术标准

1) 修复后车身及附件外形尺寸应符合原厂规定。

2) 车身各构件无损伤、断裂或严重锈蚀。整形部位外形平整，曲面衔接变化均匀。

3) 车身覆盖件更换后保持开关灵活，板件间隙均匀合适，修复表面保持平整，外形曲面过渡均匀，无裂损。

4) 所有铆钉应平滑、紧固、排列整齐、间距均匀，焊接表面应高低一致、宽度均匀。

5) 内部饰件外观应平顺贴合、无凹隆，分段接口处平齐，保持清洁。

6) 所有经过烘烤、焊接、切割部件及车身底盘都应进行防锈、防腐蚀处理。

(9) 汽车喷、补漆的出厂技术标准

1) 汽车喷漆表面平滑光亮、色泽均匀、色调协调、边界整齐。

2) 汽车喷漆漆面应无明显气泡、流痕、皱纹、漏漆。

3) 无需喷漆部分不应有漆痕。

注：

1) 维修中需拆其他部件时，维修后应按其他部件所属系统的出厂技术条件执行。

2) 当检验发现不符合出厂技术条件而客户不要求更换或不维修时，必须在任务委托书或施工单上注明，并请客户签字确认。

3) 有关检测量数据填写在有关检验单及任务委托书相关项目栏内。检验合格后，总检员必须在任务委托书上签字。

4) 对不符合以上出厂技术标准的，应由检验员认定为维修不合格，并责令维修人员进行内部返修，由检验员登记在"内部返修记录"上，每月汇总进行统计分析。

4. 维修技术飞行检查

各大汽车生产企业为了能够为用户提供优质服务，还要对汽车维修企业的技术维修水平进行检查，即通常所说的技术飞行检查。

技术飞行检查是指汽车生产企业售后服务部委托第三方，按照汽车生产企业制定的检查标准及执行规范，对经销商维修技师故障排除能力和服务顾问技术解释能力进行专项评价的实车进厂秘密检查。技术飞行检查全年执行4次，每季度1次，并纳入经销商商务政策考核。

(1) 检查故障排除能力　该项检查主要用于评价经销商维修技师的故障检查排除能力，每车设置4~6个故障，故障分为A类和B类，A类故障每个30分，B类故障每个15分，故障组合见表3-3，得分不少于90分为合格。预设故障均结合车辆实际情况从故障题库中随机抽取，且涵盖在维护项目检查范围内。

表 3-3　故障组合表

故障组合	3A +1B	2A +3B	1A +5B
A 类故障（30 分）数	3	2	1
B 类故障（15 分）数	1	3	5
总　分	105	105	105

注：A 类故障：对行车安全和用户抱怨影响较大。B 类故障：对行车安全和用户抱怨影响较小。

（2）检查技术解释能力　该项检查主要用于评价经销商服务顾问对用户抱怨的技术解释能力。每车设置 1 个用户抱怨问题，根据经销商服务顾问的问答，由技术飞行检查评估员进行评分。评价权重及打分规则见表 3-4。

表 3-4　评价权重及打分规则

角　度	技术飞行检查评估员			得　分
打　分　项				
单项分值				
组合分				

注：核心信息和建议部分为多条要点时，答出部分要点的，可根据要点数量相应地得 15 或 20 分，全部要点答出得 30 或 45 分。

（3）技术飞行检查执行标准　技术飞行检查执行标准包括飞行检查车辆甄选标准、故障（题库）设置标准、实施操作标准、考核标准、飞行检查复核标准。

1）车辆甄选标准。

① 车龄介于 1 ~7 年。

② 行驶里程介于 1 万 ~21 万 km，距定期维护里程≤ ±2000km。

③ 车辆为原装出厂状态，未经重大改装（动力总成、底盘、灯光、电气等系统）。

④ 飞行检查车辆所做的维护项目必须涵盖预设的飞行检查故障。

⑤ 飞行检查车型及各车型比例由汽车生产企业技术服务部门制定。

2）故障设置标准。

① 故障适用车型及年款。

② 原车自带故障或人为设置故障，故障类型分为 A 类、B 类。

3）实施操作标准。

① 所有预设的技术飞行检查故障都涵盖在维护项目中。

② 故障设置严格按照汽车生产企业制定的故障设置标准执行。

③ 所设置故障在入店前和出店后的状态记录完整并有存档。

④ 技术解释问题必须由当事服务顾问回答才可得分，否则为 0 分。

⑤ 客户索取维护项目单或复印件时，经销商应积极配合提供清晰的复印件，若拒不提供或所提供资料字迹不清无法识别，则技术飞行检查相应题目记为 0 分。

⑥ 客户出店后所持单据记录完整并有存档。

⑦ 如因客户疏忽未进行技术解释问题的检查，采取让客户给服务顾问打电话的方式

补上。

4）飞行检查复核标准。

① 根据技术飞行检查执行记录核对技术飞行检查是否按相关规范标准执行。

② 根据结算单工时费与该区域正常工时费标准对比核实是否为仅换油服务客户。

③ 对核实为仅换油服务的车辆，该次技术飞行检查成绩作废并安排重新进行飞行检查。

④ 为保证技术飞行检查的顺利实施和执行质量，技术服务部委派专家进行技术指导和质量监督。

课堂拓展

讨论：维护的流程比较烦琐，有的维修技师说，可以不按照流程操作，而且有的项目是不常出问题的项目，不用总检查，这样还可以节省时间。

建议：标准的操作流程无论从时间管理看还是质量管理看都是最精益的管理模式，在没有新的经过验证的流程出现前一定要遵守。维护工作需要耐心、细心地完成，才能保证工作质量。通过这样的工作来磨炼意志，以“工匠”精神严格要求自己，成为职场上最努力、最优秀的“工匠”。

认知 2　汽车维修企业的质量管理

<table>
<tr><td>学时</td><td colspan="2">3 学时</td><td>难度</td><td>中级/高级</td></tr>
<tr><td rowspan="8">学习目标</td><td>知识</td><td colspan="3">1）了解汽车维修企业的质量管理制度
2）掌握汽车维修的质量控制内容
3）熟悉服务质量评价的 5 个维度
4）掌握服务质量差距的原因
5）熟悉服务质量评定的标准和方法
6）掌握一次修复率的概念及与返修率的关系
7）掌握提高一次修复率的方法</td></tr>
<tr><td rowspan="6">技能</td><td colspan="2">技能点</td><td>能力描述</td></tr>
<tr><td colspan="2">1）能进行机电维修作业质量检验</td><td rowspan="2">1+X【汽车维修企业运营与项目管理技术】中级技能【工作二：维修企业的生产管理作业—任务七：车辆维修质量检验】</td></tr>
<tr><td colspan="2">2）能进行钣金喷漆作业质量检验</td></tr>
<tr><td colspan="2">3）能进行维修企业质量管理及策略制订</td><td>1+X【汽车维修企业运营与项目管理技术】高级技能【工作一：生产管理策略制订与分析—任务二：维修质量管理策略制订】</td></tr>
<tr><td colspan="2">4）能进行服务质量检查和分析</td><td>1+X【汽车维修企业运营与项目管理技术】中级技能【工作四：维修企业的客户管理作业—任务二十：服务质量处理分析】</td></tr>
<tr><td colspan="3"></td></tr>
<tr><td>素养</td><td colspan="3">1）培养工匠精神
2）培养严谨认真、精益求精的工作品质</td></tr>
</table>

汽车消费投诉增多是随着汽车保有量急剧增多而同时发生的，带有客观内在联系上的必然性。但是，我国汽车维修质量管理确实存在着不尽如人意的地方。客户车辆维修质量的好坏，是汽车维修企业内部管理的综合反映，它关系着汽车维修企业的生存和发展。不断提高维修质量，是汽车维修企业质量管理的头等大事。

汽车维修质量应以车主对汽车维修服务的满意度作为汽车维修服务质量评价的核心。经调查研究，车主对汽车维修服务质量的满意度通常是由以下因素影响和决定的：救援服务的及时性和方便性；汽车维修服务环境优化；汽车维修故障判断的准确性；汽车维修项目的专业性和客观性；汽车配件的质量和价格；拖车价格、汽车维修工时价格；汽车维修的停驶时间；汽车维修的返修率；汽车维修设备现代化；汽车维修竣工质量承诺；汽车维修作业文明生产；汽车维修代用汽车服务；汽车维修延伸服务等。

质量不是检验出来的，而是每个工作环节品质的综合表现，因而渗透在每个工作环节的质量管理起着决定性的作用。

一、汽车维修企业的质量管理概述

汽车维修质量是指汽车维修企业对汽车完好技术状况和工作能力维持或恢复的程度。从服务角度讲，汽车维修质量是指用户对维修服务的态度、水平、及时性、周到性以及收费等方面的满意程度。因此质量管理是汽车维修企业生产经营管理中的重要环节。

各个汽车维修企业在汽车生产企业的帮助指导下，必须建立健全的内部质量管理制度，通过维修质量的提高来提升一次维修率进而提高客户满意度。

1. 汽车维修企业的质量管理制度

（1）做好维修维护车辆的内部检验工作　即对于来到汽车维修企业处维修的车辆，维修技师对于维修完成的车辆要进行自检、互检，内部质量检验员进行车辆的最终质量检验工作。通过“三检”制，保证维修车辆的质量。

（2）做好备件的入库检验制度　汽车维修企业的备件员对新购入的备件，在入库前必须逐件进行检验查收。尤其现在的汽车备件市场进一步开放，以次充好、假冒伪劣备件越来越多，作为非专业维修人员的备件采购人员，很难进行细致真实的鉴定，所以更有必要完善与加强验收手段。在维修用件时，维修技师要认真填写“领料单”，注明备件的规格、型号、材质、产地、数量，并由领发人员分别签字盖章。

（3）做好计量器具和检测设备的管理和使用工作　计量管理工作是维修维护工作中最不受重视的工作，其实计量管理工作是质量保证体系链中的一个重要环节，是保证维修质量的重要手段。因此，必须加强计量器具和检测设备的管理。要按有关规定，明确专人保管、使用和鉴定，确保计量器具和设备的精度。

（4）做好技术业务培训工作　汽车维修企业内部通过技术经理或者内部培训员加强维修技师的技术业务培训，是提高维修技师素质、专业维修能力的一种途径。只有这样才能保证车辆的维修质量，才能提高维修技师的工作效率。

（5）建立健全岗位责任制度　维修质量是靠每个岗位的工作人员来实现的，因此，必须建立严格的岗位责任制度，只有这样才能增强每位员工的质量意识。定岗前要合理配备，量才适用，定岗后要明确职责，并保持相对稳定，以便提高岗位技能和责任心，从而保证车辆的维修质量。

2. 汽车维修的质量控制

（1）专用工具的使用

1）对于维修项目中要求使用专用工具的操作过程，维修技师必须使用专用工具工作。

2）技术经理或者内部培训员负责对维修技师进行专用工具使用培训，并有权对维修过程中的专用工具使用情况（是否正确使用）进行监督。

（2）维修过程的控制

1）车辆维修后，维修技师自检并签字确认。

2）维修班长对自检后的车辆进行互检并签字确认。

3）质量检验员对维修后经过自检和互检的车辆进行综合检查，确认没有问题（或发现问题，但用户签字同意不维修）后，签字确认，交付用户使用。

4）每月对维修过程中出现的质量问题进行汇总统计分析（表3-5），找出原因，制订解决措施，专人负责问题的跟踪和解决。

表3-5 经销商内部维修质量月分析表

经销商维修质量月分析报表（××××年07月）

项目	1月	2月	3月	4月	5月	6月	7月
维修台次	749	649	821	968	868	914	1048
外部返修台次	0	1	1	0	0	0	0
内部返修台次	5	2	6	9	3	11	12
内部返修率	0.67%	0.31%	0.73%	0.92%	0.34%	1.20%	1.15%
外部返修率	0%	0.15%	0.12%	0%	0%	0%	0%

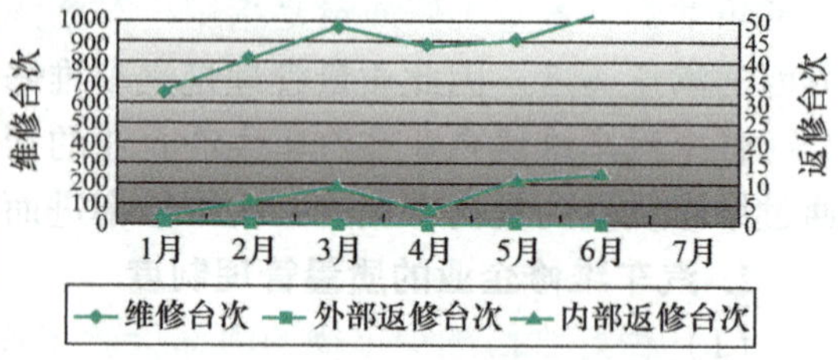

本月维修质量存在问题	存在问题原因	解决措施	负责人	完成时间
烤漆作业：右后门饰条脏点、没清洁干净	维护漏项，维护流程执行不到位，工作不认真	完善质量标准，规范流程，制作维护自检提醒卡，增加人手，合理安排作业时间	技术经理 服务经理 作业管理员	8月
维护：时钟未调整				
维护：左后门玻璃升降器异响				
维护：前照灯远光高低				
维护：转向盘不正未调整				
维护：时钟未调整				
维护：刮水器喷水头未调整				
维护：更换蓄电池 时钟未调整				
事故车：龙门架左边螺钉未锁紧及导流板没装				
事故车：左边导流板没装				
事故车：前杠没调整好				
事故车：左后门喷漆 没清洁干净				

上月份维修质量存在问题	解决措施	有效否	进一步措施	负责人	完成时间
维护漏项（时间未调整，灯光不合格，气压不够）	召开质量会议，对重复性不合格项加大质检及扣罚	无	拟上		

(3) 对专用工具使用和维修质量情况的检查　汽车生产企业的售后服务部门不定期地对特定维修项目进行抽查，重点检查专用工具的使用情况和维修质量，并做好记录，作为汽车维修企业（经销商）年终考评时的一项参考依据。

二、汽车维修企业质量管理

汽车维修企业的质量管理可以简单地分为服务质量管理和维修技术质量管理。它们贯穿于维修服务的全部过程，无论哪项管理出现问题，都会影响客户的满意度。

1. 服务质量管理

服务质量是指服务能够满足规定和潜在需求的特征和特性的总和，是指服务工作能够满足被服务者需求的程度。它是企业为使目标客户满意而提供的最低服务水平，也是企业保持这一预定服务水平的连贯性程度。

服务是企业的形象标签，是苦心经营的软性品牌，是企业全员用真心赢得客户的同心共鸣。服务质量取决于用户所感知的服务水平与用户所期望的服务水平之间的差别程度，用户的期望是开展优质服务的先决条件，提供优质服务的关键就是要超过用户的期望值。服务质量的评价用 5 个维度来衡量，这 5 个维度分别是：有形性、可靠性、响应性、保证性和移情性。

(1) 有形性　有形的设施、设备、人员和沟通材料的外表；如设备完好率、工作人员的精神面貌以及用以提供服务的其他工具和设备的完好情况。

(2) 可靠性　可靠地、准确地履行服务承诺的能力；如企业提供服务的及时性和其承诺的履行情况，应建立及时的反应机制，包括售后服务反应以及投诉反馈，及时地完善相应的服务体系。

(3) 响应性　帮助客户并迅速提供服务的自发性。在客户需要帮助时及时地处理信息，并能快速地提供各项专项服务，有效快捷地履行服务承诺。

(4) 保证性　员工所具有的知识、礼节以及表达出自信与可信的能力。它能增强客户对企业服务质量的信心和安全感。当客户与具有亲和力且专业的服务顾问、维修技师等人员沟通交流时，客户会心情愉悦。这样的售后服务会让客户对维修企业产生粘性，进而成为忠诚客户。

(5) 移情性　设身处地地为客户着想和对客户给予特别的关注。对待客户要有同理心，换位思考，真正地理解客户的需求，只有这样才能使服务体系更加完善。

服务质量要素（评价维度）与服务质量的关系如图 3-3 所示。

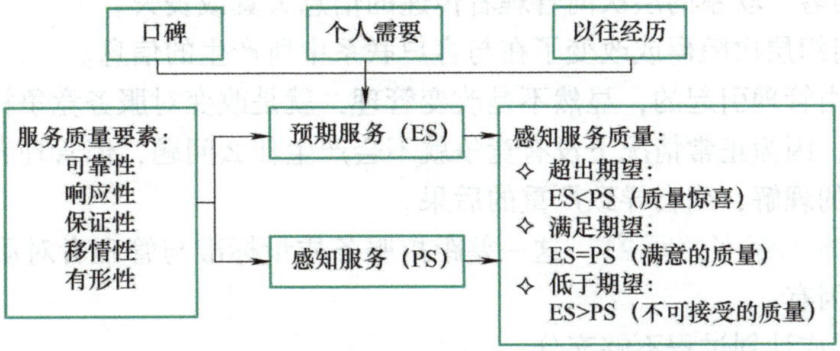

图 3-3　服务质量要素（评价维度）与服务质量的关系

2. 服务质量管理工具——服务质量差距模型（Service Quality Model）

服务质量差距模型如图 3-4 所示，是专门用来分析质量问题的根源的。客户差距（差距 5）即客户期望与客户感知的服务之间的差距——这是差距模型的核心。要弥补这一差距，就要对以下 4 个差距进行弥补：

差距 1——不了解客户的期望。

差距 2——未选择正确的服务设计和标准。

差距 3——未按标准提供服务。

差距 4——服务传递与对外承诺不相匹配。

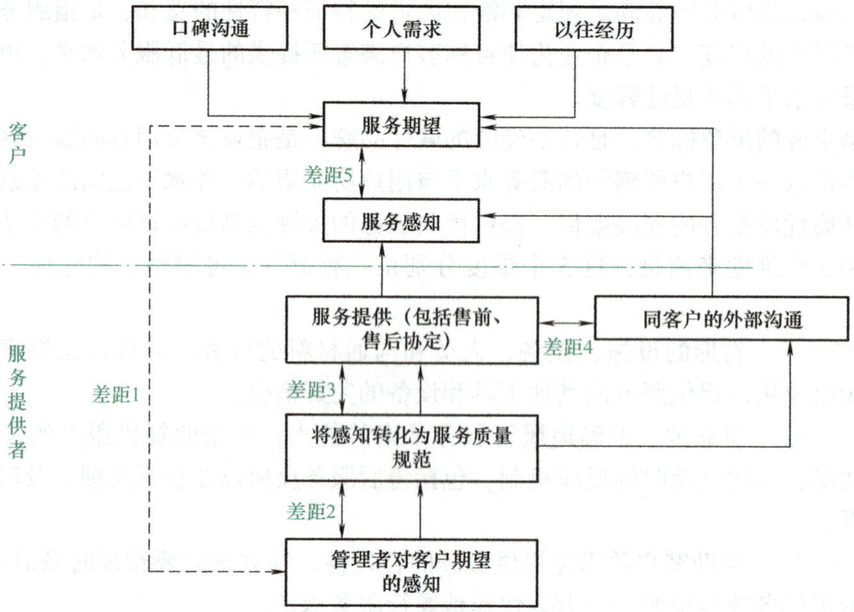

图 3-4　服务质量差距模型

3. 服务质量差距模型分析

（1）管理者认识的差距（差距 1）　这个差距指管理者对期望质量的感觉不明确，产生的原因有：

1）对市场研究和需求分析的信息不准确。

2）对期望的解释信息不准确。

3）没有需求分析。

4）从企业与客户联系的层次向管理者传递的信息失真或丧失。

5）臃肿的组织层次阻碍或改变了在与客户联系中所产生的信息。

如果问题是由管理引起的，显然不是改变管理，就是改变对服务竞争特点的认识。后者一般更合适一些，因为正常情况下没有竞争就不会产生什么问题，但管理者一旦缺乏对服务竞争本质和需求的理解，则会导致严重的后果。

（2）质量标准差距（差距 2）　这一差距指服务质量标准与管理者对质量期望的认识不一致，产生的原因有：

1）计划失误或计划过程不够充分。

2）计划管理混乱。

3）组织无明确目标。

4）服务质量的计划得不到最高管理层的支持。

第一个差距的大小决定计划的成功与否。但是，即使在客户期望的信息充分和正确的情况下，质量标准的实施计划也会失败。出现这种情况的原因是，最高管理层没有保证服务质量的实现，质量没有被赋予最高优先权。改进的措施是改变优先权的排列。在服务竞争中，客户感知的服务质量是成功的关键因素，因此在管理清单上把质量排在前列是非常必要的。

总之，服务生产者和管理者对服务质量达成共识，缩小质量标准差距，远要比任何严格的目标和计划过程重要得多。

（3）服务交易差距（差距3）　这一差距指在服务生产和交易过程中员工的行为不符合质量标准，产生的原因有：

1）标准太复杂或太苛刻。

2）员工对标准有不同意见，例如一流服务质量可以有不同的行为。

3）标准与现有的企业文化发生冲突。

4）服务生产管理混乱。

5）内部营销不充分或根本不开展内部营销。

6）技术和生产系统没有按照标准为工作提供便利。

可能出现的问题是多种多样的，通常引起服务质量差距的原因是错综复杂的，很少只有一个原因在单独起作用，因此改进措施不是那么简单。

（4）营销沟通的差距（差距4）　这一差距指营销沟通行为所做出的承诺与实际提供的服务不一致，产生的原因有：

1）营销沟通计划与服务生产没有统一。

2）传统的市场营销和服务生产之间缺乏协作。

3）营销沟通活动提出一些标准，但组织却不能按照这些标准完成工作。

4）有故意夸大其辞、承诺太多的倾向。

在第一种情况下，改进措施是建立一种使外部营销沟通活动的计划和执行与服务生产统一起来的制度。例如，至少每个重大活动应该与服务生产行为协调起来，达到两个目标：

① 市场沟通中的承诺要更加准确和符合实际。

② 外部营销活动中做出的承诺能够做到言出必行，避免夸夸其谈所产生的副作用。

在第二种情况下，由于营销沟通存在滥用“最高级的毛病”，所以只能通过完善营销沟通的计划加以解决。改进措施是建立更加完善的计划程序，不过管理上严密监督也很有帮助。

（5）感知服务质量差距（差距5）　这一差距指感知或经历的服务与期望的服务不一样，它会导致以下后果：

1）消极的质量评价（劣质）和质量问题。

2）口碑不佳。

3）对公司形象产生消极影响。

4）丧失业务。

差距5也有可能产生积极的结果，它可能导致相符的质量或过高的质量。感知服务差距产生的原因可能是本部分讨论的众多原因中的一个或者是它们的组合。当然，也有可能是其他未被提到的因素。

4. 服务质量的测定

服务质量的测定是服务企业对客户感知服务质量的调研、测算和认定。从管理角度出发，优质服务必须符合以下标准：

(1) 规范化和技能化　职员营销体系和资源有必要的知识和技能，规范作业，解决客户疑难问题（有关产出标准）。

(2) 态度和行为　服务人员（一线员工）用友好的方式主动关心照顾客户，并以实际行动为客户排忧解难（有关过程标准）。

(3) 可亲近性和灵活性　服务供应者的地理位置、营业时间、职员和营运系统的设计和操作便于服务，并能灵活地根据客户要求随时加以调整（有关过程标准）。

(4) 可靠性和忠诚感　无论发生什么情况，客户能够依赖服务供应者，即它的职员和营运系统。服务供应者能够遵守承诺，尽心竭力满足客户的最大利益（有关过程标准）。

(5) 自我修复　无论何时出现意外，服务供应者都会迅速有效地采取行动，控制局势，寻找新的可行的补救措施（有关过程标准）。

(6) 名誉和可信性　服务供应者的经营活动应可以依赖，物有所值，其优良业绩和超凡价值可以与客户共同分享（有关形象标准）。

在6个标准中规范化和技能化与技术质量有关，名誉和可信性与形象有关，它可充当过滤器的作用，其余4项标准都显然与过程有关，代表了职能质量。

对服务质量的评分量化方法的大致步骤如下：第1步选取服务质量的评价标准；第2步根据各条标准在所调查的服务行业的地位确定权数；第3步对每条标准设计45道具体问题；第4步制作问卷；第5步发放问卷，请客户逐条评分；第6步对问卷进行综合统计；第7步采用消费者期望值模型分别测算出预期质量和感知质量；第8步求得差距值。其总值越大，表明感知质量离预期质量差距越大，服务质量越差；反之，则服务质量好。

5. 维修技术质量管理

对于汽车生产企业的经销商来说，维修技术质量管理主要体现在一次修复率（*FFV*）的管理。

一次修复率（*FFV*）是指在一段时间内，客户车辆首次进厂即得到满意的维修服务的车辆数 a 与进厂维修车辆总量 b 的百分比：$FFV = a/b \times 100\%$。

返修是指客户重复因为相同的原因到经销商处报修，它对客户满意度和售后服务质量有着显著的影响。返修率 $FNV = 1 - FFV$。

返修既包括由于维修技术原因而导致的未能排除故障，又包括整个服务接待过程不当引起的客户抱怨，甚至可能是汽车生产企业某个环节造成客户返厂进行检测维修。因此，要想降低返修率提高一次修复率，需要在生产质量、服务技术及售后服务整个环节上进行优化和提高。

客户满意度与一次修复率（*FFV*）成正比，与返修率（*FNV*）成反比。

(1) 通过提高一次修复率（降低返修率 *FNV*）提高客户满意度　提高客户满意度和售后服务质量是售后服务工作的最高目标和追求，这里既涉及前面讲到的维护良好的客户关系问题，又涉及维修技术、车间管理等因素体现出的具体的服务质量问题。对于这些问题需要采取集中而且有针对性的措施，才能达到客户满意这一目标。

没有良好的客户关系可能不能实现客户满意，但客户关系维系再好，返修率居高不下，也不能实现客户满意。为了实现客户满意，必须降低返修率也就是提高一次修复率，进而提高客户满意度。图 3-5 所示为客户满意度与 *FFV* 的关系。由图可知：一次修复的车辆，78%客户表示满意，而当出现返修后客户中仅有 42% 表示满意，其中差额的 36% 的客户因为车辆返修而表示不满意。若在本次返修的过程中再次出现解决不了的问题而返修，那么就会产生更大比例的抱怨。

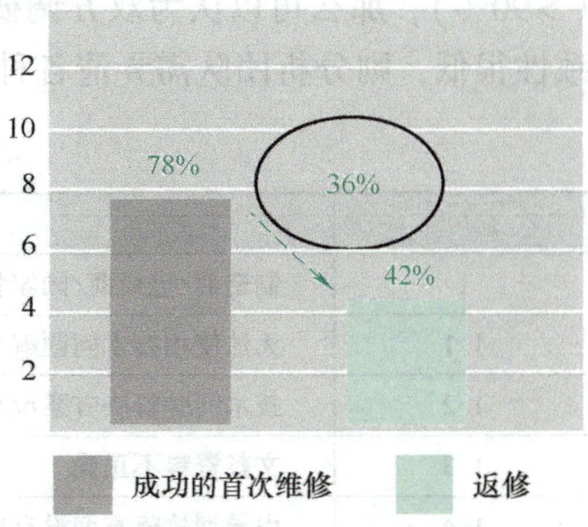

图 3-5　客户满意度与 *FFV* 的关系

显著并持久地降低返修率，就是提高客户满意度的有效途径。

提高客户满意度既是汽车生产企业关注的重点，也是特许经销商持续优化和改进的方向。从哪些环节入手才能降低返修率提高一次修复率呢？这就需要汽车生产厂家和特许经销商正确了解各自市场特点，对市场进行充分调研，还可以借助客户满意度调研结果和销售与服务回访的样本数据进行统计分析，然后有针对性地调整正在实施和将要实施的措施，以及在局部组织机构中更有力地实施这些措施，才能提高一次修复率，进而提高客户满意度。这需要有一个持续优化与完善的过程，切不可急于求成。

（2）提高一次修复率（降低返修率 *FNV*）的方法　进行一次修复分析的目的是运用一定的方法找出出现返修的原因，并给出相关的服务环节，制订可实施的措施来提高一次修复率。为了提高一次修复率，需要对返修进行分析。返修分析有两种方法：一是维修过程细节分析法；二是客户对话抽样调查法。这两种方法的侧重点不同，维修过程细节分析法可详细研究是哪些原因造成返修，具体分析出合作配套厂、生产厂、经销商环节；客户对话抽样调查法可以了解经销商范围哪些环节可以影响返修率，并了解各个经销商的潜在优化需求。但分析结果是否有效，与所选样本有很大关系。利用汽车生产企业客户满意度调研系统数据，对各经销商返修率及客户满意度的数据进行分析，可以得出经销商方面的返修原因（表 3-6）。

返修的原因虽然千差万别，但从整体上可以分为汽车生产企业的原因和非汽车生产企业的原因两大类。其中，汽车生产企业的原因可分为协作配套的零件制造商、进口商、汽车生产企业的区域、合作配套厂等原因，这些与经销商销售服务环节及客户使用环节都无关，所以定义为汽车生产企业方面的原因。这就需要从汽车生产企业环节加以整改提高，而除此之外的原因可以从销售服务环节加以改善。

对于造成客户抱怨的车辆返修的具体原因如何界定呢？有的汽车生产企业和经销商各有一套客户满意度调研系统（CSS），就会得出各自的结论，有时还是互相矛盾的。因此，数据的分析比较是一个比较重要的过程，可进一步甄别返修的真正原因。比较抽样过程是以底盘编号为基础的。对每个底盘编号在经销商和汽车生产企业的客户满意度调研抽样调查进行比较，查看汽车生产企业与经销商的调查结果分类法是否一致。如果不一致，分析团队要重新分析细节以求找出真正的影响返修的原因。这种情况下，分析团队最好直接与经销商或客户联系，弄清返修的真正原因，用来制订行之有效的解决措施。

当然，绝对的一致是不可能的。如果汽车生产企业与经销商分类法的一致性很高（>90%），那么可以认为双方调研结果正确，并且可以作为制订解决方案的措施；如果一致性很低，则分析团队需弄清各种情况，直到统一为止。

表 3-6　经销商方面的返修原因

序　号	经销商方面的返修原因
1	制造商/进口商/国家售后服务中心方面的原因
1.1	无法使用技术问题解决方案
1.2	技术问题解决方案没有以目标为导向
1.3	文献资料不正确
1.4	引导型故障查询没有以目标为导向
1.5	原装零部件供应问题
1.6	缺少原装零部件
1.7	技术服务中心维修咨询没有以目标为导向
1.8	活动
2	经销商方面的原因
2.1	没有具体描述/了解客户保修内容
2.2	没有将维护内容完整/正确地传递给相关部门/人员
2.3	没有使用文献资料
2.4	没有使用技术问题解决方案
2.5	没有进行引导型故障查询
2.6	没有正确诊断出故障原因
2.7	没有及时订购原装零部件
2.8	维修错误
2.9	维修站装备不足
2.10	保修内容不同
3	客户的感受（包括详细的注释）

一次修复率

三、汽车维修企业的质量检验

1. 质量检验的概述

（1）汽车维修质量检验的定义　汽车维修质量检验是指采用一定的检验测试手段和检查方法，测定汽车维修过程中和维修后（含整车、总成、零件、工序等）的质量特性，然后将测定的结果与规定的汽车维修质量评定参数标准进行比较，从而对汽车维修质量做出是否合格的判断。

（2）汽车维修质量检验的目的　进行汽车维修质量检验是为了对汽车维修过程实行全面质量控制，判断汽车维修后是否符合有关质量标准。对于汽车维修质量管理机构，进行汽车维修质量检验是为了实施行业质量监督。

质量检验通常按以下步骤进行：

1）掌握质量标准，明确测试的质量特性。掌握检验规则，明确抽样方案。

2）按规定的检测方法对检测对象进行检测，得出维修质量的各种特性值。

3）将检测结果与技术要求或技术标准进行比较，确定是否合格。

4）对合格品及不合格品提出处理意见，做好原始记录并及时反馈。

质量检验部门是该企业的质量检验和监督机构。质量检验工作有3个职能：

① 保证职能：即把关职能，通过对原材料、外购配件、外协加工件、维修的半成品进行检验，保证不合格的原材料不投产，不合格的半成品不转入下道工序，不合格的成品不出厂。

② 预防职能：通过检验处理，将获得的数据及时反馈，以便及时发现问题，找出原因，采取措施，预防不合格品产生。

③ 报告职能：将质量检验的情况及时向企业主管部门和行业主管部门报告，为加强质量管理和监督提供依据。

2. 质量检验分类

（1）按检验对象分类

1）汽车维修质量检验。

2）自制件、改装件质量检验。

3）燃料、润滑油及原材料（含外购、外协件）质量检验。

4）机械设备、计量器具等质量检验。

（2）按检验方式分类

1）自检。自检是指维修人员对自己操作完成的工作，认真地对照汽车维修技术标准，自我进行质量评定（是否合格，分析原因，提出改进措施，杜绝不合格维修质量）。自检是汽车维修中最直接、最基本、最全面的检验。自检中，维修人员对维修质量进行自我评定。坚持实事求是的态度是自检的关键，这一环节保证了，整个汽车维修质量才有保证。

2）互检。互检是指下一道维修工序对上一道维修工序的质量检验，如汽车二级维护作业中，安装制动摩擦片时对制动鼓（或制动盘）的工作表面加工质量进行检验。过程检验员对维修过程中维修操作人员维修质量的抽检也属于互检范围。互检重点是对关键维修部位维修质量进行抽检把关，以免给后道维修工序的工作甚至维修竣工汽车造成不必要的后患、故障和返工。

3）专职检验。专职检验是指对汽车维修过程中的关键点（维修质量控制点）进行预防性检验，及整车维修竣工出厂的把关性总检验。汽车维修企业应根据其规模配备足够的专职过程检验员和竣工出厂总检验员，严把汽车维修质量关。

（3）按汽车维修工艺过程分类

1）进厂检验。进厂检验是对送修汽车进行外部检视和交接（严格地讲，进厂送修车的外检并不属于质量检验的范畴），必要时进行简单的测量和路试以验证报修项目的准确性。

进厂送修车交接检验的目的是填写双方认可的汽车交接清单，办理交接手续，承修方通过对送修汽车的外观和行驶检查制订修理计划。送修汽车的进厂检验可由检验部门专职检验员配合生产部门进行，也可由生产部门的调度员兼任。

在现行的汽车维护制度中，要求汽车二级维护前进行各部分技术性能参数的检测诊断，为确定附加作业项目提供分析依据。这种维护前检测也可归为进厂检验的一种。

汽车或总成送修前应进行修前检验，即送修技术鉴定，根据鉴定结果有针对性地安排维修，以免超前维修或失修。

2）零件分类检验。大修汽车或总成解体、零部件清洗后，应按技术标准进行检验分类，将原件分为可用的、需修的和报废的3类。分类的主要依据为是否超过修理规范中规定的“大修允许”和“使用极限”。凡零件磨损尺寸和形位误差在大修允许范围内的为可用件。凡零件的磨损或形位误差超过允许值，但仍可修复使用的为需修件。凡零件严重损坏，无法修复或修理成本太高的为报废件。

3）汽车维修过程检验。汽车维修过程检验又称工序检验，其目的是防止不合格的零件装配到总成或零件中，防止不合格的总成或零件装到整车上。汽车维修过程检验是汽车维修质量管理工作中的重要环节，没有过程的质量控制就没有整体质量保证。汽车维修过程检验一般由承修人员负责自检，专职过程检验员抽检，维修中的关键零部件、重要工序以及总成的性能试验均属专职过程检验员的检验范围。汽车维修企业应根据自身的实际情况确定必要的维修质量控制点，由专职维修过程检验员进行强制性的检验。

汽车维修过程检验是控制汽车维修质量的关键，而质量控制点是汽车维修质量管理和质量保证活动中需要控制的关键部位和薄弱环节。质量控制点设在关键、重要特性所在的工序或项目中，保证质量的稳定。在汽车维修过程中，重复故障及合格率低的工序、对下一道维修工序影响大的工序中应设几个检验点，使影响该工序质量的因素处于受控状态。例如，发动机总成修理中，气缸的镗磨加工质量影响发动机装配质量和工作性能，应视为质量控制关键部位，严加控制。

4）汽车维修竣工出厂检验。汽车维修竣工出厂检验必须由专职汽车维修质量检验员承担。一般在汽车维修竣工后、交车（或送汽车维修质量监督检验站或检测中心检测）前进行。汽车维修质量检验员对照维修质量技术标准，全面检查汽车，测试有关性能参数。汽车检验合格后签发“汽车维修竣工出厂合格证”，并向用户交付有关技术资料。汽车维修竣工出厂后，在质量保证期内汽车发生故障或损坏，承修方和托修方按有关规定划分和承担相应的责任。

5）汽车的返修鉴定。返修是对维修质量不合格汽车的补救和纠正措施。汽车返修的检测、判断工作应由质量检验员负责。检验员通过检验和鉴定，分清责任，组织、协调和实施返修，并登记、填写“汽车返修记录表”。

6）汽车维修质量评定检验。汽车维修质量评定检验指经道路运政管理机构认定的汽车维修质量监督检验站（或检测中心）对汽车维修企业的维修竣工车辆进行质量评定的抽检。

3. 汽车维修质量检验的标准

汽车维修的技术标准是衡量维修质量的尺度，是企业进行生产和技术、质量管理工作的依据，具有法律效力，必须严格遵守。质量检验就是要遵守标准，满足标准要求。认真贯彻执行标准，对保证维修质量、降低成本、提高经济效益和保证安全运行都有重要作用。

我国汽车维修的技术标准分为4级，即国家标准、行业标准、地方标准和企业标准。

4. 质量检验方法、步骤

（1）汽车维修质量检验的方法 汽车维修质量检验的方法分为两类：一是传统的经验检视方法；二是借助于各种量具、仪器、设备对其进行参数测试的方法。经验检视方法凭人的感官检查、判断，带有较大的盲目性。仪器仪表测试可通过定性或定量的测试和分析，准确地评价和掌握汽车技术状况。随着现代科学技术的进步，特别是汽车不解体检测技术的发展，人们可以在室内或特定的道路条件下，不解体测试汽车的各种性能，而且安全、迅速、准确。

（2）汽车维修质量检验的工作步骤　汽车维修质量检验是一个过程，一般包括以下工作步骤：

① 明确汽车维修质量要求：根据汽车维修技术标准和考核汽车技术状态的指标，明确检验的项目和各项质量标准。

② 测试：用一定的方法和手段测试维修汽车或总成有关技术性能参数，得到质量特性值。

③ 比较：将测试得到的反映质量特性值的数据与质量标准要求进行比较，确定是否符合汽车维修质量要求。

④ 判定：根据比较的结果判定汽车或总成维修质量是否合格。

⑤ 处理：对维修质量合格的汽车发放“汽车维修竣工出厂合格证”；对不合格的维修汽车，记录所测得的数值和判定的结果，查找原因并进行反馈，以便促使维修工序改进质量。

课堂拓展

讨论：影响一次修复率的因素有很多，但对维修技师来说，提高自己的故障诊断能力、提升专业知识素养还是至关重要的。你认为如何做才能提高自己的能力和素养？

建议：一汽员工、央企劳模、青年岗位能手牟少志曾说过：“干技术就要有精益求精、追求完美的态度，对待企业就要有家的情怀、责任感、使命感。”维修技师就是维修岗位上的“工匠”，时时处处用这些“工匠”的事迹鼓励自己、影响自己；工作中认真积累、培训时认真学习、总结反思，慢慢地你会发现，你不仅仅提升了专业能力，你的社会责任感越来越强，你离“工匠”越来越近……

项目实施

某品牌4S店提升钣喷维修质量管理

某品牌4S店的钣喷车间为了提高客户满意度，准备从提升钣喷维修的质量管理水平着手。那么如何提升钣喷维修的质量管理呢？钣喷车间主任对同级别4S店的钣喷维修质量管理进行了调研，针对自己4S店的实际情况制订实施方案。

一、制订并执行钣喷作业质量管理制度

1. 在钣喷作业操作过程中贯彻“三检”制度

在钣喷车间事故车维修过程中，“三检”制度是监控汽车维修质量的有效手段。“三检”制度严格贯彻落实对于提升一次修复率和客户满意度起到重要作用，因此在钣喷事故车修复

过程中，同样要严格落实“三检”制度。三检制度包含维修自检、互检和终检。

2. 加强钣喷作业设备的管理和使用

在钣喷作业过程中，正确地使用和管理钣喷设备很关键，也是保证钣喷作业质量的重要因素。在钣喷作业中，设备管理和使用对象主要包括喷枪清洗机、烤漆房、大梁校正仪、无尘干磨机、空压机房和管路。

3. 注重钣喷作业员工的业务培训

技师要经过培训合格后才能正式上岗。技师的培训流程如下：

（1）入职前培训　主要介绍公司简介、公司文化、公司规章制度，员工填写反馈表。

（2）部门培训　主要讲解部门结构与功能介绍、部门内部特殊规定、安全生产、安全防火、工作职责及岗位描述、维修服务流程、应知应会基础培训并实践，3 个月后进行考核，员工填写反馈表；部门内部技术培训，6 个月后可以自己提出申请晋级考核。

（3）公司整体培训　主要进行服务礼仪、公司的组织架构、公司的主要业务、公司的愿景、公司的福利及绩效考核。

（4）汽车生产企业的培训　主要按企业的培训计划组织员工参加钣喷相应级别的培训。

4. 明确钣喷作业员工的岗位责任制

根据钣喷作业的质量检验标准制订质检员的岗位职责，并制订维修质量奖罚机制。

（1）质检员的岗位职责

① 负责钣喷车间质量检验及统计管理工作。

② 负责钣喷车间各工序的质量检验，在保证质量的前提下降低成本。

③ 及时了解生产过程中出现的技术问题并与车间员工共同研究解决，及时纠正生产中的差错，保证生产质量，减少返工浪费。

④ 负责每个生产过程的检验工作，全面了解每个生产部门的质量技术状况，发现不符合出厂要求的应通知钣喷主任，切实做好每个生产部门的各级检验制度。

（2）维修质量奖罚机制

① 主修人不进行自检或互检，扣罚主修人该项修理工时应得工资。

② 车间检验员检验中发现维修质量不合格时，责令主修人立即返工，按相应维修项目标准工时金额处罚责任人。

③ 钣喷事故车出现返修时，同时处罚主修人和检验员，出现多次违纪者，给予行政处分。

④ 对于返修率很低的主修人及班组长，应给予正向激励并引导其他主修人及组长向其学习，适当给予奖励。

二、严格控制钣喷作业维修质量

1. 钣喷作业专用防护用具及工具的使用

（1）钣喷类各大防护用具的使用　钣金技师在作业工作中有很多潜在的工作风险，为了更好地避免机械损伤及烫伤等各种意外伤害，要求在生产操作过程中必须使用以下相应的安全防护护具。

① 钣金技师全天候防护：安全鞋、工作手套、工作帽。

② 焊接操作防护：焊接保护头盔、焊接防护手套。

③ 打磨工艺、整平操作：钣金防护眼镜、听力保护耳罩、防护手套、防尘口罩。

④ 车体防护：焊接保护毯。

（2）油漆类各种防护用具的使用

① 油漆技师全天候防护：安全鞋、工作帽。

② 原子灰打磨工艺：防尘口罩、防溶剂手套、工作手套。

③ 中涂打磨及面漆工艺：防毒面具、防护眼镜、防溶剂手套、工作手套、喷漆防护服。

2. 钣喷作业维修质量过程控制

（1）使用钣喷管理看板进行过程管理　为了更好地推广钣喷流水线等新工艺，可在服务升级过程中增加钣喷过程管理看板。

（2）正确填写维修信息卡

① 由钣喷主任根据服务顾问工单填写车辆基本信息：车牌号、车型、颜色、服务顾问姓名、进场时间、预计交车时间、喷漆位置、派工类型（快修、流水）。

② 由钣喷主任进行钣金人员派工：在信息卡中填写钣金派工人员，放入该人员的人员夹中，并将人员夹悬挂于钣金等待栏。

③ 由具体作业人员在工序等待一栏中找到维修信息卡，取出后填写施工信息：开始时间和操作人。填写结束后，将信息卡放入人员夹中，根据当前时间、实施工序，将人员夹放到看板的相应位置。

④ 作业完毕后，由作业人员填写结束时间，并将人员夹放入下道工序的等待栏，直至抛光工序结束。

⑤ 由质检人员在施工结束检验无问题后，填写质检交车信息：检验交车时间、质检员姓名。信息卡由钣喷主任存档。

⑥ 钣喷主任将信息卡转化成电子表格存档，便于查询、统计管理，信息卡至少要保存两年。

（3）使用电子测量系统精确控制维修质量　电子测量系统能够在校正维修结束后提供维修前、后的数据报告，数据报告上记录了维修时间、维修车辆、维修技师的信息。通过数据报告能够明确地判断出车辆是否修复完成，也为维修事故的追溯提供依据。

3. 钣喷作业维修质量检验

（1）制订并执行钣喷作业维修质量检验流程（图 3-6）

（2）制订钣喷作业维修质量检验标准

1）钣金车间维修质量检验标准。

① 钣金快修、小修作业的检验标准：工序简单有序，金属变形量小，板件没有高点，使修理部位达到原厂形状标准的 95% 以上，修理部位没有渗水现象，行车不发响、各板件间间隙匀称且达到要求，不与其他部件相互摩擦、干涉。

② 钣金大修作业的检验标准：

- 车身结构、尺寸符合维修手册公差规定。
- 车身轮廓线条平直，左、右两侧对称。
- 各部位结合间隙匀称符合要求，如各车门与车身、车灯与前杠等结合处。
- 各运动部件紧固，可靠灵活，操作无干涉。
- 道路行车实验时，无跑偏、无异响。

2）喷涂工艺检验标准。

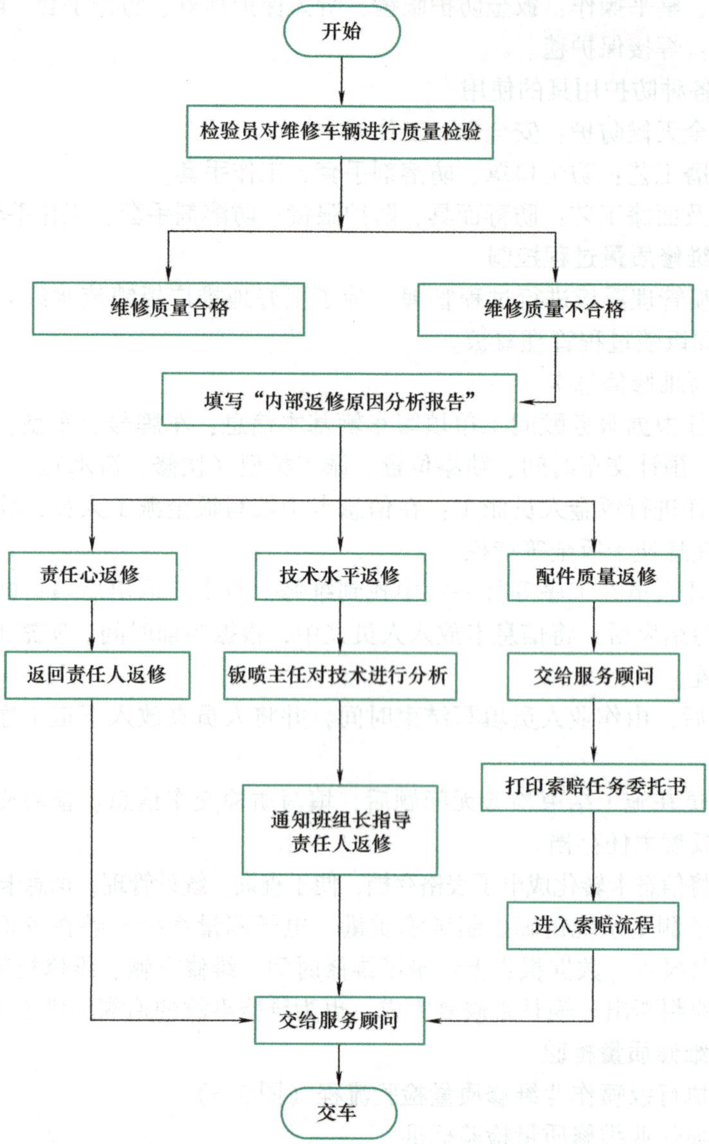

图 3-6　钣喷作业维修质量检验流程

- 表面不能有明显的尘点：通过观察油漆表面来检验。
- 不能有砂纸印、原子灰印、钣金修复后的痕迹（多角度观察）。
- 不能有抛光印和抛穿现象：近看油漆面无抛穿，远看光泽无明显变化。
- 边角位置修补到位无漏喷。
- 面漆完全遮盖中涂漆，无走珠现象（多角度观察）。
- 银粉漆、珍珠漆无走花、起云（多角度观察）。
- 沾在拉手、玻璃、门边和装饰件等的油漆和抛光蜡清除干净。
- 修补工件表面光泽与原车基本一致（多角度观察）。
- 修补后漆纹与原车匹配，无明显“橘皮”现象。

- 修复后的清漆表面不能有流挂、针孔、橘皮、鱼眼、起泡、痱子等不良现象。

4. 通过钣喷维修信息卡进行质量追溯

钣喷作业出现质量抱怨时，通过钣喷维修信息卡进行质量追溯。追溯流程如下：

（1）工序交接时　由当前即将作业的人员提出质量疑问，并获得上道工序作业人认可，该车将交还至上道工序作业人进行返工，主要责任人为上道工序作业人；若双方不能达成共识，则请钣喷主任进行确认。若确认无质量问题，则由当前即将作业人员开始施工，双方均无责任；若确认存在质量问题，该车将交还至上道工序作业人进行返工，主要责任人为上道工序作业人。

（2）质检人员终检时　由质检人员提出质量疑问，经质检人员与钣喷主任共同确认质量问题产生原因。若为某道施工工序出现问题，则该工序作业人员负主要责任，下道工序作业人员负次要责任。

（3）交还车主时　若车主提出质量疑问，经质检人员与钣喷主任确认属实后，若为某道施工工序出现问题，则该工序作业人员负主要责任，下道工序作业人员以及质检人员负次要责任。

项目四　汽车维修企业备件管理

项目导读

汽车备件管理是汽车维修企业的一项重要业务内容，车辆维修所使用的备件直接影响车辆维修后的质量和安全。备件的采购、仓储等方面的管理，对备件及时供应、成本控制有着重要影响，直接关系到维修作业的及时性，进而影响维修交车时间，影响客户满意度。因此，汽车维修企业必须重视备件的管理，建立、健全包括采购、保管、使用等过程的质量管理体系，有效压缩库存量，降低成本，不断改进管理方法、提高企业信誉和经济效益。

建议学时安排：

序　号	内　容	学　时
认知 1	汽车备件类型	1 学时
认知 2	备件订购管理	5 学时
认知 3	备件库房管理	2 学时
项目实施	某品牌经销店备件订购	2 学时

项目引入

入冬以来雪大路滑，备件管理员小张跟备件经理反映最近几天某个车型库存的 3 个右后尾灯总成都维修领用完了，维修车间维修领货已经没有了。备件经理与备件计划员小李说及此事，要求备件计划员小李发出紧急订单，保证备件供应正常。

项目内容

认知 1　汽车备件类型

学时	1 学时	
学习目标	知识	1）了解汽车备件的实用性分类 2）了解汽车备件的标准化分类 3）了解汽车备件的按用途分类

（续）

学习目标	技能	技能点	能力描述
		能够根据备件管理工作需要，区分汽车各个备件的类型	1+X汽车营销评估与金融保险服务技术初级技能【工作三：汽车配件进销存作业流程—任务十二：配件入库验收建档】
	素养	1）培养严谨意识 2）培养好学精神	

为了更好地对汽车备件进行管理，必须首先掌握汽车备件的分类。汽车备件种类较为复杂，对汽车备件分类的方法很多，有实用性分类、标准化分类和外包装标识分类等。

一、实用性分类

根据我国汽车备件市场供应的实用性原则，汽车备件分为易耗件、标准件、车身覆盖件与保安件4种类型。

（1）易耗件　在对汽车进行二级维护、总成大修和整车大修时，易损坏且消耗量大的零部件称为易耗件。易耗件主要包括发动机易耗件、底盘易耗件以及密封件。

（2）标准件　按国家标准设计与制造的、具有通用互换性的零部件称为标准件。例如，发动机悬挂装置中的螺栓及螺母、轮胎螺栓及螺母等。

（3）车身覆盖件　使乘员及部分重要总成不受外界环境的干扰，并具有一定的空气动力学特性的构成汽车表面的板件，如发动机罩、翼子板、散热器罩、车顶板、门板、行李舱盖等均属于车身覆盖件。

（4）保安件　汽车上不易损坏的零部件称为保安件。保安件有曲轴、正时齿轮、凸轮轴、燃油箱、喷油泵、调速器、离合器压盘及盖总成、变速器壳体及上盖、操纵杆、前桥、桥壳、转向节、轮胎衬带、钢板弹簧总成及第4片以后的零件、载货汽车后桥、副钢板总成及零件、转向摇臂等。

二、标准化分类

汽车零部件分为发动机零部件、底盘零部件、车身及饰品零部件、电器电子产品和通用件5类。根据汽车的术语和定义，零部件包括总成、分总成、子总成、单元体、零件。

（1）总成　它是指由数个零件、数个分总成或它们之间的任意组合，构成一定装配级别或某一功能形式的组合体，具有装配分解特性的部分。

（2）分总成　它是指由两个或多个零件与子总成一起采用装配工序组合而成，对总成有隶属装配级别关系的部分。

（3）子总成　它是指由两个或多个零件经装配工序或组合加工而成，对分总成有隶属装配级别关系的部分。

（4）单元体　它是指由零部件之间的任意组合，构成具有某一功能特征的功能的组合体，通常能在不同环境下独立工作的部分。

（5）零件　它是指不采用装配工序制成的单一成品、单个制件，或由两个以上连在一起具有规定功能、通常不能分解的制件。

三、按用途分类

汽车备件按照用途可以分为维修零件、汽车精品、油类及化学品3个类别，如图4-1所示。

备件类型

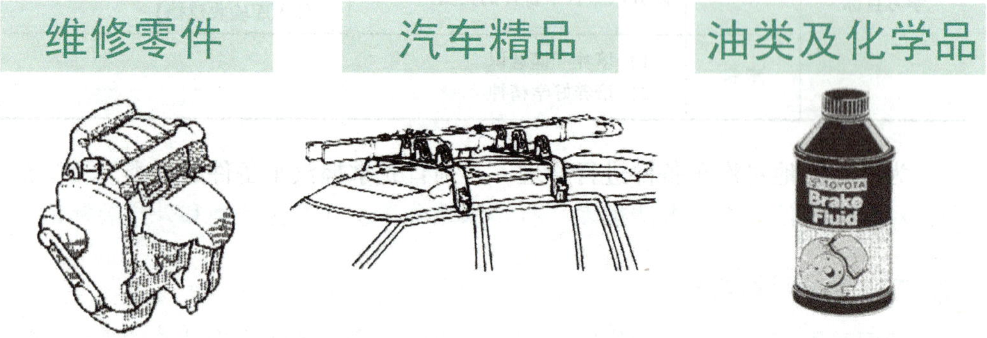

图4-1　汽车备件按照用途分类

（1）维修零件　它是指用在汽车各个部位的零件，也是经常遇见的零件。根据汽车四大系统划分，维修零件可分为发动机燃油系统零件、底盘传动系统零件、车身内饰件和电气系统零件。

（2）汽车精品　它是指增加客户驾驶愉快和舒适性的某些设备，包括音响、座椅罩、雪橇架等。

（3）油类及化学品　它包括机油、自动变速器油、长寿命冷却液（LLC）和制动液（制动油）等。

认知2　备件订购管理

学时	5学时		
学习目标	知识	1）了解汽车备件订货的基础知识 2）了解备件订货的渠道与方式	
	技能	技能点	能力描述
		能够制订合理的备件订购计划	1+X汽车营销评估与金融保险服务技术初级技能【工作三：汽车配件进销存作业流程—任务十一：配件货源鉴别采购】
	素养	1）培养成本意识 2）培养严谨细心的工作习惯	

汽车维修企业的备件订货管理即备件采购管理，零配件的采购主要有合同采购和市场紧急采购两种。汽车维修企业备件的进货渠道以与主机厂备件销售部门签订的备件采购合同为主，也可以与信誉好、产品质量高的知名公司签订供销合同，还可与同类4S店零备件相互拆借。对市场临时紧急采购，汽车维修企业要严防假冒、伪劣产品，要货比三家，与信誉好的店家签订质量保证协议并以法律公证，使采购备件质量得到有效的法律保障。汽车维修企业在备件采购管理中应建立备件采购的跟踪、质量保证体系。

对于汽车维修企业，汽车备件订货非常重要，这是因为：

1）采购备件成本占生产总成本的比例很大。若汽车备件无法以合理的价格获得，则直接影响到企业的经营。若订货价格过高，则维修成本也高，会影响到企业的利润。若订货价格过低，则很可能订货的备件品质很差，会影响到维修质量，从而使汽车维修企业失去市场竞争力。

2）订货周转率高，可提高资金的使用效率。合理的订货数量与适当的采购时机，既能避免停工待料，又能降低备件库存、减少资金占用。

3）备件采购快慢、准确与否，以及品质优劣直接关系到车辆维修工期和客户满意度。

4）采购部门可在搜集市场情报时，提供新的汽车备件代替旧备件，以达到提高品质、降低成本的目的。

5）采购部门经常与市场打交道，可以了解市场变化趋势，及时将市场信息反馈给汽车维修企业决策层，促进汽车维修企业经营业绩的增长。

一、备件订货计划的制订

1. 备件订货指导思想

“良性库存 = 备件盈利 = 对客户的服务质量”，这是应牢固树立的指导思想，必须把向客户提供100%的服务率作为首要的工作目标，在这个前提下争取良好的备件盈利。良好的备件盈利一定要建立在良性库存的基础上。所谓良性库存即用最合理的费用保证对客户的最佳服务率。

备件订购

备件库存管理不是仓库管理人员的职责而是订货人员的职责，订货过程实质上是在满足一定时间内客户需求的同时，对库存备件进行不断调整以取得经济合理的库存状态的过程。备件市场是一个长期稳定的市场，任何不良的经营思想作风只能导致短期行为，只有通过向客户提供满意的服务、满意的价格、满意的产品才能赢得客户的信赖，才能获得持久的发展。

2. 备件订货基础工作

1）充分了解每一种备件的销售特性。根据其特性，可将备件分为以下6类：快速更换类零件、维修服务类零件、车身机械类零件、大总成、附件和其他类零件。每一类零件具有不同的销售特性。在备件销售额构成中，快速更换类零件约占17%，维修服务类零件约占32%，车身机械类零件约占37%。具体到每一种零件的分析表明：有60% ~80%的备件品种年销量为0 ~12%，40%的备件品种占库存总额的6%，有8%的库存品种占库存总额的25%。

一个重要的数据显示：5%编号的备件占销售额的85%，占库存总额的46%；9%编号的备件占销售额的11%，占库存总额的19%，即14%编号的备件占销售额的96%，占库存总额的65%。汽车维修企业应对这一部分零件予以高度重视，重点开展工作。

2）建立完整的订货卡片。汽车维修企业应建立完整的订货卡片，并随时记录一切必备的数据（销售统计、日期、备件编号等）。具体应做好以下几方面的工作：建立每日入、出、存报表制度，反映当日入库、出库、结存状况，作为订货依据；建立定期盘存制度，以便于了解库存的实际状况；掌握辖区内汽车保有量及车辆的使用情况；计算备件供货周期，以确定订货频次；充分估计交货时间、交货品种、交货数量上可能产生的误差。

3. 订货时应考虑的因素

1）备件的生命周期及其在不同阶段的特点。每一个备件都有其特定的生命周期，如图4-2所示，该周期主要包括4个主要阶段：技术部门设立备件编号、新件订货、正常期限订货和停产期订货。对备件订货而言，初期投放市场车型的备件和停产期车型的备件必须予以特别的重视。对刚投放的车型应从技术上确定适当的库存，数量适中，尽量避免新“死库存”。如果在投放期的备件订货出现问题，将直接导致市场上维修备件供货不足。

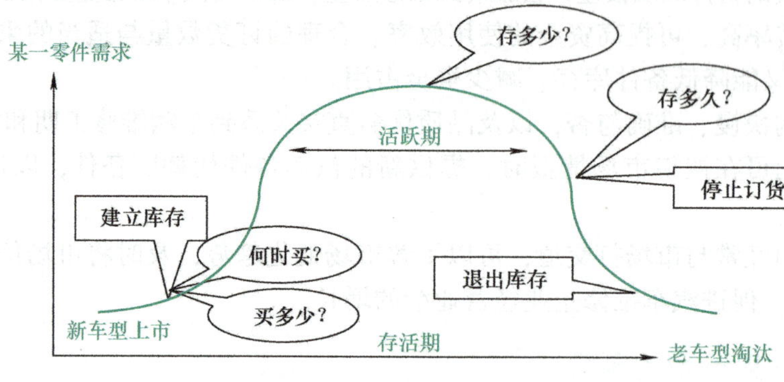

图 4-2　备件的生命周期

2）备件销售历史、需求预测和趋向系数。备件的销售历史和根据销售历史绘制的销售趋势图对备件订货工作有着极为重要的参考价值。汽车维修企业应十分注意保存备件的需求历史数据，根据需求历史数据可以画出需求趋势图，并能预测将来的系数——趋向系数 Q。

最简单的趋向系数公式如下：

$$Q=(\text{前6个月的销量}\times 2)/(\text{前12个月的销量})$$

$Q<1$，说明该零件销售呈下降趋势；$Q=1$，说明该零件销售呈平稳趋势；$Q>1$，说明该零件销售呈上升趋势。

从需求曲线图上可以看出：

① 备件的需求趋势及需求量的大小。

② 备件的需求与季节的关系。

③ 促销阶段可反映出促销方法与促销手段所产生的效果。

④ 车辆保有量与备件销量之间的关系。

3）合理地掌握备件订货周期及订货方式。由于对交货周期的要求不同，备件中心库对常规订货、紧急订货订单备货方式和发运方式不一样，因此对这两种订单将采取不同的价格结算。为了既充分满足需求又使订货成本最低，订货人员必须掌握备件的订货周期。一般来讲，销路好、销量大的备件（常用件）通过定期方式订货。紧急订货主要针对不常用的品种，有行数和数量的限制，金额为常规订货的10%～20%。常规订货应在固定的日期发出，在行数和数量上尽可能做到均衡，其目的是便于备件仓库组织备货，使订货者本人得到中心库良好的服务。同时，不应忘记服务站和备件中心库是一个整体，任何一方的不良运作都会对这个整体产生不良的影响。

4）对销售段和单价段的分析及对订货的影响。销售段：每次盘存应建立销售段，它用于显示每个零件年度销售的频率。从中可看出不同销售段的品种数，平均有60%～80%的备件品种每年的销量为0～12%。这个很重要的百分比往往被忽略，此时做出主观判断很容易出现错误。库存积压往往出现在这个销售段。

5）注意季节性零件及促销件的订货。有一部分零件具有很强的季节性，如夏季空调系统的备件销量大，冬季暖风系统、制动系统的备件销量大。在促销的某些备件的一段时间，其销量也会有明显的回升。因此对这些零件在订货卡片上都应做出标记，提前做好订货准备，在旺销季节开始之前备件入库，所以这类备件的订货时间表为：旺销月份—入库准备—到货周期。

6）盘存清单的利用。备件订购工作的另一个方面是提出积压件、滞销件或销路下滑件的处理意见，从事这项工作的理想文件是年底的盘存清单。事实上，盘存清单不能仅当作一张金额的统计表，还应该通过认真的分析提高经营质量和用户服务质量，压缩库存。表4-1是库存储备情况说明。

表4-1　库存储备情况说明

库存储备情况	说　明
库存<12个月销量的1/2	正常状态
库存>12个月销量的1/2	不正常状态
2年没有销售历史	沉睡库存
3年没有销售历史	死库存

应该强调的是，当一个货位的零件销不出去，如果是因为技术方面的原因，或者因为技术禁止方面的原因，或者与销量相比积压量很大，如几年以来年销售量为1~2个，而库存达到300个，则可以建议提前报废。在上述情况下，可保留10个做库存，其余290个建议报废。

7）使库存结构合理。汽车备件根据其月均需求量可分为快流件（A类）、一般件（B类）、慢流件（C类）和超慢流件（D类）4类，见表4-2。

表4-2　汽车备件根据月均需求量的分类

类　型	A类	B类	C类	D类
月均需求量/个	≥8	≥4，<8	≥0.2，<4	<0.2

A类备件是常用、易损、易耗备件，维修用量大、换件频率高、库存周期快、用户广泛、购买力稳定，是经营的重点品种。这一类备件订货批量较大、库存比例较高，在任何情况下都必须保证供应。在仓库管理上，汽车维修企业对A类备件应采取重点措施，进行重点管理，选择最优进货批量，尽量缩短进货间隔，做到快进快出，加快备件的周转。

B类备件只进行一般管理，管理措施应进行进销平衡，避免积压。

C类备件是按客户需要予以订购，客户应在备件订购单上签字，并交付订货款。

一般4S店的指导库存量的比例应为：A类备件占库存量的70%，B类备件占库存量的25%，C类备件占库存量的5%。

4. 备件订货价格的确定

不论是对零件供应中心、经销商，还是对最终用户来说，价格都是一个他们非常关心的话题。合理、稳定的价格体系无论对利润还是对客户满意度（CS）都有重要的影响。因此汽车生产企业都对备件价格做出了专门规定。

DNP：Dealer Net Price，经销商净价。DNP是指零件供应中心销售给经销商的包含运保费的价格。

SRP：Suggested Retail Price，建议零售价。SRP 是指汽车生产企业建议经销商卖给最终用户的价格。

$$DNP\text{ 计算方法：}DNP = SRP \times (1 - \text{折扣率})$$

新开业经销商的前两个季度的折扣率为 15%。

为了规范化管理，汽车生产企业的零件部门往往会制订对经销商的考评制度，经销店上个季度的得分将决定其在本季度的折扣率。

对安装了经销商管理系统的经销商来说，可通过网络直接从服务器上下载或读取 *DNP*、*SRP* 价格。当价格有变动时，汽车生产企业会及时更新系统上的价格。

5. 备件订货数量的确定

（1）标准库存量的计算　标准库存量的计算公式如下：

$$SSQ = MAD \times (O/C + L/T + S/S)$$

式中　*SSQ*——标准库存量（Standard Stock Quantity）；

MAD——月均需求数量（Month Average Demand），单位为个/月；

O/C——订货周期（Order Circle），单位为月；

L/T——到货周期（Lead Time），单位为月；

S/S——安全库存周期（Safety Stock），单位为月。

MAD 通常采用前 6 个月的每月需求量来计算。

例：某家经销店的机油滤芯有如图 4-3 所示的需求。

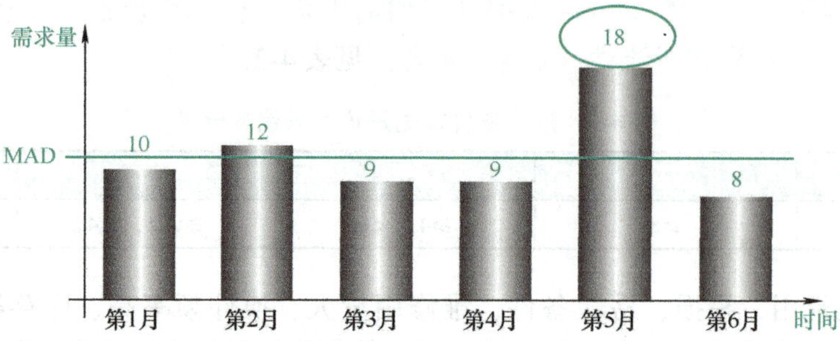

图 4-3　某家经销店机油滤芯需求

则　$$MAD = (10 + 12 + 9 + 9 + 18 + 8)/6 = 11(\text{个/月})$$

B/O（Back Order，追加订货）如图 4-4 所示，它是指当没有库存或库存不足的时候所发生的替客户做的追加订货。B/O 单的需求也应计算进 MAD 当中。

图 4-4　追加订货

L/S（Lost Sales，流失的业务）如图 4-5 所示，对于非库存零件或库存不足零件，有时客户会取消订货。这时要把它记录下来，考虑取消的项目是否需要增加库存量。如果是非库存项目，就要考虑是否需要纳入库存项目。客观分析的 L/S 记录，应合理地加入到 MAD 的计算中去。

图 4-5 流失的业务

无论是 B/O 需求，还是 L/S 需求，在统计 MAD 时都需要视具体情况而定，非常规的 B/O 和 L/S 需求要谨慎统计。

O/C 指相邻的两次订货所间隔的时间。

例：某家经销店的机油滤芯订货情况如图 4-6 所示。

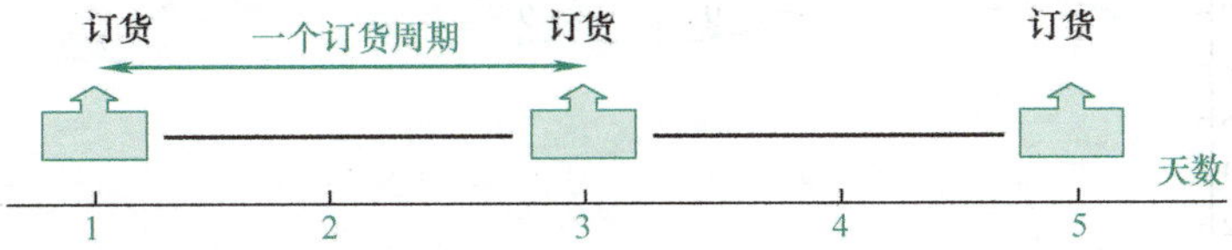

图 4-6 订货周期

图 4-6 所示的订货周期为两天，此时的 $O/C = 2/30 = 1/15$（月）

L/T 又称为在途时间。

例：某家经销店的机油滤芯到货情况如图 4-7 所示。

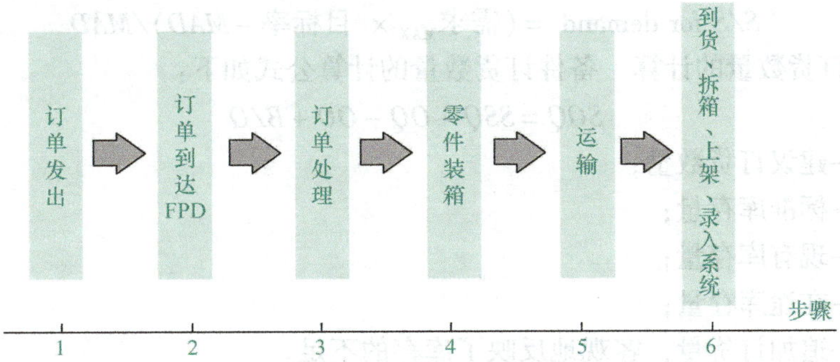

图 4-7 到货周期

图 4-7 所示的到货周期为 6 天，此时的 $L/T = 6/30 = 1/5$（月）

S/S 受到货期延迟和特殊需求两个因素的影响。

到货期延迟因素影响如图 4-8 所示。

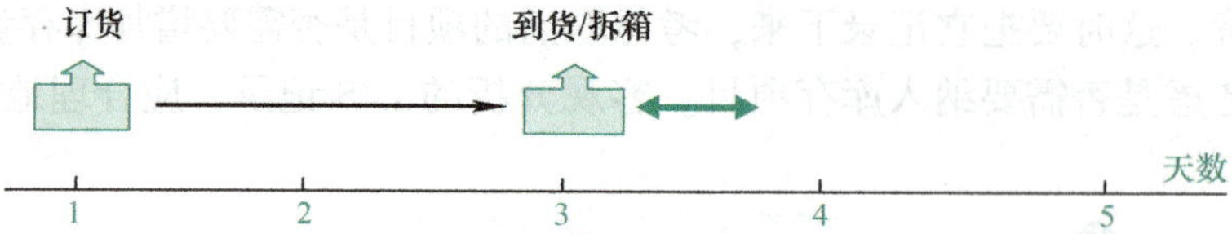

图 4-8　到货期延迟因素影响

有时由于一些突发的特殊原因（如运输车辆途中出现了故障）导致推迟到货期。如图 4-8 所示，应在第 3 天到货，但却推迟到了第 4 天。根据到货期延迟计算的安全库存周期可按下式计算：

$$S/S \text{ for } L/T = (L/T_{MAX} \times 目标率 - L/T 平均)/30$$

特殊需求因素影响如图 4-9 所示。

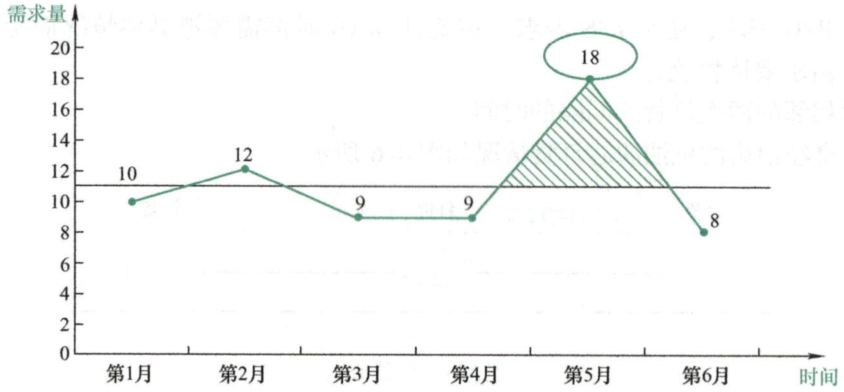

图 4-9　特殊需求因素影响

市场的需求经常是起伏不定的，如图 4-9 所示，第 5 个月的需求是 18 个，超出月均需求 7 个。根据到货期延迟计算的安全库存周期可按下式计算：

$$S/S \text{ for demand } = (需求_{MAX} \times 目标率 - MAD)/MAD$$

（2）备件订货数量的计算　备件订货数量的计算公式如下：

$$SOQ = SSQ - OQ - OO + B/O$$

式中　SOQ——建议订货数量；

SSQ——标准库存量；

OQ——现有库存量；

OO——在途库存量；

B/O——追加订货量，客观地反映了库存的不足。

例：经销店 A 对于某零件前 6 个月的销量记录见表 4-3。

表 4-3　经销店 A 对于某零件前 6 个月的销售记录

时间	第 N-5 月	第 N-4 月	第 N-3 月	第 N-2 月	第 N-1 月	第 N 月
需求数量	28	32	30	28	36	26

该店订货周期是1天，到货周期通常是1天，S/S for L/T是0.5个月，该零件的目标供应率是100%，在途数量是1个，现有库存是1个，B/O是1个。求：建议订货数量是多少？

例题答案：

$$MAD=\text{前6个月需求总和}/6=(28+32+30+28+36+26)/6=30(\text{个})$$

$$S/S\ \text{for demand}=(36\times100\%-30)/30=0.20$$

$$SSQ=MAD\times(O/C+L/T+S/S)=30\times(1/30+1/30+0.20+0.5)=23(\text{个})$$

$$SOQ=SSQ-O/H-O/O+B/O=23-1-1+1=22(\text{个})$$

二、备件订货渠道与方式

1. 备件供应商

特约经销商必须从汽车生产企业备件部门或者汽车生产企业的地区备件中心订货，以保证备件质量。

2. 选择供货方式

要选择正确的供货方式，汽车维修企业应该注意以下事项：

1）对于需求量大的备件，应尽量选择定点供应直达供货的方式。

2）尽量采用签订合同直达供货方式，减少中间环节，加速备件周转。

3）对需求量少的备件，宜采取临时采购方式，减少库存积压。

4）采购形式采取现货与期货相结合的方式。现货购买灵活性大，能适应需要的变化情况，有利于加速资金周转。对需求量较大、消耗规律明显的备件，采取期货形式，签订期货合同，有利于供应单位及时组织供货。

3. 订货类型

（1）常规订货　特约4S服务中心每周订购的用于补充其正常库存的定时订单，用常规订单形式向汽车生产企业备件部门以电子邮件形式发送。

（2）紧急订货　特约4S服务中心在紧急的情况下，为了满足维修工作的需要进行紧急订货。汽车生产企业备件部门根据特约4S服务中心的要求负责备件的发送。每月订购次数不限，但每次订购的品种不得超过20种。用紧急订单的形式订购备件，汽车生产企业备件部门往往需向特约4S服务中心加收一定的手续费用和急运费。

（3）定时订货　定时订单包括所有的液体、轮胎、蓄电池、冷媒和保险杠的备件订单，汽车生产企业备件部门会定时地向特约4S服务中心发送。

（4）特殊订货　特殊订单包括各款发动机总成、车身、散热器框架等，用特殊订单的形式向汽车生产企业备件部门订货，费用由特约4S服务中心先行支付，运输的快慢按常规程序办理。

特殊订货往往采取看板管理，如图4-10所示。

特约经销商在定制车身和前围时，需在订单上注明相应的车身编码并提供原车上17位编码的钢印铁片，主机厂售后服务部在收到铁片后开始定制。如果预订车身，还需在订单上注明原车身的车型、配置（有否带CD架、有否带天窗、车门外是否带饰板等）、出厂年份和颜色。

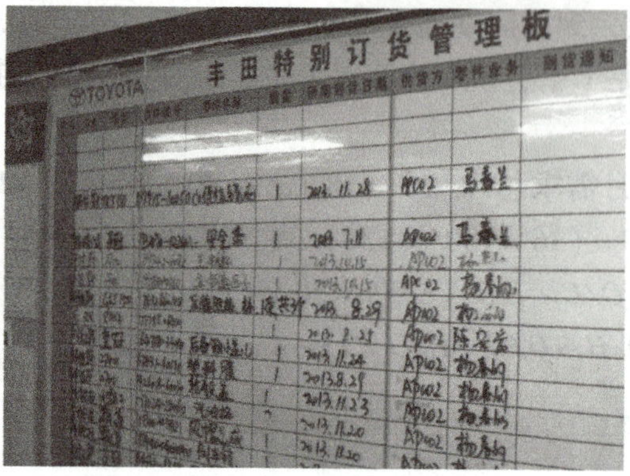

图 4-10　特殊订货的看板管理

课堂拓展

讨论：你认为汽车备件订购工作在哪些方面影响汽车维修企业的经营成本？

参考建议：采购备件成本占生产总成本的比例很大；订货周转率高，可提高资金的使用效率；合理的订货数量既能避免停工待料，又能降低备件库存、减少资金积压；采购部门经常与市场打交道，可以了解市场变化趋势……

认知 3　备件库房管理

<table>
<tr><td>学时</td><td colspan="3">2 学时</td></tr>
<tr><td rowspan="6">学习目标</td><td>知识</td><td colspan="2">1）掌握汽车备件入库验收程序
2）了解备件库存管理安全环保知识
3）掌握汽车备件发货管理基础知识</td></tr>
<tr><td rowspan="4">技能</td><td>技能点</td><td>能力描述</td></tr>
<tr><td>1）能够规范进行备件入库验收作业</td><td>1＋X 汽车营销评估与金融保险服务技术初级技能
【工作三：汽车配件进销存作业流程—任务十二：配件入库验收建档】</td></tr>
<tr><td>2）能够对库存备件进行规范管理，并满足安全、环保要求</td><td>1＋X 汽车营销评估与金融保险服务技术初级技能
【工作三：汽车配件进销存作业流程—任务十三：配件盘点费用核算】
【工作三：汽车配件进销存作业流程—任务十五：配件编号存放处理】</td></tr>
<tr><td>3）能够规范进行备件出库作业</td><td>1＋X 汽车营销评估与金融保险服务技术初级技能
【工作三：汽车配件进销存作业流程—任务十四：配件查询出库管理】</td></tr>
<tr><td>素养</td><td colspan="2">1）培养严谨意识、责任意识
2）培养安全意识、环保意识</td></tr>
</table>

一、备件的入库管理

备件库房管理

汽车备件入库是物资存储活动的开始，也是仓库业务管理的重要阶段，这一阶段主要包括到货接运、备件验收和办理入库。

（一）到货接运

到货接运时，接货人要对照货物运单做到交接手续清楚、证件资料齐全，为验收工作创造条件。材料进库时，先放置在进货待查区准备验收，避免将已发生损失或差错的备件带入仓库。

（二）备件验收

备件验收是按照一定的程序和手续对备件的数量和质量进行检查，以验证它是否符合订货合同的一项工作。备件到库后，首先要在待检区进行开箱验收工作，并检查备件清单是否与货物的品名、型号、数量相符。随时填写验收记录，不合格品由备件主管进行处理，及时填写来货记录。备件验收程序如下：

1. 验收准备

验收人员准备验收凭证及有关订货资料，确定存货地点，准备装卸设备、工具及人力。

2. 核对资料

入库的汽车备件应有的资料包括：入库通知单，供货单位提供的质量证明书、发货明细表、装箱单，承运单位提供的运单及必要的证件。

3. 实物检验

验收人员填制开箱验收单，检验备件质量和数目。汽车备件进仓实行质检员、仓管员、采购员联合作业，对备件质量、数量进行严格检查，把好汽车备件进仓质量关。汽车备件验收依据主要是进货发票，进货合同、运货单、装箱单等都可以作为车辆备件验收的参考依据。汽车备件验收内容主要是备件的品种、数量和质量。

（1）品种验收　根据进货发票，质检员逐项验收汽车备件品种、规格、型号等，检查是否有货单和货物不相符情况。对于易碎件、液体类物品，应检查有无破碎渗漏情况。

（2）点验数量　对照发票，先点收大件，再检查备件包装及其标识是否与发票相符。一般对整箱整件，先点件数后抽查细数。零星散装备件点细数。贵重备件逐一点数。原包装备件有异议的，应开箱开包点验。

（3）质量验收　质量验收方法：一是仪器验收；二是感观验收。主要检验汽车备件证件是否齐全，如有无合格证、保修证、标签或使用说明等。汽车备件是否符合质量要求，如有无变质、水湿、污染、机械损伤等。

（4）进口备件的辨认　特约经销商经常要订购一些进口备件，备件管理人员必须了解并熟悉国外汽配市场中的配套件（OEM Pats）、纯正件（Genuine Parts）、专厂件（Replacement Parts）的商标、包装、标记及相应的检测方法和数据。

1）外部包装。一般原装进口备件的外部包装多为7层胶合板，或选材较好、做工精细、封装牢固的木板箱，若用纸箱则需质地细密、不易弯曲变形、封签完好。外表印有用英文注明的产品名称、零件编号、数量、产品商标、生产国别、公司名称，有的则在外包装箱上贴有反映上述数据的产品标签。

2）内部包装。国外产品的内部包装一般都用印有该公司商标图案的专用包装盒。

3）产品标签。国外汽车厂商如日本的日产、日野、三菱等汽车公司的正品件都有“纯正部品”的标签，一般印有本公司商标、中英文的纯正部品，以及中英文的公司名称、英文或日文备件名称编号及长方形或正方形标签。配套件、专厂件的备件的标签无纯正部品字样，但一般有用英文标明适用的发动机型或车型、备件名称、数量及规格、公司名称、生产国别，同时标签形状不限于长方形或正方形。

4）包装封签。进口备件目前大多用印有本公司商标或检验合格字样的专用封签封口。例如，德国ZP公司的齿轮、同步器等备件的小包装盒的封签，日本大同金属公司的曲轴轴承的小包装盒的封签等。也有一些公司的备件小包装盒直接用标签作为小包装盒的封签，一举两得。

5）内包装纸。德国奔驰汽车公司生产的金属备件一般用带防锈油的网状包装布进行包裹。日本的日产、三菱、日野、五十铃等汽车公司的纯正件的内包装纸均印有本公司标志，并用一面带有防潮塑料薄膜的专用包装纸包裹备件。

6）外观质量。从日本、德国等地进口的纯正件、配套件及专厂件，做工精细，铸铁或铸铝零件表面光滑、精密无毛刺、油漆均匀光亮。而假冒产品则铸造件粗糙，喷漆不均匀、无光泽，真假两个备件放在一起对比时有明显差别。

7）产品标记。原装进口汽车备件一般都在备件上铸有或刻有本公司的商标和名称标记。例如，日本自动车工业株式会社生产的活塞，在活塞内表面铸有凸出的“IZUMI”字样。

8）备件编号。备件编号也是签订合同和备件验收的重要内容。各大专业生产厂都有本厂生产的备件与汽车厂备件编号的对应关系资料，备件编号一般都刻印在备件上或标明在产品的标牌上，而假冒备件一般无刻印或铸造的备件编号。在备件验收时，应根据合同要求的备件编号或对应资料进行认真核对。

（三）办理入库

经过验收，对于质量完好、数量准确的汽车备件，仓管员要及时填制和传递“汽车备件验收入库单”，同时办理备件入库。对于在验收中发现问题的，如数量、品种、规格错误，包装标签与实物不符，备件受污受损，质量不符合要求等，均应做好记录，判明责任，联系供应商解决。对于外包装破损的邮件，应在运输及押运人员在场的情况下打开包装，检查货物数量及损坏情况。如果开箱后发现装箱单与实物不符或货物损坏，应当场写明情况，请运输人员或押运人员签字后向领导汇报，由有关部门处理。

二、备件库存管理

备件库存管理是备件管理十分重要的一个环节，对备件的及时供应、成本控制有着重要影响，直接关系到维修作业的及时性。

1. 仓库设置与要求

（1）对仓库的基本设施要求

1）备件仓库应有足够的面积和高度，保证多层货架的安装，保证进货及发货通道的畅通。仓库面积应该根据备件周转量的大小和企业业务量的多少确定，库房面积一般应为$200\sim500m^2$。

2）备件仓库地面应能承受$0.5t/m^2$重压，表面涂以树脂漆，以防清扫时起灰尘。

3）配备专用的备件搬运工具，配备一定数量的货架、货筐等，配备必要的通风、照明及防火设备器材。

4）宜采用可调式货架，便于调整和节约空间。货架颜色宜统一，一般中货架和专用货架必须采用钢质材料，小货架不限，但必须保证安全耐用。

5）配件仓库应有足够的通风、防盗设施，保证光线明亮、充足、分布均匀，避免潮湿、高温或阳光直射。

（2）仓库布置的原则

1）仓库各工作区域应有明显的标牌，如收发货区、索赔区、车间领料出货口、备货区、危险品库房等，如图 4-11 所示。

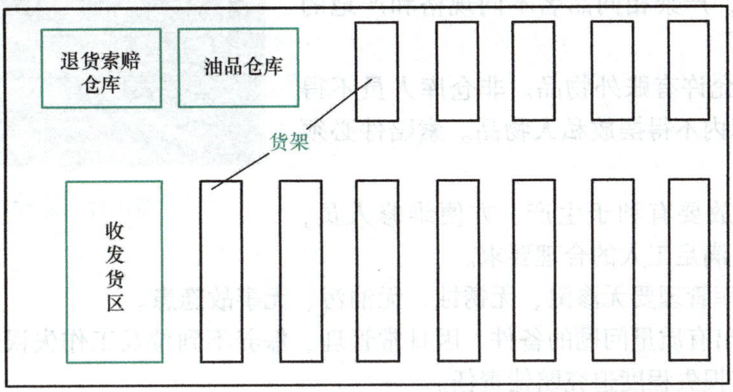

图 4-11 仓库各工作区域

2）有效利用有限的空间，根据库房大小及库存量，按大、中、小型及长型进行分类放置，以便于节省空间。用纸盒保存中、小型备件，用适当尺寸的货架及纸盒，将不常用的备件放在一起保管。留出用于新车型备件的空间，无用备件要及时报废。

3）货架的摆放要整齐划一，仓库的每一过道要有明显的标志，货架应标有位置码，货位要有备件号和备件名称。

4）防止出库时发生错误，将备件号完全相同的备件放在同一纸盒内，不要将备件放在过道上或货架的顶上。备件号接近、备件外观接近的备件不宜紧挨存放。

5）为避免备件锈蚀及磕碰，必须保持完好的原包装。易燃、易爆物品应与其他备件严格分开管理，对于易燃、易爆物品要重点保管，如空调制冷液、安全气囊本体、清洗剂、润滑液等，存放时要考虑防火、通风等问题，库房内应有明显的防火标志。

6）必须设置索赔仓库，存放索赔零件。索赔件的保管和运输由备件部负责，索赔员参与管理。

（3）仓库管理规定

1）仓库管理人员要努力学习业务技能，提高管理水平，必须熟悉备件仓库的汽车备件品种信息，掌握库存物资质量和存放位置，能够快速准确地进行发货及各种出库操作。

2）库存汽车备件和材料应根据其性质和类别分别存放，汽车备件根据其维修用量、换件频率摆放。例如，维修用量小、换件频率低的备件放置在离收发区较远的区域，放置在货架的最高层。备件摆放做到库容整齐、堆放整齐、货架整齐、标签整齐，如图 4-12 所示。

3）仓库管理要达到库容清洁、物资清洁、货架清洁、料区清洁。仓库内禁止吸烟，须放置灭火器，并定期检查和更换。

4）对库存汽车材料和备件要根据季节气候勤检查、勤盘点、定期保养，及时掌握库存量变动情况，避免积压、浪费和丢失，保持账、卡、物相符。对塑料、橡胶制品的备件要做到定期核查和调位。

5）库存汽车材料和备件要做到账机（指计算机）、账物相符，严禁相同品名不同规格和产地的备件混在一起。

6）库内不允许有账外物品。非仓库人员不得随便入内，仓库内不得摆放私人物品。索赔件必须单独存放。

图 4-12　库存备件摆放

7）备件发放要有利于生产、方便维修人员，做到深入现场，满足工人的合理要求。

8）危险品库管理要无渗漏、无锈蚀、无油污、无事故隐患。

9）严禁发出有质量问题的备件。因日常管理、保养不到位及工作失误造成物资报废或亏损的，应视其损失程度追究赔偿责任。

10）索赔备件应该整齐地摆放在货架上，必须挂有标签，标签上注明零件名称、索赔车辆牌照号码、零件更换下来的日期。索赔零件要定期检查，按汽车生产企业备件部门的相关规定及时运回。

2. 库内备件管理

对库内汽车备件管理，主要包括汽车备件的卡、账管理和库存盘点管理。现代汽车备件管理主要靠计算机管理，各大汽车厂都有自己的零备件管理软件供给4S汽车专卖店。

（1）卡、账管理　卡、账管理就是根据各仓库的业务需要制订汽车备件卡、汽车备件保管账，利用备件卡和保管账对库内备件加以管理。汽车备件卡常见的有以下两种形式：

1）保管卡片。多栏式保管卡适用于同一种汽车备件分别存放在多个地方时使用。

2）货垛卡片。汽车备件储存必须根据其性能、数量、包装质量、形状等要求，以及仓库条件、季节变化等因素，采用适当方式整齐稳固地堆存，称为货垛，根据货垛设计卡片。

（2）库存盘点管理　为了掌握库存汽车备件的变化情况，避免备件的短缺丢失或超储积压，必须对库存零备件进行盘点。盘点的内容是查明实际库存量与账卡上的数字是否相符，检查收发有无差错，查明有无超储积压、损坏、变质等。对于盘点出的问题，应组织复查、分析原因、及时处理。盘点方式有永续盘点、循环盘点、定期盘点和重点盘点等。

1）永续盘点。它是指保管员每天对有收发动态的汽车备件盘点一次，以便及时发现问题，防止收发差错。

2）循环盘点。它是指保管员对自己所管物资分轻重缓急做出月盘点计划，按计划逐日盘点。

3）定期盘点。它是指在月、季、年度组织清仓盘点小组，全面进行盘点清查，并造出库存清册。

4）重点盘点。它是指根据季节变化或工作需要，为某种特定目的对仓库物资进行的盘点和检查。

库内备件管理还应该注意以下问题：

1）合理损耗。对容易挥发、潮解、溶化、散发、风化的物资，允许有一定的储耗。凡在合理储耗标准以内的，由保管员填报“合理储耗单”，经批准后，即可转财务部门核销。

储耗的计算一般1个季度进行1次，计算公式如下：

$$合理储耗量=保管期平均库存量\times合理储耗率$$

$$实际储耗量=账存数量-实存数量$$

$$储耗率=(保管期内实际储耗量/保管期内平均库存量)\times100\%$$

实际储耗量超过合理储耗部分做盘亏处理。凡因人为的因素造成物资丢失或损坏的，不得计入储耗内。由于被盗、火灾、水灾、地震等原因及仓库有关人员失职，使备件数量和质量受到损失者，应作为事故向有关部门报告。

2）盈亏报告。在盘点中发生盘盈或盘亏时，应反复落实、查明原因、明确责任，由保管员填制“库存物资盘盈盘亏报告单”，经仓库负责人审签后，按规定处理。

在盘点过程中，还应清查有无本企业多余或暂时不用的汽车备件，以便及时把这些备件调剂给其他需用单位。

3）报废削价。在收发、保管过程中已损坏，并已失去部分或全部使用价值的备件和因技术淘汰需要报废的备件等，经有关方面鉴定，确认不能使用的，由保管员填制“物资报废单”报主管审批。

由于上述原因需要削价处理的，经技术鉴定，由保管员填制“汽车备件削价报告单”，按规定报主管审批。

案　例

王先生的某型号轿车，加速时车辆发抖。到维修站检查，确定是3缸点火线圈损坏，但维修站没有备件。经联系后，维修站的接待员告诉杨先生，备件大约3天才能到货。杨先生住的地方离维修站有200多千米，他很不情愿，但也很无奈。3天后，杨先生接到电话，说点火线圈到货。他告诉对方，明天去更换。次日，当杨先生开着他的故障车跑了200多千米到达维修站，业务接待员很抱歉地对他说：“我们真是万分抱歉，昨天一辆同型号轿车，也是点火线圈故障。由于备件人员不知道这是给您预备的，将备件发给了那位车主。”杨先生的愤怒是可想而知的。虽然业务接待员连连道歉，杨先生还是用高嗓门、拍桌子等方式发泄了他的不满。他开着他的故障车往回走的时候，发现车况越来越差，这更增加了他对这家维修站的不满，他决定再也不到这家维修站修车了。

3. 汽车备件发货管理

仓库发货必须有正式的单据为凭，所以第一步就是审核汽车备件出库单据。主要审核汽车备件调拨单或提货单，查对其名称有无错误，必要的印鉴是否齐全和相符，备件品名、规格、等级、牌号、数量等是否错填，填写字迹是否清楚，有无涂改痕迹，提货单据是否超过了规定的提货有效日期。如果发现问题，应立即退回，不许含糊不清地先行发货。

（1）凭单记账 出库凭单审核无误后，仓库记账员即可根据凭单所列各项对照登入账目，并将汽车备件存放的货区库房、货位，以及发货后应有的结存数量等批注在汽车备件出库凭证上，交保管员查对配货。

（2）据单配货 保管员根据出库凭证所列的项目进行核实并配货。属于自提出库的汽车备件，保管员都要将货配齐，经过复核后逐项点付给要货人，当面交接，以分清责任。属于送货的汽车备件，如整件出库的，应按分工规定，由保管员或包装员在包装上刷写或粘贴各项发运必要的标志，然后集中待运。必须拆装取零拼箱的，保管员从零货架提取或拆箱取零（箱内余数要点清），发交包装场所编配装箱。

汽车备件的管理越来越多地采用汽车零部件仓库条码管理系统。该系统运用条码自动识别技术，在仓库无线作业环境下，适时记录并跟踪产成品入库、出库以及销售整个过程的物流信息，为产成品销售管理及客户服务提供支持，进一步提高企业整个仓库管理及销售的质量和效率。

货物入库时，首先由条码采集终端记录外包箱上的条码信息，选择对应采购信息和仓库及货位信息。然后，批量地把数据传输到条码管理系统中，系统会自动增加相应库存信息，并记录相应的产品名称、描述、生产和采购日期。零部件入库上架作业过程中，系统均与采集终端进行自动校对和传入，实现自动化作业流程控制，如自动生成拣货单并下载到终端、自动比对拣货数量、自动传送拣货信息到后台系统。自动化的作业流程可以最大限度地提高入库工作效率。

作为仓库管理重要的一步工作环节，每到一定时间都要进行盘库作业，以确保库存准确无误，防止资产流失。借助于条码管理系统，盘库作业将变得非常轻松。条码数据采集终端一个主要功能就是进行盘点作业，所以又称“盘点机”。盘点管理时，系统会产生盘点单，可以根据仓库规模的大小选择是全仓位盘点还是分仓位盘点，不但可以准确地计算出理论库存和实际库存的差距，还可以精确定位到出现差错产品的条码，继而可以有效追踪到单品和相关责任单位。

项目实施

某品牌经销店备件订购

一、品牌主机厂销售服务系统

很多品牌的主机厂都开发了销售服务系统，提供给经销店车辆销售、服务、零件、财务等所有业务功能。一汽丰田的TACT系统（Total Arranging and Cultivating System of Toyota）除提供上述功能外，还作为丰田认定经销店的标准业务系统。

（一）TACT系统的特点

1）TACT系统保证了各家经销店的公平竞争环境，零件价格全国统一。

2）TACT系统为丰田客户提供了标准的服务环境，无论在哪家经销店，丰田客户均可享受一致的品质服务。

3）TACT系统是各家经销店在日后提高自己的营运水平、获得丰田TSM认定的必要条件。

（二）TACT 系统零件功能介绍

TACT 系统零件主界面如图 4-13 所示。

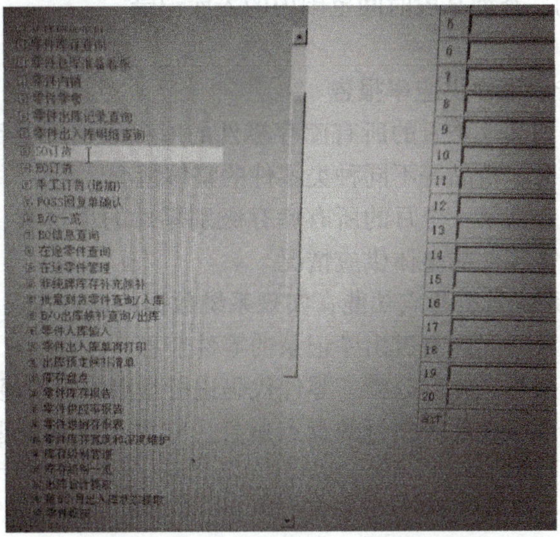

图 4-13　TACT 系统零件主界面

1. 销售功能

（1）零件销售　零件销售包括零件内销和零件零售功能。零件内销：用于入店维修的零件内销出库。零件外销：通过柜台销售的零件外销出库。

（2）出库履历查询　零件出、入库明细查询：查询一定时间范围内的所有零件内销、外销出库情况。

零件出库记录查询：查询某一个零件的出库历史记录。

2. 订货功能

（1）在线即时订货　DLR（经销店）通过 TACT 系统专线完成与 FPD（零件中心）间的订货，并根据需求情况选择不同的订单类型（S/O、E/O、F/O），相对应的订货功能 E/O 为紧急订货，S/O 为补充库存订货，F/O 为手工订货（追加）。

（2）订货的推荐制作　根据销售状况、订货周期、到货期、安全库存、在库情况以及在途情况等综合因素，系统自动推荐订货清单及其数量。

（3）在途零件的查询与管理　TACT 系统具有“在途零件查询”和“在途零件管理”的功能，根据此两项功能可以查询订货零件的在途情况，并对在途数据进行管理。

3. 入库功能

（1）批量入库　经销店下载来自 FPD 的到货信息，确定信息准确无误后，即可实现“一键入库”，通过“批量到货零件查询/入库”功能，将下载的到货数据自动导入到库存中。

（2）手工入库　对于无法下载 FPD 到货信息的特殊情况，系统保留了手工入库方式，入库时，需要将零件逐一录入系统（即“零件入库输入”）。

（3）到货信息管理、B/O 出库推荐　进行零件入库处理后，B/O 状态的零件会作为待出库项目被系统自动提示，此时会自动弹出“B/O 出库候补单”，在此界面进行 B/O 零件对应工单的出库选择，进行出库操作。

（4）与服务部门的配合　强化零件部门与服务部门的配合，将B/O项目与其施工单实现信息共通与链接。

（5）入库明细查询　查询某段时间范围内的入库记录。

4. 库存统计工具

（1）零件库存报告、零件供应率报告

零件库存报告：查询某一个月的所有库存零件的库存级别、项目数、库存金额、入/出库金额以及零件、化学品、精品等不同种类零件的整体情况。

零件供应率报告：查询某一个月的所有库存级别零件的项目数、需求量/次数、B/O状态以及不同维修种类所需零件的整体供应情况。

（2）盘点　TACT系统具有盘点功能，实现系统数据的盘点。

动态盘点：盘点一段时间内有过出库记录的零件信息。

执行盘点：按照货架号、库存分类、零件代码进行盘点，每次显示信息不超过1000条。

盘点报表：提供全部库存零件项目的盘点信息。它属于日次处理，即日输入检索条件，第二天才能下载检索到数据。

5. 库存管理工具

库存级别管理（ICC）是指将所有库存零件根据销售数量、频度按照一定的规律进行级别划分，并制订不同级别的管理参数。

TACT系统具有“库存级别管理”等功能，便于经销店对库存进行管理和维护。

二、电子零件目录

电子零件目录（EPC）用于丰田品牌车系的零件查询，主界面如图4-14所示。EPC（Electronic Parts Catalog）的优点是更新速度快、制作成本低、记载容量大、保管运输方便、查询效率高。

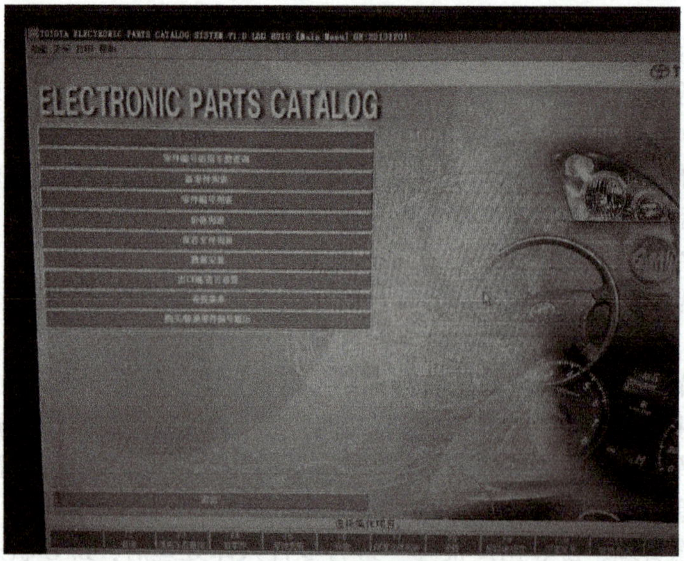

图4-14　EPC主界面

EPC 使客户可以通过个人电脑执行下列零件检索任务：

- 零件编号查询：按车辆信息查询零件编号。
- 零件编号适用车型查询：按零件编号检索适用的车型。
- 新零件列表：检索指定车型目录代码中新添加的零件编号。
- 零件编号列表：检索所有已记录的零件、指定零件名称和品名编码（PNG）。
- 价格清单：检索已查询的零件编号的定价。
- 保存文件列表：重新调用已保存的查询数据。
- 数据设置：设置数据。
- 出口地/语言设置：设置出口地、数据语言和界面语言。
- 设置菜单：用于进行使用 EPC 所需的设置。

下面以零件编号查询为例介绍电子零件目录（EPC）的使用：

1）输入完整 VIN（17 位）/VDS 后，单击“检索”按钮。

2）“车辆型号选择”界面出现后，选择一个符合条件的型号，单击“Exec”或按“F10”。当输入完整 VIN 时，此界面不会出现。

3）单击“Exec”按钮或按“F6”。

4）单击要检索的图例。（单击的图例将被选定，再次单击图例可取消选择）

5）选定图号后，单击“Exec”按钮或按“F10”。

6）在“插图索引”界面中选择图例。

7）从“图例”画面或“品名编码（PNC）列表”中选择品名编码后，单击“Exec”按钮。

按照上述步骤就可以完成车辆零件编码的查询，从而在 TACT 系统上对该零件进行报价、订货以及出/入库等操作。

三、零件供应与价格

1. 零件供应

目前一汽丰田所有的经销店都是一对一地从所对应的 FPD（地区零件供应中心）得到零件供应，此种零件供应特点是：

1）零件供应体制容易实行。

2）明确了地区供应中心的供货责任。

2. 零件价格

1）运保费包含在 DNP（经销商净价）中，避免因地区差异造成经销店成本价的不同。例如，同是从武汉购买同一种零件，如果运保费单独计费，则武汉市外和武汉市内的经销店因运费不同可能造成采购成本价有较大的差别。

2）零件价格跟运输方式没有关系。DNP 是已经包含了运输费的价格，因此无论空运、陆运还是海运，经销店的采购成本价都是一样的。

3）SRP 执行统一的利润率。如果经销店在成本价之上加上不同的利润率，那么不同的经销店卖给最终客户的价格就会不一样。这种情况下，丰田车主更换同样的零件，在不同地方会有不同的价格。这样不利于提高客户满意度，也不利于丰田的品牌形象。

4）DNP 相对稳定。

四、备件订购实操

零件订货是各个经销店零件部门进行的日常工作之一。库存零件销售出去后，经销店应该及时向地区零件供应中心进行订货，用以补充库存或满足客户急需的零件，只有这样才能确保零件的及时供应，提高客户满意度，同时能优化库存金额，获得更高的收益。

1. 生成订单编号

使用 TACT 系统订货时，系统会根据订单类型、日期和订货次数自动生成订单编号。订单编号由 8 位字符组成。

1）订单类型：第一位字符，见表 4-4。

表 4-4　订单类别

类型	E/O	S/O	F/O
代码	V	S	F

2）年份：第 2 位字符，使用数字 0—9。

3）月份：第 3、4 位字符，用数字 1—12 代表 1—12 月份。

4）日期：第 5、6 位字符。

5）顺序号：第 7、8 位字符，表示当天该类订单的顺序数，用 01—99 来表示。

【示例】

2014 年 3 月 7 日，某经销店发出一张紧急订单，并且此订单为该 DLR 当天的第一张 E/O订单，按照上述编号原则，这张订单的编号为：V4030701。

2. 订单类型

零件订单分为紧急订单、补充库存订单和专订订单 3 种类型，见表 4-5。

表 4-5　零件订单类型

代码	类型	含　义	备　注
V	E/O	【紧急订单】 对于已经入厂或正在接受维修的车辆，经销店没有所需零件或零件库存不足而产生 B/O 时，需要使用此类订单	紧急订单必须以 E/O 方式发出，否则 FPD 将按照 S/O 的要求进行发货、采购，会大大影响时效性
S	S/O	【补充库存订单】 进行日常补充库存的订货，即订货时使用此种方式 根据 MAD（月均需求数量）及库存参数计算出来的 SOQ（推荐订货数）进行订货	
F	F/O	【专订订单】 不从经销店库存提货的特别配给需求使用此类订单 1. 由经销店指定 ◇大客户的大量订单 ◇特别服务推广活动等提前备货 2. 丰田指定或推荐 ◇新车零件 = 配合新车销售准备的初期库存零件 ◇对策零件 = 为特别修理情况而提前库存的零件	

3. 订单的推荐制作，订货数量的自动计算

根据销售状况、订货周期、到货期、安全库存、在库情况以及在途情况等综合因素，系统自动推荐订货清单及其数量，如图 4-15 所示。

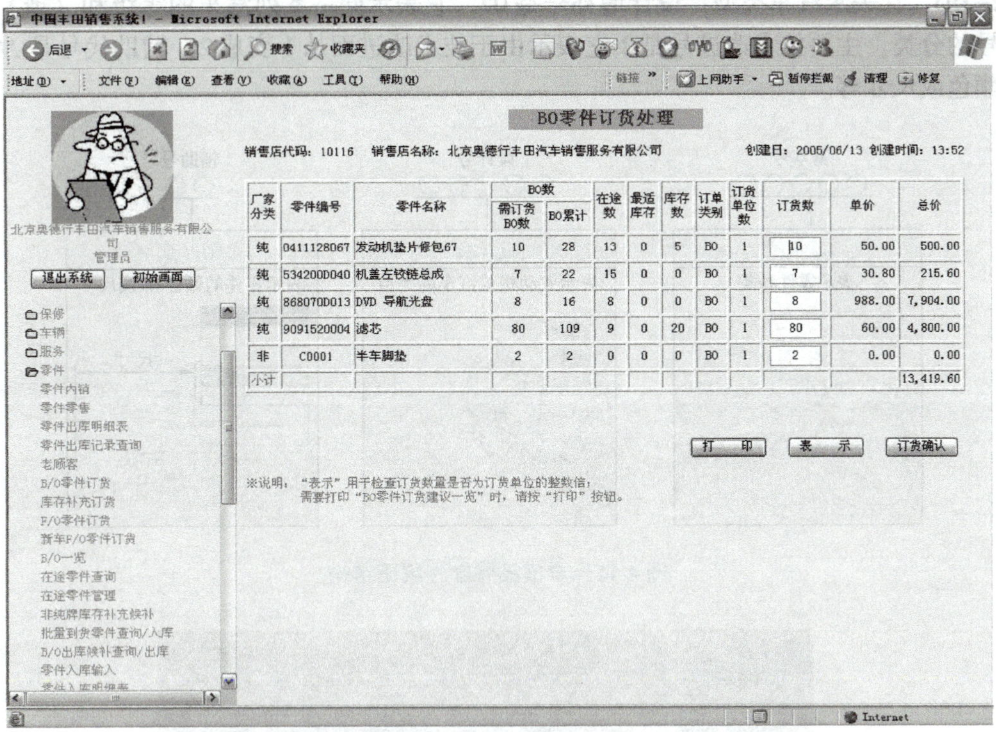

图 4-15　订单的推荐制作与订货数量的自动计算

4. FPD 处理订单流程

经销店 DLR 通过 TACT 系统向 FPD 发送订单，FPD 通过 EPC 下载 DLR 订单，导入 TOPSS。FPD 有库存的情况下，直接生成经销商订货发票。FPD 现场接到出库指令进行出库处理（出库、捆包），实物装车，物流发货。收到实物后，经销店需要核对实物与 TACT 系统发货信息，然后进行系统入库和实物入库。

知识拓展

一汽丰田品牌零件编号识别

丰田零件编号通常由 10 位或 12 位（含两位辅助号）组成。

1. 零件编号的结构

零件编号包括基本号（表示零件种类）、设计号（表示发动机或汽车的类型）和辅助号（表示零件的颜色和/或尺寸）3 部分，如图 4-16 和图 4-17 所示。

例如：73220-0D072-A0，其中 73220 是基本号，它表示安全带（左前座椅）。0D072 是设计号，它表示威驰车系；A0 是辅助号，它表示车内装饰件颜色是象牙色。

零件编号还可以进一步细分为组号、区分号、细节号、分类代号、设计增补号、主要技术改进号和辅助号。

例如：73220-0D072-A0，其中组号（主分类）是 73，它表示构成汽车的一个组；区分号（中分类）是22，它表示组中的区分；细节号（次分类）是0，它表示规定区分；分类代号是0D，它表示汽车类型；设计增补号是07，它表示同一系列汽车的等级和（或）新或老型号的分类，主要技术改进号是2它表示由于技术改进而从1变成2；辅助代号是A0，它表示颜色或尺寸等。

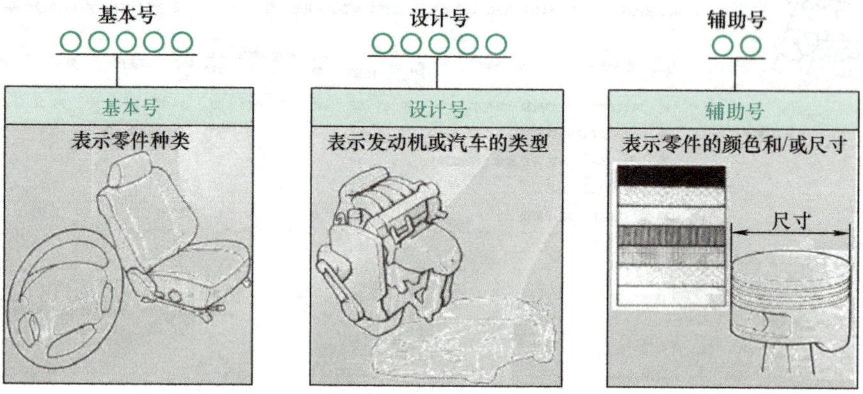

图4-16　丰田品牌零件编码结构

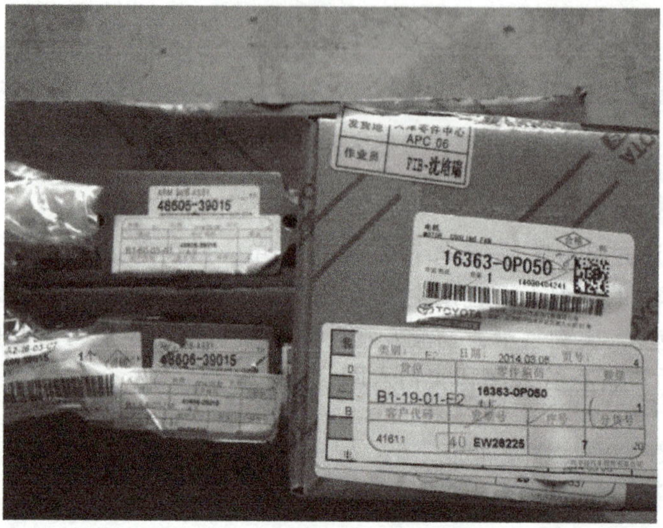

图4-17　丰田品牌零件编码实例

2. 零件编号的规律

（1）零件编号的一般规律　品名编码即零件种类代码。一个品名编码表示一个零件种类。

一般情况下，品名编码与零件号的前5位（也有时用6位数、10位数）一致。

例如：前制动片的品名编码是04465，即丰田车系所有品种前制动片的零件编号前5位均是04465。

发动机修理包的品名编码是04111，其零件号码的前5位也是04111。

品名编码有时可能和零件号前5位不同，这是因为品名编码代表一个零件品种，制订它的目的是区别零件品种，而零件号前5位是根据丰田零件号编制规则编写出的，目的是区别每个零件。由于制订的目的不同，虽然大部分是一致的，但是也有少部分是不同的。例如：燃油滤清器的品名编码是23300J，其零件编号的前5位是23300。

零件编号的第1位规律见表4-6。

表4-6　零件编号的第1位规律

数　字	内　容
1	发动机和燃油系统相关零件
2	
3	传动系统和底盘部分零件
4	
5	车身零件（车外板、车内饰件）
6	
7	
8	电气零件

（2）零件编号的其他规律　零件编号可以分为：①普通件；②组件；③套件（修理包）；④专用工具；⑤标准件和半标准件（规格件，是按照丰田的规格制造的零件）；⑥精品和矿物油。

以上6个类别的零件编号各有其规律，具体解释为：

1）普通件。普通件包括单一件和两个以上的零件所组成的零件。

① 单一件。单一件是以最小单位供应的单个零件。其零件编号的特点是零件基本号各位都没有零。例如，16271-50010表示水泵垫片；87139-0N010表示空调系统的空调滤清器；11213-22050表示发动机的气门室盖垫等。

② 半总成件。半总成件是通过焊接、铆接、热压配合等方法把两个以上的单个零件组合在一起的零件。其零件编号的特点是零件基本号中的第3位或第4位数为零，或者第3、第4位数都是零，但是，第5位不为零。例如：17801-0T020表示发动机空气滤芯；16604-31010表示发动机传动带惰轮。

③ 总成件。总成件是两个以上零件或分总成件装配而成的组合件。其零件编号特点是零件基本号的第5位为零，当组成件数越多，则第3、第4位数也是零。例如：16110-49146表示水泵总成（不带耦合器）；16100-49835表示水泵总成（带耦合器）；19000-46100表示发动机总成等。

2）组件。为了便于修理，由一个主要零件与几个小零件组成一个组件。其零件编号特点是第7位数是9，第10位数字用5～9的数字。

3）套件/修理包。套件是指在修理中应同时全部更换的一组零件。其零件编号的特点是零件基本号的前两位总是用04来表示。例如：04111-0P010表示发动机大修包；04351-30150表示变速器大修包；04427-60150表示半轴修理包等。

4）专用工具。工具的零件编号特点是零件基本号的前两位总是用09来表示。

5）标准和半标准件。标准件是材料质量、形状、尺寸等按照丰田汽车公司标准标准化后的零件，如六角头螺栓、螺母、垫圈、螺钉等。其零件编码的特点是零件基本号的第 1 位用 9 来表示，第 2 位用非 0 数字表示。

半标准件是类似于标准件的非标准件，它们也经常被采用，如特殊螺钉、轴承、油封等。其零件编号的特点是零件基本号的前两位总是用 90 来表示。例如：90311-47013 表示油封；90080-36156 表示轴承等。

6）精品和矿物油。精品和矿物油的零件编号特点是其零件基本号的前两位用 08 来表示。

分类代号一览表（第 3 位数）见表 4-7。

表 4-7　分类代号一览表（第 3 位数）

0	1	2	3	4	5	6	7	8	9
销售工具	自记式转速计/Mascot 钥匙/阻流板	底板踏脚/座椅罩/警告反光罩	链条	车外件（车架/消声器、隔断器）	电气零件（灯类）	电气零件（天线/外视镜）	汽车清洗器具/娱乐用品	汽车维护用品/矿物油/化学制剂	空调器

项目五　汽车维修企业索赔管理

项目导读

汽车索赔是汽车生产企业为用户提供的质量担保，也是提高客户满意度的一项措施。汽车索赔管理在现在的汽车售后服务管理中越来越受到重视。作为汽车维修企业的索赔员，必须熟悉汽车“三包”法，熟悉汽车索赔条例、汽车索赔原则、备件的索赔原则、零件的索赔流程等内容，才能为客户提供满意的服务，才能使客户对汽车维修企业的服务满意进而对产品满意。为了规范各个汽车维修企业的索赔管理，各大汽车生产企业都对索赔业务提出了相应的管理要求，各汽车维修企业必须按要求执行，才能做好索赔管理工作。

建议学时安排：

序　号	内　容	学　时
认知 1	汽车“三包”与汽车召回	2 学时
认知 2	汽车生产企业对索赔管理的要求	1 学时
认知 3	索赔条例及原则	1 学时
认知 4	索赔程序	1 学时
认知 5	索赔件的管理	1 学时
项目实施	某品牌汽车 4S 店的零件索赔	1 学时

项目引入

一辆出租车公司的捷达轿车（底盘号：20004781 发动机号：ATK206863），购车日期是 2012 年 1 月 18 日，按规定进行了首次维护。在 2012 年 7 月 24 日行驶了58900km时，因右后减振器漏油而提出索赔的要求。这辆车能正常索赔吗？如果能进行索赔，请完成相关索赔信息的填写工作。

项目内容

认知1　汽车“三包”与汽车召回

学时	2 学时	难度	初级
学习目标	知识	1）掌握汽车产品的“三包”期限 2）掌握汽车“三包”规定中的退换车规定 3）掌握汽车“三包”规定中的免责规定 4）理解召回的概念、程序	
	技能	技能点	能力描述
		1）能简单地从法规上判断产品是否符合“三包”的规定	1+X【汽车营销评估与金融保险服务技术】初级技能【工作一：汽车销售与三包作业流程—任务四：产品三包流程作业】
		2）能识别13种易耗件	
		3）能正确区分产品问题是属于“三包”还是召回范畴	
	素养	1）强化法治素养 2）养成按流程工作的行为习惯	

随着汽车保有量的逐年增加，汽车产品质量及售后服务投诉量也不断上升，关于汽车的话题成为当今社会的焦点，汽车行业以及相关产业在迅猛发展的同时，其外部环境逐渐成熟，消费者要求政府出台有关汽车产品质量担保的政策成为一种必然。

一、家用汽车产品的“三包”规定

“三包”规定

商品都有质保期，也称为商品的质量担保期。汽车也一样，所有的汽车生产企业一般都会给出行驶时间和行驶里程两个质量担保期的限定条件，而且以先达到者为准。为了保护家用汽车产品消费者的合法权益，明确家用汽车产品修理、更换、退货（以下简称“三包”）责任，根据有关法律法规，国家质检总局网站于2013年1月15日发布了《家用汽车产品修理、更换、退货责任规定》（以下简称《规定》），明确了家用汽车产品修理、更换、退货责任由销售者依法承担。同时明确了生产者、销售者和修理者的义务。该《规定》自2013年10月1日起施行。《规定》共九章四十八条，《规定》中相关责任是默示担保责任，经营者不能通过合同方式免除。《规定》包括的内容见表5-1。

表5-1　家用汽车产品修理、更换、退货责任规定

章　节	章 节 名	条　目	关 键 点
第一章	总则	第一条～第七条	• 家用汽车产品三包责任的基本要求 • 三包责任由销售者依法承担，有权向生产者追偿 • 三包信息公开制度
第二章	生产者义务	第八条～第十条	• 三包信息备案 • 随车文件包括三包凭证

（续）

章 节	章 节 名	条 目	关 键 点
第三章	销售者义务	第十一条～第十二条	• 明示三包凭证、三包条款、有效期、保修期
第四章	修理者义务	第十三条～第十六条	• 修理者应当建立并执行修理记录存档制度，一式两份
第五章	三包责任	第十七条～第二十八条	• 家用汽车产品保修期和三包有效期自开具购车发票之日起计算 • 包修、包退、包换
第六章	三包责任免除	第二十九条～第三十一条	• 易损耗零部件
第七章	争议处理	第三十二条～第三十六条	• 协商、调解解决、申请仲裁、向人民法院起诉 • 汽车产品三包责任争议处理技术咨询人员库
第八章	罚则	第三十七条～第四十二条	• 县级以上质量技术监督部门等部门在职权范围内依法实施，并将违法行为记入质量信息档案 • 未承担责任的，责令改正，并依法向社会公布
第九章	附则	第四十三条～第四十八条	• 按照规定更换、退货的家用汽车产品再次销售的，应当经检验合格并明示该车是“三包换退车”以及更换、退货的原因

《规定》明确了在我国境内生产、销售的家用汽车产品，“三包”责任由销售者依法承担。销售者依照规定承担“三包”责任后，属于生产者的责任或者属于其他经营者的责任的，销售者有权向生产者、其他经营者追偿。鼓励家用汽车产品经营者做出更有利于维护消费者合法权益的严于本《规定》的“三包”责任承诺，承诺一经做出，应当依法履行。家用汽车产品经营者不得故意拖延或者无正当理由拒绝消费者提出的符合《规定》的“三包”责任要求。

《规定》明确了“三包”责任。家用汽车产品包修期限不低于 3 年或者行驶里程 6 万 km，以先到者为准。家用汽车产品“三包”有效期限不低于两年或者行驶里程 5 万 km，以先到者为准。家用汽车产品保修期和“三包”有效期自销售者开具购车发票之日起计算。以下 5 种质量问题可退换车：

1）从销售者开具购车发票 60 天内或者行驶里程 3000km 之内，出现转向系统失效、制动系统失效、车身开裂、燃油泄漏。

2）在“三包”有效期内，严重的安全性能故障累计做两次修理仍然没有排除故障，或出现新的严重安全性能故障。

3）在“三包”有效期内，发动机变速器累计更换两次，或它们的同一主要零件累计更换两次仍然不能正常使用。

4）在“三包”有效期内，转向系统、制动系统、悬架系统、前桥、后桥、车身当中的同一主要零件累计更换两次仍然不能正常使用。

5）在“三包”有效期内，因产品质量问题修理时间累计超过 35 日的，或者因同一产品质量问题累计修理超过 5 次的，消费者可以凭三包凭证、购车发票，由销售者负责更换。

《规定》指出，生产者应当严格执行出厂检验制度，未经检验合格的家用汽车产品不得出厂销售。销售者应当建立并执行进货检查验收制度，验明家用汽车产品合格证等相关证明和其他标志。销售者销售家用汽车产品，应当符合向消费者交付合格的家用汽车产品及发票等要求。修理者应当建立并执行修理记录存档制度。书面修理记录应当一式两份，一份存档，一份提供给消费者。

二、退换车辆管理及退换车流程

1. 退换车按二手车销售

“三包”退换车可以在修复之后按二手车销售，销售时应当向购买者明示该车为“三包”退换车，并且应说清退换的原因。其“三包”责任可以由双方协商后在购车合同中确定。

2. 退换车信息“三包”网站可查

汽车三包备案信息管理系统中，车企需要备案的信息有生产者基本信息、车型信息、约定的销售和修理网点信息、产品使用说明书、三包凭证、维修维护手册、车辆识别代号（VIN）编制规则等。各级质监部门、消费者权益保护组织参与处理的汽车“三包”争议信息、仲裁和诉讼信息，汽车产品更换、退货信息，汽车产品质量担保相关统计信息等，也在备案信息系统中发布，消费者可以通过汽车“三包”网查询，这样退换车的真实身份将难以被隐藏。

3. “三包”规定退换车流程

关于退换车产生的税费问题，国家税务总局已发布《关于车辆购置税税收政策及征收管理有关问题的补充通知》，因质量问题退车的，已缴税款每满 1 年扣减 10% 计算退税额，未满 1 年的按已缴税款全额退税。下面以北京市为例说明汽车“三包”服务退换车流程，如图 5-1 所示。

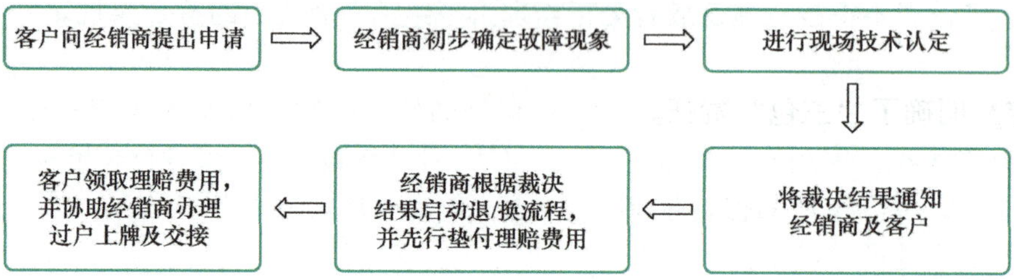

图 5-1 北京市汽车“三包”服务退换车流程

三、质量担保条例

《家用汽车产品修理、更换、退货责任规定》实行后，各个汽车生产企业依据规定的要求制定了相应的质量担保条例。下面以一汽-大众品牌汽车为例介绍质量“三包”新规定。

1. 整车质量担保期起始时间及相关规定

（1）起始时间 自汽车购买之日（以经销商开具的购车发票日期为准）起计。经销商应在交付用户车辆的同时给用户开具购车发票，因不及时开具发票而造成的额外担保费用由经销商自行承担。

（2）相关凭证

1）相关凭证包括：购车发票、机动车行驶证及“三包”凭证。

2）经销商为用户开具发票同时复印，并录入系统中，并在当日将发票复印件交经销商索赔员存档。

3）经销商为营运车辆、公务车、军用车辆用户办理索赔业务时，应核实购车发票、车辆行驶证，其购车发票必须为一汽-大众经销商开具，否则为无效凭证。如果缺少上述凭证，或者凭证无效的，经销商不可为用户办理。

4）经销商为家用汽车用户办理索赔业务时，应核实购车发票、车辆行驶证，其购车发票和“三包”凭证（“三包”凭证丢失可补办）必须为一汽-大众经销商开具，否则为无效凭证。如果缺少上述凭证，或者凭证无效的，经销商不可为用户办理。

5）经销商为用户办理索赔时，如果发现用户车辆有过户、更名现象，需要请用户提供机动车登记证进行验证，并更新系统中的车辆信息记录，同时将机动车登记证中的更名记录页复印与发票一起存档。

6）因未存档或核实失误而产生的一切后果由相关经销商自行承担。

2. 整车的质量担保要求

自2013年9月2日起在中国境内购买一汽-大众汽车有限公司生产的汽车产品用户执行下述担保政策。2013年9月2日前购车的用户，按照购车时的原担保政策执行（包括特殊件、易损件）。

- 营运车辆整车质量担保规定：营运车辆用户享受包修服务，保修期为1年或10万km（以先达到者为准）。
- 公务车辆的整车质量担保规定：公务车辆用户享受包修服务，保修期为3年或10万km（以先达到者为准）。
- 军用车辆的整车质量担保规定：军用车辆用户享受包修服务，保修期为3年或10万km（以先达到者为准）。
- 家用汽车的整车质量担保规定：家用汽车用户享受“三包”服务。“三包”有效期为2年或5万km（以先到达者为准）。保修期为3年或10万km（以先达到者为准）。

（1）家用汽车用户在“三包”有效期内享受的包退、换服务内容

1）家用汽车用户自经销商开具购车发票之日起60日内或者行驶里程3000km之内（以先到者为准），车辆出现转向系统失效、制动系统失效、车身开裂或燃油泄漏，消费者选择更换或退货的，经销商应当负责免费更换或退货。

2）因严重安全性能故障累计进行了2次修理，严重安全性能故障仍未排除或者出现新的严重安全性能故障的，消费者选择更换或退货的，经销商应当负责更换或退货。

3）发动机、变速器累计更换2次后，或者发动机、变速器的同一主要零件因其质量问题，累计更换2次后仍不能正常使用的，发动机、变速器与其主要零件更换次数不重复计算，消费者选择更换或退货的，经销商应当负责更换或退货。

4）转向系统、制动系统、悬架系统、前/后桥、车身的同一主要零件因其质量问题，累计更换2次后，仍不能正常使用的，消费者选择更换或退货的，经销商应当负责更换或退货。

5）因产品质量问题修理时间累计超过35日的，或者因同一产品质量问题累计修理超过5次的，由经销商负责更换。需要根据车辆识别代号（VIN）等定制的防盗系统、全车主线束等特殊零部件的运输时间（种类范围需要明示在“三包”凭证上）及外出救援路途所占用的时间，不计入维修时间之内。

6）在“三包”有效期内符合包退、包换规定的家用汽车用户，按照“大众品牌三包退换车审核及处理管理规定”进行包退、包换操作。

7）按照“三包”法规退回的车辆不再享受“三包”服务。按照“三包”法规为用户退换的新车享受三包服务。

8）按照“三包”法规为用户提供包退换服务后，一汽-大众公司将按照“大众品牌经销商三包退换车责任划分管理规定”进行责任确定和损失追溯。

（2）家用汽车用户在保修期内享受的服务内容

1）家用汽车用户自经销商开具购车发票之日起60日内或者行驶里程3000km之内（以先到者为准），发动机、变速器的主要零件出现产品质量问题的，消费者可以选择免费更换发动机、变速器。发动机、变速器的主要零件的种类范围在三包凭证上明示。

2）易损耗零部件在其质量保证期内出现产品质量问题，消费者可以选择免费更换易损耗零部件。易损耗零部件清单在三包凭证上明示。

（3）在“三包”有效期内，出现下列情况之一，“三包”责任免除

1）易损耗的零件超出明示的质量保证期出现产品质量问题的。

2）用户所购汽车已被书面告知存在瑕疵的。

3）家用汽车用于出租或者其他营运目的的。

4）使用说明书中明示不得改装、调整、拆卸，但用户自行改装、调整、拆卸而造成损坏的。

5）发生产品质量问题，用户自行处置不当而造成损坏的。

6）因用户未按照使用说明书要求正确使用、维护、修理汽车，而造成损坏的。

7）因不可抗力造成汽车损坏的。

8）在汽车产品保修期和“三包”有效期内，无有效发票和“三包”凭证的，不承担“三包”责任。

（4）易损耗的零件规定　购车日期或购件日期自2013年9月2日起，易损耗零部件的质量担保期见表5-2，之前的应按原特殊件/易损件相关规定执行。其他零部件的质量担保期随整车（油液品不属于零部件范畴，油液品的质量担保规定见相关规定）。

表5-2　易损耗零件的质量担保期

序　号	易损耗零部件	质量担保期
1	空气滤清器	6个月或1万km
2	空调滤清器	6个月或1万km
3	机油滤清器	6个月或1万km
4	燃油滤清器	6个月或1万km
5	刮水器刮水片	6个月或1万km
6	火花塞	6个月或1万km
7	制动摩擦片	6个月或1万km
8	轮胎	6个月或1万km
9	灯泡	6个月或1万km
10	离合器片	6个月或1万km
11	遥控器电池	6个月或1万km
12	蓄电池	12个月或2万km
13	熔体及普通继电器（不含集成控制单元）	12个月或2万km

3. 为用户提供备用车或交通补偿的规定

整车质量担保期内的用户因产品质量问题每次修理时间（包括等待备件时间）超过5日时，应当为消费者提供备用车，或者给予合理的交通补偿费用。一次修理用时不足24h的，以1日计。需要根据车辆识别代号（VIN）等定制的防盗系统、全车主线束等特殊零部件的运输时间（种类范围需要明示在“三包”凭证上）及外出救援路途所占用的时间，不计入维修时间之内。

小知识

汽车召回

汽车召回（Recall）是按照《缺陷汽车产品召回管理规定》要求的程序，由缺陷汽车产品制造商进行的消除其产品可能引起人身伤害、财产损失的缺陷的过程，包括制造商以有效方式通知销售商、修理商、车主等有关方面关于缺陷的具体情况及消除缺陷的方法等事项，并由制造商组织销售商、修理商等通过修理、更换、收回等具体措施有效消除其汽车产品缺陷的过程（缺陷：由于设计、制造等方面的原因而在某一批次、型号或类别的汽车产品中普遍存在的具有同一性的缺陷，具体包括汽车产品存在危及人身、财产安全的不合理危险，以及不符合有关汽车安全的国家标准、行业标准两种情形）。

汽车召回制度起源于20世纪60年代的美国。现在世界上的英国、德国、法国、日本、韩国、加拿大、澳大利亚、中国等很多国家都实行了汽车召回制度。在美国、日本以及欧洲国家，无论是轿车、客车还是一些专业车辆，当产品被发现存在缺陷时，很多厂家都会采取主动召回的方式，避免消费者受到缺陷车辆的影响。

我国于2004年3月15日发布了《缺陷汽车产品召回管理规定》，在2004年10月1日起开始正式实施。《缺陷汽车产品召回管理规定》由国家质量监督检验检疫总局、国家发展和改革委员会、商务部、海关总署联合制定并发布。汽车召回的程序如图5-2所示。

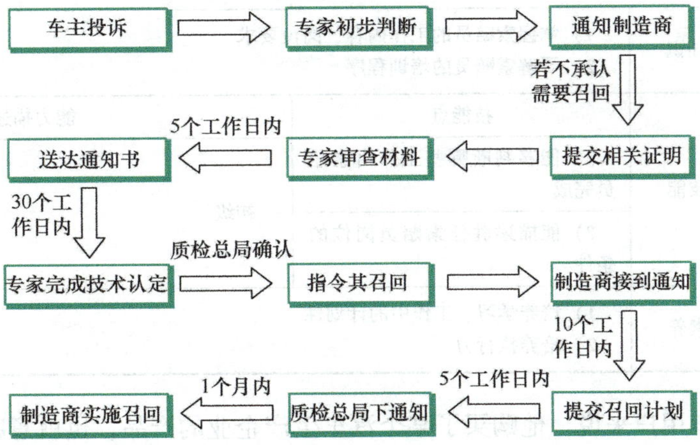

图5-2　汽车召回程序

汽车召回制度的颁布为缺陷汽车的处理提供了规则和程序，同时明确了汽车生产企业与用户的权益和责任。汽车生产企业一旦发现自己生产的产品有缺陷，坦诚、负责地召回，是向消费者展示企业对消费者负责的态度，是提升品牌形象的机会。

课堂拓展

讨论：我们常会听到身边人这样说：“某某汽车品牌又召回了，看来质量真是不行。”难道召回 = 质量差？请利用所学知识发表你的观点。

建议：

1. 召回车辆≠故障一定会发生

汽车召回是对已经销售到客户手里的汽车可能发生的缺陷进行处理。注意：可能发生缺陷的车辆，即召回范围内的所有车辆，并不是100%会发生故障。通过数据分析国内外已发生的召回案例可以发现，大多数召回所涉及车辆的故障发生率只有千分之几甚至万分之几。

2. 召回数量增长≠质量下降

通常以PP100（百车故障数）数值来衡量汽车质量，数值越低表示可靠性越高。严格的汽车召回制度从某种意义上有效地增加了企业对产品潜在风险的处置能力和风险防控能力，促使产品质量安全水平得到了实质性的提升。

3. 未来召回将成为常态化质量担保措施

“汽车召回 = 质量差”是一个普遍误区。针对已销售的车辆，召回措施作为抑制潜在风险的有效方式，是最大化保障消费者权益的一种有效手段，是汽车品牌对广大消费者主动担当的重要体现，更是汽车市场迈向成熟的必然趋势。

理性看待汽车召回，召回≠质量差。

认知2　汽车生产企业对索赔管理的要求

<table>
<tr><td>学时</td><td colspan="2">1学时</td><td>难度</td><td>初级</td></tr>
<tr><td rowspan="5">学习目标</td><td>知识</td><td colspan="3">1）掌握索赔员的工作内容、岗位要求
2）了解索赔员的培训程序</td></tr>
<tr><td rowspan="3">技能</td><td>技能点</td><td colspan="2">能力描述</td></tr>
<tr><td>1）能够判断哪些工作由索赔员完成</td><td colspan="2" rowspan="2">初级</td></tr>
<tr><td>2）能描述胜任索赔员岗位的条件</td></tr>
<tr><td>素养</td><td colspan="3">1）培养学习、工作中的计划性
2）培养执行力</td></tr>
</table>

对于一位汽车用户来说，他购买了某个汽车生产企业的产品，也就意味着他购买了这个汽车生产企业的售后服务，汽车生产企业为用户提供的索赔服务也是其中的一种。每个汽车生产企业经销商索赔员的言行体现了汽车生产企业售后服务的品牌形象，也关系到汽车生产

企业的产品声誉。

一、经销商索赔员的岗位描述

1. 索赔员的工作内容

索赔员的工作内容包括：

1）首次保养。

2）处理索赔业务、召回业务。

3）索赔件管理。

2. 索赔员的岗位要求

索赔员的岗位要求包括：

1）接受过汽车生产企业的技术基础培训、索赔培训，经过汽车生产企业的售后服务部门批准才能从事索赔业务。

2）认真检查索赔车辆，严格执行质量担保条例及有关规定。

3）坚持索赔原则，秉公办事，讲究效率、保证质量、廉洁服务。

4）严格按照产品的技术规范要求对产品质量进行检查、测试和分析，准确判断故障原因、正确填报“索赔申请单”。

5）了解、掌握在使用、维修、维护中出现的问题。对重大、疑难、特殊质量问题要在规定时间内向汽车生产企业反馈。

6）向用户宣传汽车生产企业的产品及维修、维护和正确使用的常识。

二、汽车生产企业对经销商索赔工作的要求

1）有的汽车生产企业规定：经销商日均索赔量不大于 10 台次，须配置 1 名专职索赔员；不大于 20 台次，须配置两名专职索赔员；以此类推。对于只有 1 名专职索赔员的经销商，应该配备 1 名兼职索赔员。

2）对每月申报“索赔申请单”错误率高于 30%（不同品牌的经销商有不同的规定）的经销商，在对其索赔员重新培训后，才可以办理索赔业务。

3）为了使各个经销商索赔工作能够顺利开展，各个经销商的服务总监应该优先考虑索赔员参加技术培训。

4）判定是否给用户办理索赔，只能由取得索赔员业务培训证书的索赔员或者由取得索赔员业务证书的服务顾问、服务经理、服务总监进行鉴定。若违反上述规定，汽车生产企业将会对经销商采取相应的惩罚措施。例如：发现的此次索赔费用由经销商自行承担，停止该经销商索赔业务 3 个月，并在全国服务网对该经销商进行通报批评等。

5）索赔员必须培训合格后才能上岗工作。

三、经销商索赔员的培训程序

经销商索赔员的培训程序如下：

1）经销商提前 1~2 个月提出培训申请。

2）汽车生产企业的索赔组接到经销商培训申请后，进行资格审核。

3）审核合格后，根据各经销商提出的索赔培训申请统一制订培训计划并安排培训时

间，通知经销商安排索赔员按时参加培训。

4）汽车生产企业的售后服务部门将培训证书发给培训合格的索赔员。

认知 3 索赔条例及原则

<table>
<tr><td>学时</td><td colspan="2">1 学时</td><td>难度</td><td>中级</td></tr>
<tr><td rowspan="4">学习目标</td><td>知识</td><td colspan="3">1）掌握汽车索赔的概念、意义
2）掌握索赔条例、索赔原则</td></tr>
<tr><td rowspan="2">技能</td><td>技能点</td><td colspan="2">能力描述</td></tr>
<tr><td>能正确解读索赔原则、条例</td><td colspan="2">1＋X 汽车营销评估与金融保险服务技术中级技能【工作一：保险理赔与三包作业技术—任务十：三包作业索赔鉴定】</td></tr>
<tr><td>素养</td><td colspan="3">培养学生遵守原则、规定的素养</td></tr>
</table>

一、索赔概述

1. 索赔的定义

在质量担保期内，用户在规定的使用条件下使用车辆，由于车辆制造、装配及材料质量等原因造成的各类故障或零部件的损坏，经过特许经销商检验并确认后均由汽车生产企业提供无偿维修或更换相应零件的费用（包括工时费和材料费），这就是索赔。

汽车索赔是汽车生产企业对生产的汽车产品为用户提供的一种质量担保形式。在质量担保期内，由于产品质量问题导致的车辆故障，由汽车生产企业委托经销商为用户提供车辆维修服务或者整车退换服务。

索赔管理是汽车售后服务管理中很重要的一部分，经销商可以利用索赔这项售后服务措施满足客户的合理要求，维护汽车生产企业的产品形象和提高经销商的服务满意度。

2. 索赔的意义

索赔首先能使用户对汽车生产企业的产品满意；其次，能让用户对汽车生产企业的特许经销商的售后服务满意。这两个因素是维护企业和产品信誉以及促销的决定因素。其中，用户对售后服务是否满意最为重要。因为，如果用户对企业的服务仅仅有一次不完全满意，企业就可能会失去这个用户。相反，如果企业的售后服务能够赢得用户的信任，使用户满意，那么企业就能够继续推销自己的产品和服务。

索赔是售后服务部门的有力工具，企业可以用它来满足用户的合理要求，每个汽车生产企业的特许经销商都有义务贯彻这个制度，要始终积极地进行质量担保而不要把它视为负担，因为执行质量担保也是经销商吸引用户的重要手段。

大多数用户可以理解，尽管在生产制造过程中生产者足够认真，检验手段足够完善，但还可能出现质量缺陷。重要的是这些质量缺陷能够通过售后服务部门利用技术手段和优质的服务迅速、正确地得到解决。汽车生产企业为用户提供的质量担保正是要展示这种能力，在用户和经销商之间建立一种紧密的联系并使之不断的巩固和加强。

各大汽车生产企业在产品文件上规定的质量担保期的基础上，还会提出一系列的条件来限制一些不合理的索赔要求。不同的汽车生产企业或者是相同的汽车生产企业在不同的时期制定的索赔条例可能会有不同，但大的原则不会发生变化。

二、索赔条例

索赔条例

索赔是汽车生产企业为消费者提供的一种质量担保，在质量担保期内，由以下原因造成的损坏不在用户向汽车生产企业索赔的范围之内：

1）由于汽车正常行驶而造成的零件的正常磨损。

2）由于客户不遵守使用说明书及维护手册上的相关规定使用汽车，或超负荷使用轿车（如用作赛车），或驾驶习惯不当造成的损坏。

3）车辆装有未经汽车生产企业的许可使用的零件，或车辆未经生产企业许可改装过，汽车生产企业有权拒绝用户的索赔要求。

4）车辆在非汽车生产企业授权的特许经销商处维护、维修过。

5）因为发生过交通事故造成汽车的损坏。

6）汽车生产企业的售后服务网络必须使用汽车生产企业备件部门提供的原装机油（带有专用包装桶），否则不给予首保费用及办理发动机及相关备件的索赔。

7）在整车质量担保期内的车辆使用者发生变更，整车质量担保期也发生改变：

① 若家用汽车用户在“三包”有效期内变更轿车用途，则不享受家用汽车的相关“三包”政策。

② 家用汽车在“三包”有效期内变更用户，使用性质不变，享受原“三包”有效期，并按照原使用时间及里程延续。

③ 若非家用汽车用户在整车质量担保期内变更轿车用途，轿车享受原质量担保期，期限和里程不作变更。

三、索赔原则

1）索赔包括根据技术要求对汽车进行的修复或更换，更换下来的零部件归汽车生产企业所有。

2）经销商从汽车生产企业的备件部门订购的备件在未装车之前发生故障，可以向汽车生产企业的备件部门提出索赔。

3）关于常规维护，汽车生产企业或用户已经支付给经销商费用，经销商有责任为用户的车辆做好每一项维护工作。如果用户车辆在经销商维护后，对维护项目提出索赔要求，应由经销商自行解决。

4）严禁索赔虚假申报，若发生此种情况，责任由经销商承担。

5）严禁使用非原厂备件办理索赔，若发生此种情况，责任由经销商承担。

四、备件索赔原则

1. 备件质量担保期

从用户在经销商处购买零件并在经销商处更换日起（日期以发票为准），如果购买的备件在一年内且汽车行驶里程不超过 10 万 km（不同的汽车生产企业规定可能会略有不同），出现质量问题时，用户有权向汽车生产企业的特许经销商提出索赔（特殊件和易损件按相关规定执行）。

2. 关于备件索赔的有关规定说明

1）对于蓄电池的索赔。有的汽车生产企业对于在中转库存储的车辆，需要检查商品车的出厂日期，如果蓄电池发生故障的日期距离出厂日期超过1年的商品车，只有出现蓄电池断格故障，经销商才可以向汽车生产企业提出索赔申请；对于蓄电池电量不足的情况，经销商不能向汽车生产企业提出索赔申请。

2）非质量问题（如事故）发生的备件更换维修，其备件质量担保不计入整车三包维修中。

3）用户车辆在质量担保期内发生质量问题，更换上的零件（必须是汽车生产企业提供的原装备件）质量担保期与整车的质量担保期相同，即整车质量担保期满，对于更换的零件的质量担保期也相应结束。

4）经销商从汽车生产企业备件部定购的备件在未装车之前发生的故障，请各经销商向汽车生产企业的备件部索赔。

课堂拓展

讨论：车企的索赔员对某个经销商申请的索赔业务进行审核处理时，发现有3项索赔业务不符合索赔规定，拒绝了经销商的索赔要求。与经销商的索赔员沟通后得知是因为与客户沟通困难，所以做了虚假索赔。如果你是这名索赔员，你会怎么做？谈谈虚假索赔的危害。

建议：

1. 按照索赔原则和索赔条例的要求，实事求是地为客户进行索赔申报；可以求助技术经理或相关问题的技术通报等进行技术上的沟通和解释；加强自己的沟通能力，平时多积累，运用沟通技巧平和地与客户进行交流来解决问题。

2. 以索赔原则和索赔条例为依据，工作中必须严格遵守。这是个虚假索赔未遂的案例，如果继续发展，把虚假索赔的零件或费用据为己有，那就触犯了法律，一定要引以为戒！

认知4　索赔程序

<table>
<tr><td>学时</td><td colspan="2">1学时</td><td>难度</td><td>中级</td></tr>
<tr><td rowspan="6">学习目标</td><td>知识</td><td colspan="3">1）掌握汽车零部件和整车的索赔流程
2）掌握索赔申请单填写内容</td></tr>
<tr><td rowspan="4">技能</td><td>技能点</td><td colspan="2">能力描述</td></tr>
<tr><td>1）能够按照索赔程序完成客户的索赔申请工作</td><td colspan="2" rowspan="3">1+X汽车营销评估与金融保险服务技术中级技能【工作一：保险理赔与三包作业技术—任务十：三包作业索赔鉴定】
1+X汽车营销评估与金融保险服务技术初级技能【工作一：汽车销售与三包作业流程—任务五：整车三包流程作业】</td></tr>
<tr><td>2）能按流程完成客户退换车申请</td></tr>
<tr><td>3）能够完成索赔申请单的填写工作</td></tr>
<tr><td>素养</td><td colspan="3">1）培养秩序性
2）培养团队协作性</td></tr>
</table>

用户在汽车生产企业规定的质量担保期内，因为产品质量问题向经销商提出索赔时，经销商按照汽车生产企业的规定必须遵循一定的流程完成用户的索赔工作。一般汽车生产企业的索赔流程如图 5-3 所示。

索赔流程

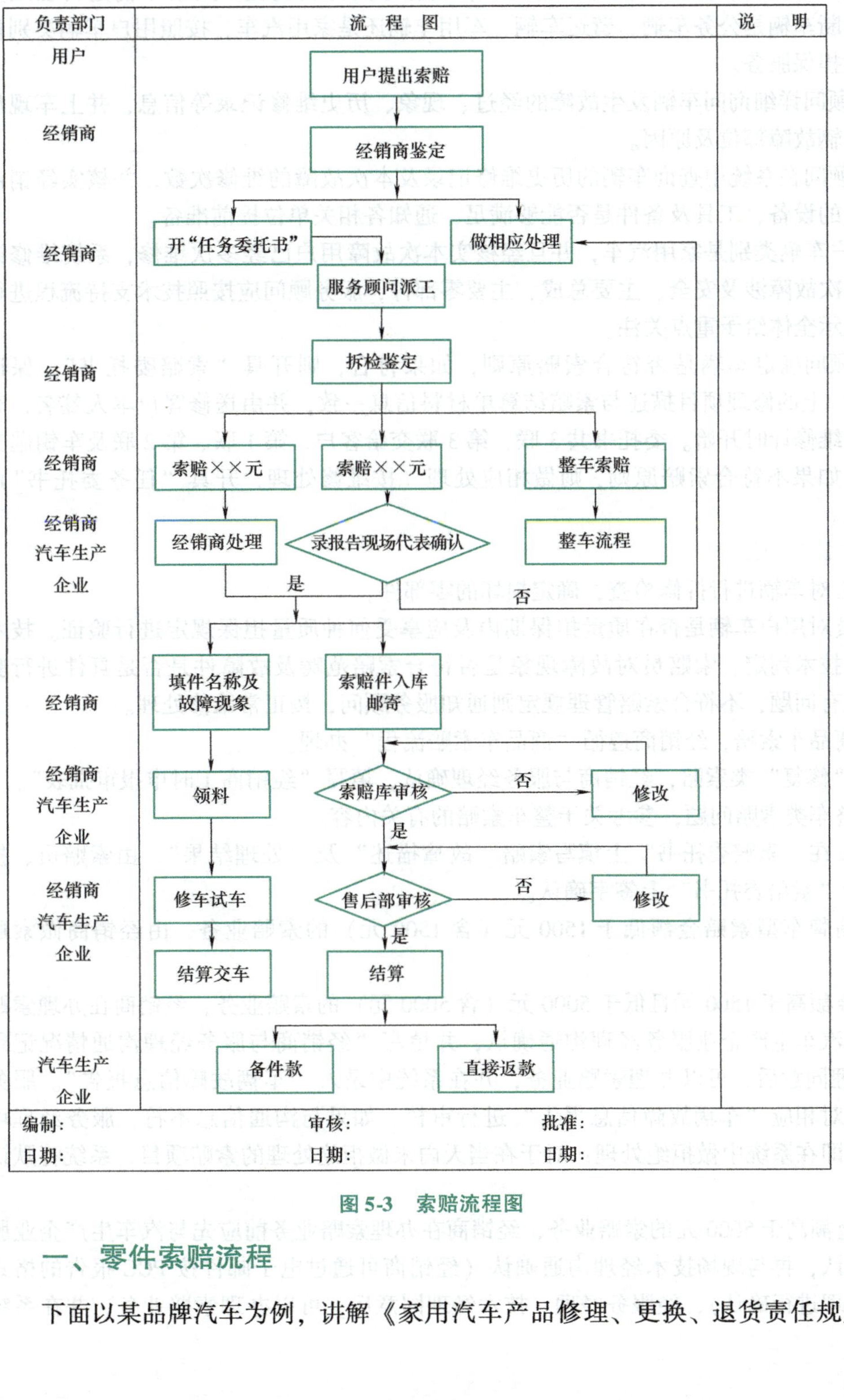

图 5-3　索赔流程图

一、零件索赔流程

下面以某品牌汽车为例，讲解《家用汽车产品修理、更换、退货责任规定》实施后的零件索赔流程。

1. 用户提出索赔要求

1）服务顾问查看、核对购车发票信息、行车证、维护手册、“三包”凭证（家用汽车用户需要提供）等凭证，并验车校对发动机号、底盘号及行驶里程。判断车辆是否在质量担保期内。判断车辆是公务车辆、营运车辆、军用车辆还是家用汽车，按照用户车辆类别提供对应的质量担保服务。

2）服务顾问详细询问车辆发生故障的经过、现象、历史维修记录等信息，并上车现场勘查，确定车辆故障部位及原因。

3）服务顾问在系统中查询车辆的历史维修记录及本次故障的维修次数，并核实经销商本次维修涉及的设备、工具及备件是否能够满足，通知各相关单位提前准备。

4）如用户车辆类别是家用汽车，并且经核实本次故障用户已经多次维修，系统维修记录已报警或本次故障涉及安全、主要总成、主要零部件，服务顾问应按照技术支持流程进行升级警示，提示全体给予重点关注。

5）服务顾问确定车辆是否符合索赔原则，如果符合，则开具“索赔委托书”，保证“索赔委托书”上的修理项目描述与索赔结算单材料信息一致，并由送修客户本人签名，客户签名确认后维修计时开始。委托书共3联，第3联交给客户，第1联、第2联及车钥匙交给修理技师。如果不符合索赔原则，则做相应处理（按维修处理，开具“任务委托书”），服务顾问派工。

2. 用户车辆开始维修

1）修理工对车辆进行拆修检查，确定损坏的零部件。

2）索赔员对用户车辆是否在质量担保期内及应享受何种质量担保规定进行验证。技术经理进行故障技术判定。索赔员对故障现象是否符合索赔范畴及故障件是否是真件进行验证。如果验证有问题，不符合索赔管理规定则通知服务顾问，按正常维修处理。

3）涉及商品车索赔，经销商遵循“商品车索赔流程”办理。

4）涉及“修复”类索赔，经销商与服务经理确认，填写“经销商工时申报审批表”。

5）涉及整车类索赔问题，参考关于整车索赔的有关内容。

6）索赔员在“索赔委托书”上填写索赔“故障描述”及“处理结果”，由索赔员、技术经理分别在“索赔委托书”上签字确认。

7）大众品牌车型索赔金额低于1500元（含1500元）的索赔业务，由经销商做索赔判定。

8）索赔金额高于1500元且低于5000元（含5000元）的索赔业务，经销商在办理索赔业务前应先与汽车生产企业服务经理沟通确认，并填写“经销商与服务经理沟通情况记录表”。服务经理同意后，可以办理索赔业务，并在系统中录入“车辆故障信息报告”。服务经理在当天内对相应“车辆故障信息报告”进行审核。如果与沟通信息不符，服务经理可行使否决权，即在系统中做拒绝处理；对于在当天内未做拒绝处理的索赔项目，系统将默认为同意状态。

9）索赔金额高于5000元的索赔业务，经销商在办理索赔业务前应先与汽车生产企业服务经理沟通确认，再与现场技术经理沟通确认（经销商可通过电子邮件按PCC报告的格式与现场技术经理进行确认），经服务经理、技术经理同意后，可以办理索赔业务，并在系统中录入“车辆故障信息报告”和“车辆信息反馈报告”。服务经理、技术经理分别在当天内对相应“车辆故障信息报告”和“车辆信息反馈报告”进行审核。如果与沟通信息不符，服务经理、技术经理可行使否决权，即在系统中做拒绝处理；对于在当天内未做拒绝处理的索赔项目，系统将默认为同意状态。

10）修理工将旧件及“索赔委托书”交给索赔员，索赔员填写“索赔件挂签卡”。

11）备件管理员依照“索赔委托书”打印领料单，家用汽车类别车辆以“三包”紧急订货方式订货的，备件员应将此“三包”紧急订单号记录在委托书的处理结果中，向修理工发料。

12）修理工领料，装车，试车。修理工确认修复后将车钥匙与“索赔委托书”第1联、第2联交给服务顾问。

13）家用汽车类别车辆以“三包”紧急订货方式订货的，服务顾问应将“三包”紧急订单号记录在“质检/内部交车”屏中的“三包订单号”中。

3. 用户结算

1）质检完成后，服务顾问以录音电话或短信的形式通知用户取车（需要保留证据），维修计时截止。

2）服务顾问打印索赔结算单，共3联，由用户本人签字，第1联交给索赔员，由索赔员存档；第2联交给财务存档；第3联交给用户。

3）索赔员将索赔信息由DSERP上传至索赔系统。

4）索赔员将索赔件入索赔件库。

5）索赔员将“索赔委托书”“索赔结算单”、故障码打印件、结算单复印件等存档。

4. 存档

（1）索赔需存档文件

1）索赔任务委托书档案管理：

① 所有索赔项目均要求开具“1-***********”的“索赔任务委托书”。

② 索赔员在“索赔任务委托书”上填写“故障描述”及“处理结果”。

③ 索赔员在“索赔任务委托书”上签字。

④ 技术经理在“索赔任务委托书”上签字。

⑤ 客户在“索赔任务委托书”上签字。

2）索赔结算单管理：

① 在索赔结算单相应索赔项上注明申请单号。

② 客户在索赔结算单上签字。

③ 打印日期与结算日期一致。

3）故障码打印件管理：

① 相关电器件打印故障码，故障码打印件清单（参见故障码打印清单2013年第1版）。

② 故障码打印件上需有底盘号、系统时间。

③ 在故障码打印件上注明索赔申请单号。

4）备件索赔结算单管理：

① 客户购买并安装零件的维修结算单，要求统一用A4纸复印，在索赔材料下方画波浪线并在右侧空白处注明索赔申请单号。

② 结算单上应有客户签字。

5）首保凭证管理：

① 在“免费维护凭证”上按要求填写各项信息，应有客户签字。

② 在“免费维护凭证”上注明首保申请单号。

6）索赔通知管理：经销商打印质量担保与用户保护部下发的索赔通知，需经销商服务总监在索赔通知上签阅。

7）索赔件验收清单管理：经销商服务总监在“索赔件验收清单”上签字。

8）索赔件鉴定手册管理：经销商打印索赔鉴定手册，需经服务总监、技术经理、索赔员签阅。

9）“其他”索赔凭证管理（工时、商品车、运费、外出服务、沟通记录表等）：

① 经销商工时申报审批表，保存签字原件。

② 经销商商品车修复审批表，保存签字原件。

③ 中转仓库送经销商整备车辆审批表，保存签字原件。

④ 索赔件运费申请表（公路自送、邮寄方式送件），保存签字原件。

⑤ 索赔件运费申请表（邮寄方式返件），保存凭证及签字原件。

⑥ 经销商外出服务登记表，保存签字原件。

⑦ 迈腾 \ CC \ 全新迈腾 VIP 道路救援服务金额明细表，保存签字原件。

⑧ 经销商与服务经理沟通情况记录表。

10）需向索赔组提供的凭证：

① 个案索赔审批表（传真）。

② 特殊索赔审批表（传真）。

③ 索赔单权限开通审批表。

④ 索赔件权限开通审批表。

⑤ 索赔申报信息反馈表。

⑥ 购车发票及“三包”凭证：经销商需存档购车发票复印件及“三包”凭证。

（2）索赔档案存档要求　经销商须建立独立索赔档案资料柜 1 组或 2 组，索赔档案统一采用文件夹装订，并将索赔档案柜放于索赔员办公室。

1）“索赔任务委托书”和“索赔结算单”第 1 联单独存档。

2）经销商需将“索赔任务委托书”“索赔结算单”和故障码打印件附在一起，“索赔委托书”在上面，“索赔结算单”在下面，故障码打印件放在最后面，按“索赔任务委托书”号由小到大顺延，按自然月份存档，并在文件夹外侧注明发生的“××××年××月”。文件夹内应设目录，索赔档案目录举例内容见表 5-3。

表 5-3　××××年××月索赔档案目录

序　号	委托书号	索赔单号	材料件号（主件号）
1	1-20110100001	B10001	L3CD 953 042A

3）购车发票及“三包”凭证存档。经销商需按月存档购车发票复印件，对于本经销商自己销售的车辆按销售日期由小到大按自然月存档，非本经销商自己销售的车辆的购车发票复印件存于当月发票后面，对于车辆为家用汽车的客户还需存档“三包”凭证（本经销商

销售的车辆存三包凭证原件，非本经销商销售的车辆存复印件），“三包”凭证附于车辆发票后，每月的发票档案应做目录，索赔档案购车发票目录内容见表5-4。

表 5-4　××××年××月索赔档案购车发票目录

序　　号	底盘号（后8位）	车型（2位）	购车日期	有三包凭证否
1	D3002114	94	2013年10月1日	有

4）备件索赔结算单统一用A4纸复印，在索赔材料下方画波浪线，按照申请单号由小到大顺序存档，并单独放于一个文件夹中，注明“备件索赔凭证”。文件夹内应设目录，目录内容见表5-5。

表 5-5　备件索赔档案目录

序　　号	备件索赔结算单委托书号	索赔单号
1	3-20121200359	B10009

5）将“免费维护凭证”按首保申请单号由小到大顺延存档，按自然月份存档，并装订存档，并每月单独放于一个文件夹中，注明“××××年××月首保凭证”。

6）索赔通知按下发的时间先后顺序存档，注明“索赔通知”，并单独放于一个文件夹中。文件夹内应设目录，目录内容见表5-6。

表 5-6　××××年索赔通知目录

序　　号	通知标题或主要内容	日　　期
1	关于索赔申报规则通知	2013/01/20

7）索赔件返件凭证管理。

① 索赔件随备件配送车辆返运的经销商，将“索赔件验收清单”“经销商索赔件运输交接单”附在一起，“索赔件验收清单”在上面，“经销商索赔件运输交接单”在下面，按返件的时间先后顺序单独用一个文件夹存档，并在文件夹外侧注明“索赔件返件凭证”字样。

② 自送或邮寄方式返件的经销商，将“索赔件验收清单”单独存档，按返件的时间先后顺序单独用一个文件夹存档，并在文件夹外侧注明“索赔件返件凭证”字样。

8）“索赔件鉴定手册”的存档要求。

按照“索赔件鉴定手册”的总序号由小到大的顺序存档，并单独放于一个文件夹中，注明“索赔件鉴定手册”。文件夹内应设目录，目录内容见表5-7。

表 5-7　《索赔件鉴定手册》目录

总序号	零件号	零件名称	厂家代码
JDZX001	3CD 919 051 C	燃油泵	5GS

9）“其他凭证”按发生时间存档，并在文件夹外侧注明“其他凭证”字样。

10）索赔档案柜中的索赔档案存档要求。

① 索赔任务委托书、索赔结算、故障码打印件存档的当前连续12个月的索赔档案。

②“免费维护凭证”首保卡存档，当前连续12个月的首保卡档案。

③ 备件索赔凭证、索赔件返件凭证、“索赔件鉴定手册”、索赔通知、其他凭证各存档3年的索赔凭证放于一个文件夹中。

④“免费维护凭证”首保卡存档，非当前连续12个月的其他首保卡存入档案。

（3）存档期限。上述各项索赔档案自修理日期2013年9月2日前要求保存两年，自修理日期2013年9月2日后要求保存3年，购车发票自销售日期2013年9月2日后要求保存3年。

二、整车索赔流程

《家用汽车产品修理、更换、退货责任规定》实施初期，“三包”退换车处理采用指定授权二手车经销商集中处理方式进行处理。

1. 退车管理程序

“三包”退车范围：出现重大质量故障，严重安全性能故障累计2次未解决，主要总成同一主要零部件累计更换2次未解决。

1）经销商受理用户提出退换车需求后，1个工作日内（第1天）根据“三包”规定核实车辆信息，并判断是否符合退换车标准，同时向区域服务经理、现场技术经理、产品责任员报备。

2）若车辆符合退换车标准，经销商在1个工作日内（第2天）准备车辆相关材料（包括购车发票、维修记录、“三包”凭证等）。若不符合退换车标准，同时用户不予接受则按三包争议处理流程处理。

3）根据车辆信息，经销商在1个工作日内（第3天）填写“三包退换车申请报告”“退换车历史索赔信息表”“PCC报告”等相关报告后，上报事业部、技术服务部、质量担保与用户保护部。

4）区域事业部在12个工作日内（第4~15天）通知经销商退换车处理方案，并指导经销商下一步工作（解释、安抚、“三包”争议处理）。

① 对于不符合“三包”退换车标准的，经销商在两个工作日内通知用户。若客户有疑义，事业部及经销商按照“三包”争议流程处理。

② 经销商在3个工作日内（第3~5天）在现场技术经理的指导下制订维修方案，并将“三包退换车维修报价单”反馈给质量担保与用户保护部。

③ 经销商得到事业部给出的退车指令后，两个工作日内与客户签署“退换车协议”，相关款项由经销商先行垫付。

A. 用户按协议要求返还全部车辆文件及附件。

B. 经销商与客户共同检查车辆交接。

C. 经销商按协议约定的数额（按“三包”规定的系数收取用户折旧费）支付客户应得的购车款。

④ 经销商协助客户办理其他应返还用户的款项，如购置附加税等。

A. 需要退回一汽-大众公司的车辆，经销商协助客户办理车辆购置税退税，需要一汽-大众公司出具证明的，经销商提供当地车管所要求的证明格式文件，质量担保与用户保护部负责申请公章并将带有公章的原件以特快专递邮寄给经销商。

B. 特殊地区无法退购置附加税的，经销商依据用户提供的发票垫付购置税款，一汽-大众公司根据经销商提供的发票及客户收条补偿经销商购置税款。

C. 进行二手车交易的车辆，购置附加税由经销商先行垫付，客户提供发票及收条。一汽-大众公司依此统一在差额中补偿经销商。

2. 换车管理程序

"三包"换车范围：同一质量问题维修超过5次、累计维修时间超过35天。

经销商受理客户提出退换车需求后，1个工作日内（第1天）根据"三包"规定核实车辆信息，首先判断是否符合"三包"退换车标准，并判断是符合换车还是退车标准。同时，向区域服务经理、现场技术经理、产品责任员报备。若不符合退换车标准，通知客户。若客户不予接受，则按"三包"争议处理流程处理。

（1）若车辆符合换车标准，经销商在1个工作日内（第1天）通知客户符合换车条件，并准备办理换车。客户准备车辆相关材料（购车发票、维修记录、"三包"凭证等所有车辆相关材料）。

（2）经销商在8个工作日内（第2~9天）组织资源办理。经销商暂时无资源的，可根据到货计划与客户协商交货日期。

1）若短期内无计划，经销商马上向事业部提申请，事业部根据经销商需求内部协调资源。

2）若无资源，经销商在区域事业部的指导下与客户协商处理。

（3）经销商在1个工作日内（第2天），填写"三包退换车审批及处理申请表""PCC报告"、车辆维护记录及导致换车的各项索赔记录上报事业部、技术服务部、质量担保与用户保护部。

（4）经销商在3个工作日内（第3~5天）在现场技术经理的指导下制订维修方案，并将"三包退换车维修报价单"反馈给质量担保与用户保护部。

（5）经销商得到事业部给出的车辆处理方案后，在3个工作日内与客户签署"退换车协议"，相关款项由经销商先行垫付。

1）客户按协议要求返还全部车辆文件及附件。

2）经销商与客户共同检查新旧车辆交接。

3）经销商按协议约定的数额（按"三包"规定的系数收取客户折旧费）收取折旧费。

4）新车购置附加税、旧车剩余交强险等由经销商先行垫付。

5）需要退回一汽-大众公司的车辆，经销商协助客户办理车辆购置税退税，需要一汽-大众公司出具证明的，经销商提供当地车管所要求的证明格式文件，质量担保与用户保护部负责申请公章并将带有公章的原件以特快专递邮寄给经销商。

3. 维修管理程序

1）经销商根据现场技术经理出具的技术方案进行车辆维修，并最终确认车辆达到质量标准。

2）现场技术经理判定维修后的车辆是否合格并审批。

3）经销商将检验合格证扫描发送给质量担保与用户保护部。

4）质量担保与用户保护部通知经销商申报维修费用索赔。

4. 处理管理程序

1）退换车经销商将车辆维修合格后向二手车业务部提报"三包退换车车辆定价表"，

定价原则将通过季度文件“三包退换车定价方案”发布。二手车业务部进行审核并反馈车辆价格给退换车经销商和指定二手车授权经销商。制订二手车授权经销商按照车辆定价金额向退换车经销商采购，前者应在接到通知后5个工作日内向后者进行采购。

2）指定二手车授权经销商需办理过户及提档，退换车经销商协助指定二手车授权经销商办理相关手续。

3）指定二手车授权经销商自行负责车辆的物流运输。

4）指定二手车授权经销商负责将车辆档案落户至该经销商所在地。

5）指定二手车授权经销商负责销售三包退换车，销售时需明示消费者该车是“三包退换车”以及更换、退换的原因。

6）车辆交易时，指定二手车授权经销商需与客户签订“三包退换车销售合同”，合同扫描件需要向二手车业务部备案。

5. 补偿管理程序

1）根据退换车定价表，质量担保与用户保护部计算补偿费用，并反馈经销商补偿费用金额。

2）经销商提报“退换车补偿费用申请表”。

3）质量担保与用户保护部确认经销商申报的退换车补偿费用，并组织协调相关部门签字确认。

4）经销商申报退换车补偿费用。

5）质量担保与用户保护部审批退换车补偿费用。

三、“索赔申请单”的填写

为了使各个经销商的索赔申请及时被认可，索赔款迅速转为备件款，并及时准确地将索赔件的质量信息反馈给汽车生产企业的质保和产品等相关部门进行质量分析，指导零部件生产企业改进设计或生产工艺，提高产品质量，经销商必须按要求准确填写“索赔申请单”（各个汽车生产企业的会有不同，但作用和内容大致相同）中的每一个数据，切勿遗漏。

下面以一汽-大众汽车有限公司的“索赔申请单”（图5-4）为基础，逐项解释需要填写的内容及工作中经常用到的内容。

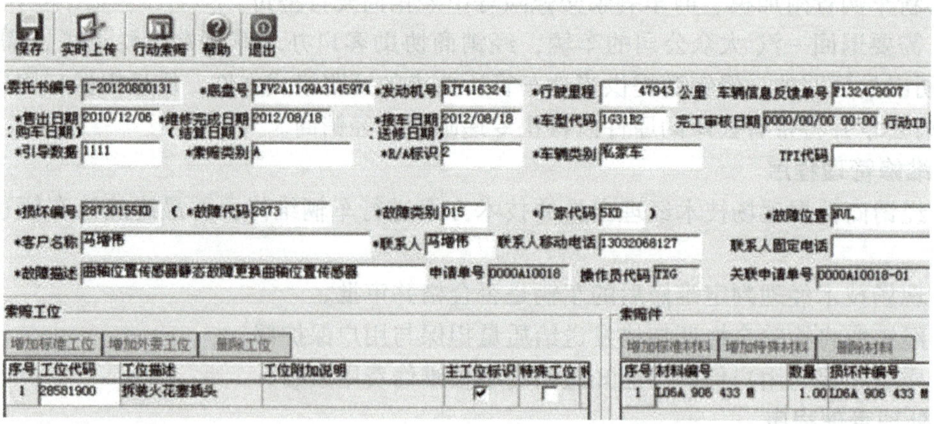

图5-4　一汽-大众“索赔申请单”

（1）经销商代码　对于一汽-大众汽车有限公司的经销商来说，它的编码由7位数字组成，由售后服务部门提供。其中一汽-大众汽车有限公司编号为左起3位数字758（第1、2、3位）。地区编号为2位数字（第4、5位）。经销商编号为2位数字（第6、7位）。

（2）“索赔申请单”编号　由6位数字组成，前2位代表年份，后4位代表序号。每年年底，售后服务部门都会以文件的形式规定下一年度的“索赔申请单”编号形式。

（3）任务委托书　由13位数字组成，前2位数字代表修理类别，后11位分别代表年、月、流水号。

*注意：

- 修理类别的表示形式：0—首保、1—索赔、2—维护、3—小修、4—大修、5—事故车、6—返工。
- 年、月、流水号的表示形式：当前年4位、当前月2位、流水号5位。
- 对于2014年的第1个索赔申请，它的索赔“任务委托书”可以表示为：1-20140100001。

（4）索赔类别　用一个大写字母表示（由索赔件的来源决定）（国产厂家A、进口厂家C、一汽-大众公司的自制件为S）。对于超出1年发生的进口件索赔，索赔类别为“S”，厂家代码为“CAP”。

（5）引导数据　由4位数字组成，代表各类质量担保形式的可能性。每一位数字都有一定的代表作用，各位数字分别代表：

1）第1位数字代表保用车型，用3个数字对不同的车型加以区分。

①1—大众轿车。

②2—大众载重车。

③4—奥迪轿车。

2）第2位数字代表记账形式。

①1—贷方凭证。

②2—额外支付款额。

③3—客户全付款额。

3）第3位数字代表保用内容，用8个数字分别代表不同的保用内容。

①1—整车。

②2—新零件。

③3—修复件。

④4—工业用发动机。

⑤5—油漆。

⑥6—锈蚀。

⑦7—返修。

⑧8—库存零件。

4）第4位数字代表合同方式，用4个数字加以区分。

①1—保用。

②2—保用期外优惠待遇（根据保用期外优惠待遇有关规定）。

③3—保用期外优惠待遇（征得有关人员同意）。

④4—保用期外优惠待遇询问书。

5）一汽-大众汽车有限公司大众品牌现有车型最常用的引导数据见表5-8。

表5-8 一汽-大众车型引导数据

类 型	引导数据
整车索赔外出服务（含担保期内迈腾VIP救援）索赔件运费	1111
备件索赔	1121
服务行动	11X1
优惠索赔现场看车严谨关爱迈腾VIP超6万km	1112
善意索赔	11Z1

（6）型号 型号由6位数字组成，详细说明如下：

1）第1位、第2位数字代表车型。例如：Jetta—1G 宝来—1J 开迪—2K 迈腾—9X 速腾—9L 高尔夫—2J 进口迈腾—3C。

2）第3位代表车身类型。

3）第4位数字代表车辆的装备。

4）第5位用字母代表发动机的分类。

5）第6位用字母代表传动器的分类。

（7）RA标记 RA标记用1位数字表示，对索赔件的修理种类加以区分。对损坏零件进行修复，填写“1”，对损坏零件进行更换，填写“2”。

***注意：**

• 对于外出服务、运费、油漆、修复、充R134a及各种油（液）类的补充等，RA标记必须为“1”。

• 为了保证见件索赔的严密性，凡是发生材料费用而没有旧件返回的索赔，如蓄电池、玻璃等的更换，RA标记为“2”。具体做法：将条码附在索赔件挂签上，与“索赔件验收清单”一起放在索赔件包装箱内寄到汽车生产企业的售后服务部指定地点。

（8）车辆类别 车辆类别用一个字母表示，代码符号代表的含义是：T—出租车；W—商品车；B—公务用车；P—私人用车。

（9）底盘号 填写底盘号码的后8位。

（10）售出日期 对于整车，售出日期就是购车日期，以购车发票上的日期为准（1辆车只填写1个日期）；共6位，日、月、年份各2位。例如：购车日期为2004年1月20日，则该日期应填写“200104”。备件索赔的售出日期填写备件购买、安装日期。

（11）修理日期 修理日期由6位数字组成，日、月、年份各2位。请填写车辆修理日期。

（12）里程数 它是指车辆修理时的行驶里程，靠右侧填写。

（13）损坏编号 损坏编号必须填写10位数，具体编号详见“故障码”。

（14）客户姓名、电话 此项必须详细填写客户姓名、电话，公务用车请填写单位名称、电话。

（15）故障描述 详细准确地填写故障现象及原因，语言要简练。

（16）工位 工位用8位数字表示，工位必须按照相应的“工位工时定额”进行填写。

（17）索赔件状态

1）中转库/中心库检查验收索赔件。

① 未送件、未扫描：状态为＊1。

② 错误的拒绝：状态为＊0。

③ 正确的认可：状态为＊2，＊3。

④ 经销商修改期限为7天！

2）产品责任部审核索赔申请单。

① 未审核：状态为＊1。

② 错误的拒绝：状态为＊0。

③ 正确的认可：状态为＊2。

④ 永久拒绝：状态为＊4。

⑤ 经销商修改期限为20天。

认知5　索赔件的管理

学时	1学时	难度	中级
学习目标	知识	1）掌握索赔件库的管理规定 2）掌握条形码粘贴、拴挂的要求 3）掌握损坏件拒绝索赔的原因 4）了解索赔件的返件方法及运费结算方法	
	技能	技能点	能力描述
		能完成索赔件入库操作	1＋X汽车营销评估与金融保险服务技术中级技能【工作一：保险理赔与三包作业技术—任务十：三包作业索赔鉴定】
	素养	1）培养操作素养 2）培养认真、严谨的素养	

一、经销商索赔件库管理规定

1）汽车生产企业的特许经销商的索赔件库为独立库房（独立区间），不得与其他厂家产品混放。

2）索赔件应分区、分类存放，国产、进口件分开存放。

3）索赔件库存放的索赔件应为近一个月以内的索赔件。

4）索赔件必须粘贴或拴挂相应的条码。

5）索赔件库货架上应粘贴相应的分类、分组标签。

索赔件管理

二、索赔件的管理

1. 条码的拴挂

索赔件要粘贴或拴挂条码，方便“见件索赔”。索赔件条码如图5-5所示。

2. 索赔件操作规范

（1）索赔件条码粘贴要求　对于有平整表面的索赔件，条码可以直接粘贴在索赔件平面的空白处。为便于条码扫描，还要注意以下要求：

1）条码不能粘贴在索赔件的外包装盒上。

2）条码不能粘贴在索赔件有油污或灰尘的面上。

3）条码不能折着或弯曲粘贴在索赔件上。

4）条码不能粘贴在索赔件上有文字、数字、字母和图形处。

1101600001

图5-5　索赔件条码

适合这种要求的索赔件有：门锁、计算机、轮辋、收放机、发动机、变速器、保险杠、仪表台、蓄电池（条码不能粘贴在上表面，必须粘贴在侧面）、后桥、制动摩擦片、制动盘、制动鼓、空调等。

（2）条码拴挂要求　对于不能直接粘贴条码的索赔件，需要先将条码粘贴在索赔挂签上，再将索赔挂签牢固地拴挂在索赔件上。索赔挂签拴挂位置选择：

1）索赔件上有小孔处。

2）拴挂的闭环处、柱型的凹处。

3）在索赔件上用胶带、绳、铁丝人为制成闭环来拴挂索赔挂签。

（3）多个索赔件的捆绑要求　一张“索赔申请单”对应有两件或两件以上索赔件时，索赔件必须捆绑在一起，而且要保证扫描人员能直观看到厂家代码、厂家标识、生产日期等标记。对轻、软、钝的索赔件，可以使用绳或胶带捆绑；对重、硬、锐的索赔件，必须用铁丝捆绑。

（4）索赔件清洗要求

1）凡是存有机油、汽油、冷却液等液体的索赔件必须将残液倒、放干净。

适合这种要求的索赔件有：发动机、变速器、燃油箱、汽油泵、散热器、冷却液罐、动力转向机、转向助力泵、转向助力油罐、制动分泵等。

2）凡是索赔件粘有油污、泥土等污物，必须清洗干净。

适合这种要求的索赔件有：发动机总成及散件、变速器总成及散件、燃油箱、减振器、内外等速万向节及护套、转向机、消声器等。

3. 索赔件返件方法

（1）索赔件返厂　各经销商将贴好条码或拴挂好条码挂签的索赔件分类装箱，并附有“经销商索赔件验收清单”，装箱单1式3份（2份、1份），中心库、中转库、经销商各1份。要求用中铁快运的方式，如果距离较近可用其他方式运送，但必须有专人负责。

（2）蓄电池、玻璃件的特殊说明

1）非铁路运输必须送到。

2）如通过铁路运输可不返回，销毁处理须征得售后服务部有关人员同意。

（3）索赔件返件原包装说明

1）有备件原包装的，按备件包装标准独立包装索赔件，同时按要求拴挂索赔件挂签。用胶带封好包装盒，粘牢即可。

2）原装备件无包装的索赔件，直接按要求拴挂索赔件挂签即可。

3）某些有塑料堵的备件，拆下后必须堵到索赔件上，防止索赔件漏油。

4）对于空气流量计、电子控制单元（发动机、自动变速器、ABS、安全气囊）、节流阀体及氧传感器，索赔件返件时需附上打印出来的故障诊断结果，同时将底盘号打印（或手写）上去。

4. 索赔件运费的结算方法

邮寄索赔件的运费采取实报实销的方法。服务站索赔员将运费发票复印件寄往售后服务科索赔组，要求在运费发票复印件上填写“申请单编号”，以此作为结算依据。经销商索赔员将索赔件运费以“索赔申请单”的形式录入索赔软件管理系统。

5. 损坏件拒绝索赔的原因说明

1）01—假件。

2）02—“索赔申请单”厂家代码与损坏件不符。

3）03—“索赔申请单”与损坏件不符。

4）04—“索赔申请单”填报数量与损坏件不符。

5）05—损坏件缺损。

6）06—非正常损坏件。

7）07—私自改装件。

8）08—损坏件号不符。

9）09—公里数不符。

10）10—生产日期不符。

11）11—特殊件超期索赔。

12）12—待鉴定是否索赔。

13）13—损坏件未清洗。

14）14—条码粘贴不合格。

注意：拒绝原因为“02”项时，可以修改“索赔申请单”。

课堂拓展

讨论：车企在做索赔最后审核时，发现有个别4S店的索赔申请经常出现小差错，不是索赔申请单填错，就是零件没清洗干净，或者索赔件的挂签掉了。这对你未来的就业有什么启示？

建议：索赔工作需要掌握索赔原则、条例、程序等，还需要认真、严谨的工作态度，如果一疏忽，可能就是重复工作，降低工作效率。未来工作时，一定要有责任心，保质、保量地完成工作任务。

项目实施

某品牌汽车4S店的零件索赔

一、某品牌4S店客户进店索赔

车主赵女士于2018年3月购入某品牌轿车，洗车后发现前照灯灯罩内有水珠凝结。赵女士通过与4S店技术人员电话咨询，了解到前照灯灯罩内凝结的水珠是由于洗车时进了水，只要打开前照灯照射（加热），使灯罩内水雾蒸发就可以使灯罩内的水珠消失。赵女士按照4S店的指导解决了问题。最近由于南方阴雨天多，灯罩内又发现了凝结的水珠，赵女士心里十分郁闷。赵女士去4S店询问有没有根本的解决办法，如果没有办法要求更换前照灯。

二、索赔原因分析

起雾是由于灯具内部空气中包含的水分随温度升高而增加，当温度下降，水雾随之凝聚，附着在配光镜上的现象。从导致前照灯内部温度上升因素、产生雾气的情形、凝结水珠/水雾原因方面分析。

以下3种因素会导致前照灯内部（图5-6）温度上升：

1）外部环境影响，如暴晒、外部高温等。

2）机舱温度影响，前照灯在机舱内前方，发动机运转时，机舱内各零件产生的热量都会传导给前照灯。

3）前照灯本身工作产生的热量。

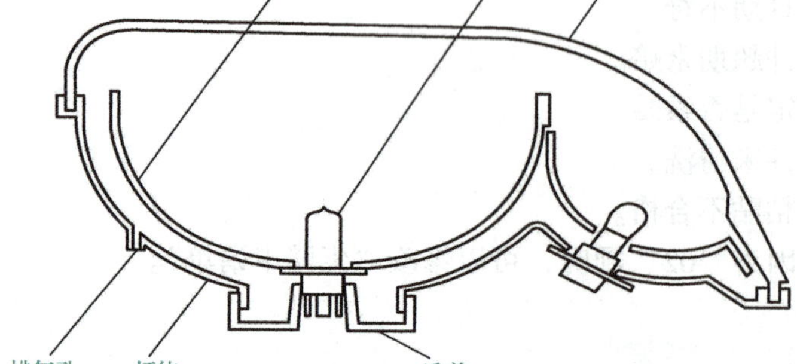

图5-6　前照灯的基本构造

受机舱内布置和外界环境影响，两侧前照灯起雾量会有所区别。易产生雾气的几种情形：

1）洗车之后。

2）潮湿或阴雨天气，灭灯熄火之后。

3）冷热变化剧烈（如冬季会产生霜花，也属正常）。

进水是指因某些原因导致灯具的密封性遭到破坏，造成水分侵入前照灯内部，附着在配光镜上的现象。

对于满足密封性要求的非封闭式前照灯，当灯内压力与外界压力不一致时，会有空气交流（图5-7）。当灯内温度高于外界温度且外界湿度较大时，待前照灯冷却后会在灯罩内有少量的冷凝水珠/水雾存在。所以有时前照灯灯罩内有凝结水珠/水雾现象属

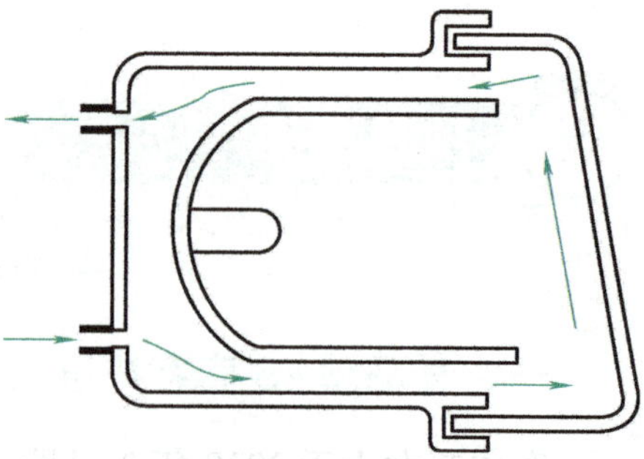

图5-7　前照灯与外界空气的交流过程

于正常现象。

三、索赔问题处理

对于赵女士抱怨的前照灯进水/起雾要求索赔的情况 4S 店按如下步骤进行了判定。

1. 确认故障

1）进水：在前照灯的发光面（图 5-8）上有大量凝结的水珠，甚至已经向下流淌。

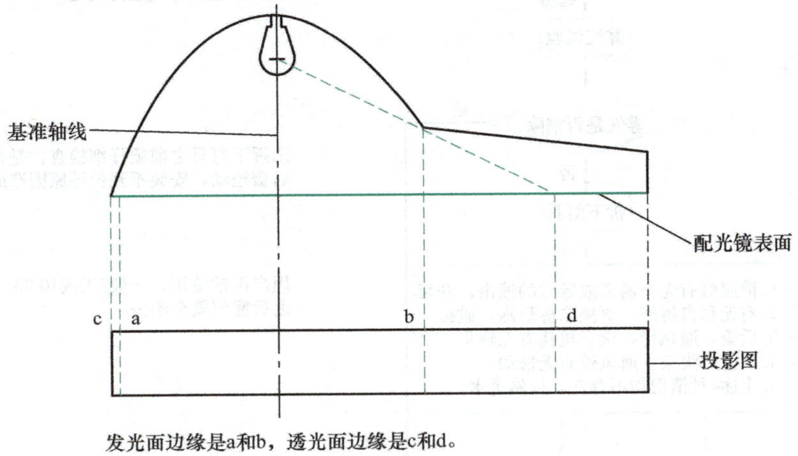

图 5-8　发光面定义

2）起雾：由于前照灯内、外温差，随空气进入前照灯内部的水汽凝结在灯罩内表面上，呈雾状。

说明：即使形成水珠，如果不在前照灯的发光面上，也按照雾气进行判定。

2. 判定为进水的前照灯检查流程

1）检查前照灯是否存在有因事故导致的撞击，开裂。

2）检查是否有私自拆卸、更换非标灯泡、缺件、破损等情况。

3）检查后盖、线束、通风管是否齐全，是否存在变形、松动。

4）对于后盖、通风管缺失的前照灯，使用吹干机吹干灯内的水汽，补上缺件后做好标记继续使用。

5）对于后盖、线束、通风管变形、松动的前照灯，变形的进行更换，松动的进行紧固，并将灯内的水汽烘干之后做好标记继续使用。

4S 店的维修技师经过检查后，证明上述 5 种情况均不存在，而前照灯依然存在进水情况，所以判定应该为用户办理索赔更换。索赔时需要随索赔标签附上故障件图片，随损伤件一起返回。图 5-9 所示为前照灯进水索赔流程。

四、索赔问题总结

1）索赔是提高品牌形象和客户满意度的一种方式，但在处理客户提出的索赔要求时，一定要有理有据。

2）同样的索赔申请可能会有不同的处理结果。索赔员在处理索赔申请时一定要根据汽车生产企业的产品结构、技术要求、材料工艺特性等多方面考虑，得出正确的处理结果。

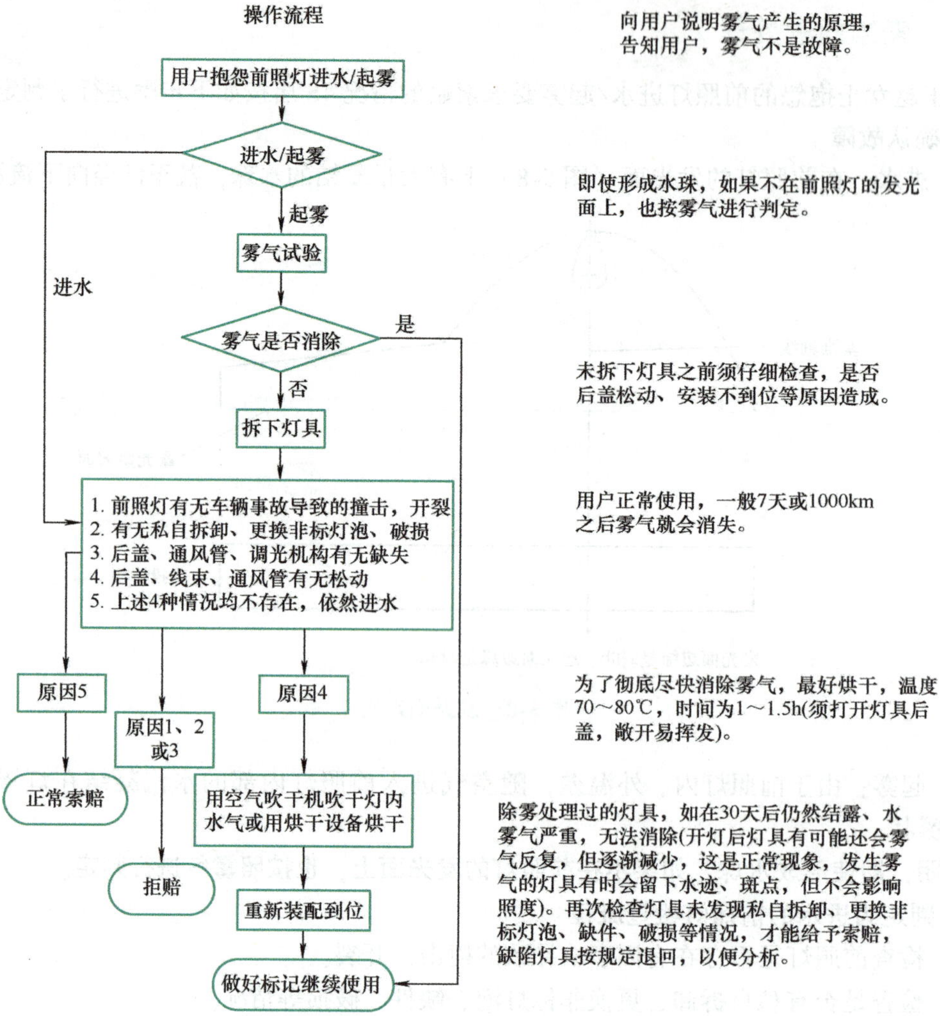

图 5-9　前照灯进水索赔流程

3）在处理过程中与客户的意见不统一时，索赔员需耐心地向客户解释。

4）要避免因索赔处理不当而影响售后服务的客户满意度。

项目六　汽车维修企业客户满意度管理

项目导读

客户满意度是服务行业最重视的一项数据。汽车维修企业的服务人员树立为客户服务的理念、维护住老客户等都对提高客户满意度有着直接关系，进而会影响客户的流失率，影响企业的效益。因此，汽车维修企业要从提高客户满意度的流程入手，合理地处理客户的抱怨、投诉，为客户提供欣喜服务，从而提高客户满意度，树立汽车维修企业的品牌形象。

建议学时安排：

序　号	内　容	学　时
认知 1	客户关系管理	1 学时
认知 2	提高客户满意度	1 学时
认知 3	提高客户感受	1 学时
认知 4	客户投诉及处理	1 学时
项目实施	客户投诉案例处理	1 学时

项目引入

一位捷达轿车的用户在车辆行驶了 6500km 时，和 4S 店预约做首次维护。到 4S 店后，维修技师按标准流程操作了 40 多分钟的时间。交车时，客户抱怨维护时间过长，他认为就是更换机油而已，为什么需要 40 多分钟的时间？如果你是 4S 店的售后服务人员，你如何处理客户的抱怨从而提高客户的满意度？

项目内容

认知 1　客户关系管理

学时	1 学时		难度	中级
学习目标	知识	1）了解客户关系管理的概念、掌握客户关系管理的原则 2）掌握客户流失统计方法 3）掌握客户流失原因 4）掌握客户维护的方法		

（续）

		技能点	能力描述
学习目标	技能	1）能统计客户流失数据	1+X汽车营销评估与金融保险服务技术中级技能【工作四：维修企业的客户管理作业—任务十八：客户流失处理分析】
		2）能分析客户流失的原因	
		3）能制订维护客户的措施	1+X汽车营销评估与金融保险服务技术中级技能【工作四：维修企业的客户管理作业—任务十九：客户维系处理分析】
	素养	1）培养数据统计分析素养 2）培养认真、严谨的素养	

一、客户关系管理概述

1. 客户关系管理的概念

客户关系管理（Customer Relationship Management，CRM）是一种基于Internet的应用系统。它通过对企业业务流程的重组来整合用户信息资源，以更有效的方法来管理客户关系，在企业内部实现信息和资源的共享，从而降低企业运营成本，为客户提供更经济、快捷、周到的产品和服务，保持和吸引更多的客户，以求最终达到企业利润最大化的目的。

客户关系管理是企业选择和管理有价值客户及其关系的一种商业策略，要求以客户为中心的商业哲学和企业文化来支持有效的市场营销、销售与服务流程。

客户关系管理借助一定的信息技术和互联网技术，为客户提供多种交流渠道，为企业提供全方位的管理视角，最大化客户的收益率。它集合了最新的信息技术，包括Internet和多媒体技术、数据仓库和数据挖掘、专家系统和人工智能、呼叫中心等。

客户关系管理主要是用于快速、及时地获得问题客户的信息及客户历史问题记录等，这样可以有针对性并且高效地为客户解决问题，提高客户满意度，提升企业形象。它的主要功能包括客户信息的收集与反馈、会员管理、客户预约与回访、满意度调查等。有些客户关系管理软件会集成呼叫中心系统，这样可以缩短客户服务人员的响应时间，对提高客户服务水平起到很好的作用。

客户关系管理通过信息共享和优化流程来降低企业经营成本，或是制订完善的信息采集的内容和方式，通过CRM系统对企业各部门的客户资料进行收集、整理，同时对客户信息进行统计、分析，深入了解客户需要，发现不同价值的客户，从而向客户提供更加具有针对性、更加专业化的服务。

2. 客户关系管理的原则

客户关系管理的核心思想是将客户作为企业的重要资源，通过收集并分析销售、市场和全面、个性化的客户资料，给客户提供更快捷和周到的优质服务，从而提高客户满意度，吸引和保持更多的客户，增加营业额。

企业只有做到CCPR（方便、关怀、个人化、立即响应），才能更好地维系客户关系。

（1）让客户更方便　即让客户更便于取得企业的服务，很多企业设立了800/400热线电话以便解答客户疑问。在信息时代，企业必须让客户自己选择使用电话、网站、传真、E-mail或面对面等不同沟通方式与企业接触，取得产品信息或服务。作为汽车售后服务企业，为方便客户，可以为客户提供上门取送车服务、紧急救援服务、代步车服务等。

（2）对客户更亲切　周到热情的服务，即站在客户的角度为客户提供服务才能提升客户的归属感、亲切感。如果维修企业出现客户流失过多的情况，除了价格因素外，还要考虑是否对客户不够亲切。

（3）个性化　企业要把每一个客户当作企业的重要资产，而不是一次交易，所以必须了解每一个客户的喜好与习惯，并适时的提供建议。对于汽车维修企业，可根据车辆购买日期，提醒客户年检；根据驾驶习惯及生活习惯等，提醒客户按期维护等。

（4）立即响应　企业对于客户行为，必须透过每次接触不断了解分析，并且很敏感地立即响应。汽车维修企业对客户行为的快速响应，可让客户有被重视被尊重的感觉，也能提升客户的亲切感。

二、客户开发和维护

1. 树立为客户服务的理念

对于汽车维修企业，只有拥有足够多的客户，才能成为汽车售后服务行业的赢家。在产品质量不相上下的情况下，售后服务是决定汽车维修企业拥有客户多少的重要因素。现在已经是超值服务的时代，客户不仅看重产品的质量，更看重能否给他们提供超值完善的售后服务。对于服务行业来说，企业必须树立以客户为核心的服务理念，站在客户的角度关注服务质量，以服务过程为核心梳理服务流程，把握服务质量的关键环节，掌握以解决客户问题为核心的服务技巧，不断提升企业和服务人员的服务执行力，以创新式的服务赢得更多的客户，在服务客户的过程中实现合作共赢的目标。

客户是唯一有权利衡量服务质量的人，客户的满意度是客户对于服务的一种感知，而这种感知源自于服务的过程中所获得的综合感受，以客户的视角和客户的感知关注企业的服务质量，是服务理念的核心思想。服务的特殊性在于产品技术特点、服务流程、服务人员 3 个重要方面，但无论服务的内容和重点发生什么变化，客户对服务的感知和标准是不变的。客户对服务的感知源自于服务过程中的综合感受。因此，服务应该始终围绕着服务过程展开，以客户的感受为考量依据，不断提升客户在服务过程中的综合感知。服务从某种程度上是一种人与人之间的沟通交流过程，客户对服务的感知程度很大一部分源自服务人员的服务态度、问题解决能力、服务响应的速度。因此，服务人员的服务素质和服务技巧是客户满意的关键。

市场的竞争越来越激烈，越来越残酷。一些有发展的企业为了企业的生存十分重视为客户服务好这个服务理念。而有些企业为了企业的生存，在经营生产上要数量轻视了质量，一味地追求赚钱而忽视给客户提供优质服务，服务不到位，客户很难回头，造成企业经营越来越困难。为此，要想生存发展的企业必须以客户为中心，牢固树立为客户优质服务的理念。

为了企业的经营、发展，汽车维修企业要做好找客户和为客户做好服务的切实问题。著名的管理大师彼得·杜拉克说："企业目标是创造并留住顾客，利润就是前产品。"可想而知，以客户为中心就是企业的发展生存的基础、命脉。如果企业失去了客户，就失去了生存的基础，所以给客户提供优质的服务是企业发展的重要策略。企业必须重视客户服务，以客户为中心，牢固树立为客户提供优质服务的理念。当前，提供卓越的客户服务，建立满意忠诚客户群，对汽车维修企业来说已经迫在眉睫。

以客户为中心，树立为客户提供优质服务的理念，是促进企业发展的基础，必须重视。

企业要生存和发展，必须创造利润，企业的利润来源主要有新客户和老客户两部分。开发新客户、维护住老客户是汽车维修企业应该且必须做好的工作。

2. 新客户的开发

拥有客户就意味着企业拥有了在市场中继续生存的理由，所以各个维修企业都在想办法开发新客户。服务顾问得到销售部门购车的信息后，就要有针对性地开展一系列的服务行动，争取新客户的首次服务能回到维修企业。

（1）交车3日关爱

① 以短信方式告诉客户今后他的爱车将由本服务站进行跟进服务，告知其服务站的预约电话、救援电话及具体地址。

② 短信提醒客户其爱车的首次维护时间，并告知会提前电话联系他。

（2）交车7日问卷

① 以电话回访形式联系用户，询问车辆手续是否都办理齐全，并以问卷形式询问客户的使用情况和对车辆的看法。

② 结束时提醒客户在行驶中要注意的一些细节，如冷却液温度表、机油指示灯、发动机指示灯等。

（3）修后3天回访

① 以电话回访形式联系客户，询问车辆修后使用情况，并对更换件进行确认。

② 结束时告知客户下次的维护具体时间，并会提前电话联系他。结束后立即短信表示感谢，并附本公司的预约电话及救援电话。

（4）维护预约提醒

① 以短信方式提前1天提醒，第2天电话预约客户进站进行定期维护，尽量跟客户确定进站时间，并事后跟进。

② 包含首次维护、日常维护（以时间为准进行推算）。

（5）四季活动关爱

① 以短信方式提前1天通知，第2天电话通知用户近期进站进行关爱活动，尽量跟客户确定进站时间，并事后跟进。

② 包含冬送温暖，夏送清凉，五一、十一出游，春节安全关爱等活动，跟其他项目类别一起安排，避免短期内多次关爱。

（6）节日、生日短信关爱

① 以短信方式在节假日、生日对客户问候，让客户时刻感受到被关爱。

② 提前设置好客户的农历和阳历生日日期，在两个日期都进行提醒。

（7）天气突变关怀　以短信方式在天气发生突变时进行提醒，并表达如有任何问题可拨打服务站电话。

3. 维护老客户

拥有客户就意味着企业拥有了在市场中继续生存的理由，而拥有并想办法留住客户是企业获得可持续发展的动力源泉。这就要求企业在广泛关注所有的竞争环境的同时，必须加大关注客户的力度。当前，企业的核心任务是一方面提升企业核心竞争力适应客户需求的变化；另一方面以先进的管理思想为指导，采取科学的技术手段，合理地处理企业与客户之间的关系来提高和维持较高的客户占有率。

（1）维护老客户的作用　在以前的汽车维修企业服务营销活动中，有相当一部分企业只重视吸引新客户，而忽视老客户，使企业将管理重心置于售前和售中，造成对老客户的售后服务中存在诸多问题得不到及时有效的解决，从而使现有客户大量流失。然而为了保证生存和发展，必须不断补充“新客户”，如此不断循环。这就是著名的“漏斗原理”。企业即使失去和得到的客户数量相同，但实际上为争取这些新客户所花费的宣传、促销等成本显然要比保持老客户昂贵得多，从企业投资回报程度的角度考虑是非常不经济的。因此，以漏斗原理作为制订企业的服务营销策略的指导思想，已经不适用于现在的社会形势。如今，买方市场情况下，产品同质化程度越来越高，同时，由于科学技术的发展，产品本身的生命周期越来越短，很多企业推出的服务营销策略也大同小异，消费者已变得相当理智，所以对客户进行维护和售后的服务非常必要。

1）留住老客户可使企业获得长久的竞争优势。各个汽车维修企业的服务已经由标准化细致入微的服务阶段发展到个性化由顾客参与服务的阶段。成功的企业和成功的服务营销，把留住老客户作为企业发展的重要任务。留住老客户比开发新客户，甚至比市场占有率重要。顾问公司多次调查证明：留住老客户比只注重市场占有率和发展规模经济对企业效益奉献要大得多。

2）留住老客户会降低汽车维修企业的成本。开发一位新客户的投入成本是巩固一位老客户的5倍。对于一位新客户进行服务营销所需费用较高的主要原因是，进行一次个人服务营销访问的费用，远远高于一般性客户服务的相对低廉的费用。因此，确保老客户的再次消费，是降低服务营销成本和节省时间的最好方法。

3）留住老客户有利于发展新客户。在众多汽车维修企业名目繁多的服务营销攻势下，一些老客户可能成为其他汽车维修企业的新客户。因为对于一个汽车用户来说，在购买汽车之后，关于汽车的售后服务一直会进行大量的信息资料收集。其中听取亲友、同事或其他人亲身经历后的推荐往往比企业做出的介绍会更容易被购买者相信。客户的口碑效应在于：1个满意的客户会引发8次潜在的交易，其中至少有1次成交；1个不满意的客户会影响25个人的购买意向。

4）留住老客户可以获取更多的客户份额。由于企业着眼于和客户发展长期的互惠互利的合作关系，从而提高了相当一部分现有客户对企业的忠诚度。忠诚的客户愿意更多地购买企业的产品和服务，忠诚客户消费，其支出是随意消费支出的2~4倍。而且随着忠诚客户年龄的增长、经济收入的提高或客户企业本身业务的增长，其需求量也将进一步增大。

（2）维护老客户的方法　汽车维修企业要留住老客户必须要从以下几个方面入手：

1）细分客户，明确并积极满足客户需求。

① 采取更多的优惠措施吸引客户，如免工时费或者打折、赠送礼品、组织店庆活动等，同时应经常和客户沟通交流，保持良好融洽的关系和和睦的气氛。

② 特殊客户特殊对待。根据80/20原则，汽车维修企业80%的利润是由20%的客户创造的，并不是所有的客户对企业都具有同样的价值，有的客户带来了较高的利润率，有的客户对于企业具有更长期的战略意义。美国《哈佛商业评论》发表的一篇研究报告指出：多次光顾的客户比初次登门的人可为企业多带来20%~85%的利润。所以善于经营的企业要根据客户本身的价值和利润率来细分客户，并密切关注高价值的客户，保证他们可以获得应得的特殊服务和待遇，使他们成为企业的忠诚客户。

③ 为客户提供系统化解决方案。汽车维修企业要主动为客户设计合适的系统化解决方案，而不仅仅停留在服务营销层面上，应在更广范围内关心和支持客户的发展，增强客户进厂维修的次数和规模，或者和客户共同探讨新的消费途径和消费方式，创造和推动新的需求。

2）建立客户数据库，和客户建立良好关系。在信息时代，客户通过互联网等各种便捷的渠道可以获得更多更详细的产品和服务信息，使客户比以前更加理性、更加不能容忍被动的推销。这样，与客户的感情交流是企业用来维系客户关系的重要方式，日常的拜访、节日的真诚问候、婚庆喜事、过生日时的一句真诚祝福、一束鲜花，都会使客户深为感动。一次服务的结束并不意味着客户关系的结束，售后部门还需与客户保持联系，以确保客户的满意度。由于客户更愿意和与他们类似的人交往，他们希望与企业的关系超过简单的售买关系，因此企业需要快速地和每一个客户建立良好的互动关系，为客户提供个性化的服务，使客户在购买服务的过程中获得产品以外的良好心理体验。

3）与客户进行深入沟通，防止出现误解。客户的需求不能得到切实有效的满足往往是导致汽车维修企业客户流失的最关键因素。一方面，汽车维修企业应及时将企业经营战略与策略的变化信息传递给客户，便于客户工作的顺利开展；同时，应把客户对汽车维修企业产品、服务及其他方面的意见、建议收集上来，将其融入企业各项工作的改进之中。这样，既可以使老客户知晓企业的经营意图，又可以有效地调整企业的服务营销策略以适应客户需求的变化。另一方面，汽车维修企业应善于倾听客户的意见和建议，建立相应的投诉和售后服务沟通渠道，鼓励不满意的客户提出意见并及时处理，并且从尊重和理解客户的角度出发，站在客户的角度去思考问题，采用积极、热情和及时的态度；同时要跟进客户，采取积极有效的补救措施。大量实践表明，2/3 的客户离开汽车维修企业是因为企业对客户的关怀不够。

三、客户流失分析

1. 流失客户的界定

怎么确定客户是否流失？不同行业有不同的判断标准。在汽车售后服务行业，流失客户是指半年内没有回到汽车维修企业进行过维护、维修等活动的客户。可以将 6 ~ 12 个月没有回店记录的客户定义为存在流失风险或者短期流失客户；1 年以上没回店的客户定义为流失客户或者长期流失客户。在调研时，可以利用 DMS 里的统计数据进行分析，具体统计方法如图 6-1 所示。

2. 客户流失原因分析

有了流失客户的统计数据，分析客户流失的原因就有了依据，但是还要有正确的分析方法，才能找到客户流失的真正原因。

（1）根据购车时间计算车龄并做统计　按质量担保期不少于 3 年或者 6 万 km 的规定进行统计。根据统计结果进行分析，如果是车龄不超过 3 年的车辆占比较大就要对这部分客户进一步分析，找出这些车辆中只到店 1 次的客户占这个统计段的比例是多少。若占比较大，就要将这批客户根据“最后一次维修类型”再做一次筛选。如果发现“最后一次维修类型”为首保加事故车维修的占比较大，需要将这些车辆按使用性质排序，最终结果如果是私家车占比较大，则表示该店的服务水平较差，客户没有得到很好的服务体验，这就需要对店内客户服务质量进行整体的改进。

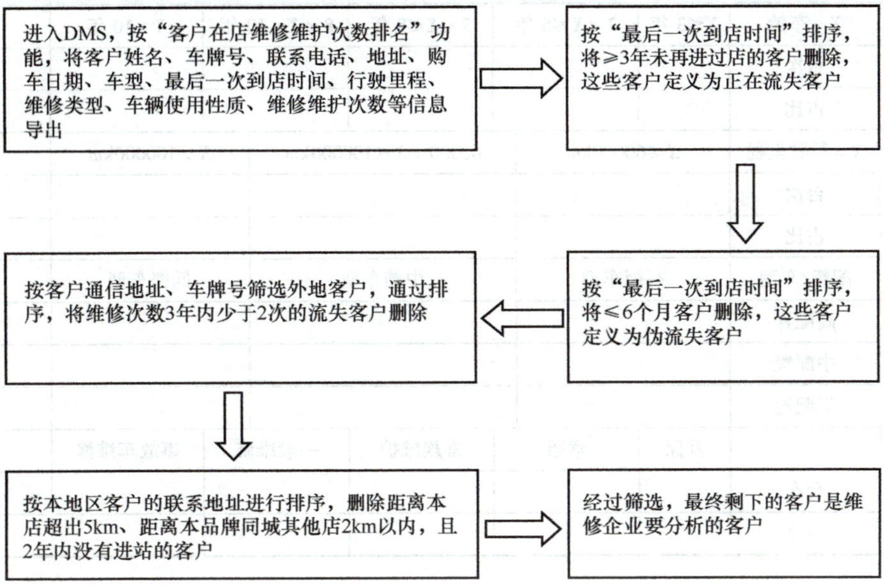

图 6-1　客户流失的统计方法

如果是车龄在 8 年以上的车辆占比较大，同样按照上述方法进行分析。但这个车龄段的车辆置换较多，这时就需要看看日常工作做得怎么样，有多少车做了二手置换，置换后有多少车辆进过站，这部分是客户流失延伸出的一个日常管理问题。

（2）按最后一次到站行驶里程统计　以质量担保期为统计起点（X = 行驶里程）：如果 $X \leqslant 6$ 万 km 的车辆占比大于 6 万 km 以上的车辆占比，且根据“最后一次维修类型”进行筛选，例行维护类型占比较大，则说明问题出在客户体验和日常客户维系方面：预约做得不到位、客户等待时间过长、服务顾问对待客户不亲切友善等。

（3）按车型统计　每个品牌都有高、中、低端 3 种车型，在这 3 种车型中，根据每个车型的配置不同，有车型高、中、低配置的区分。首先要对高、中、低端车型进行统计，分析各自的占比。如果统计结果为中端车型占比大，就需要从服务体验、营销活动、价格策略上进行分析；如果是高端车型占比较大，就要从诚信经营、客户信任方面去分析。再分别选择中档、低档配置的车型，按上述高、中、低 3 档统计分析，从中分析出客户流失的关键因素。

（4）按“最后一次维修类型”进行统计分析　根据各维修类型统计，要进一步对“常规维护”类型的车辆进行分析，检索到“最后一次维修类型”只在站里享受一次服务的占比。如果占比较大，说明 4S 店的服务质量出现问题，客户感受不好，所以选择其他维修企业了。

“事故车维修”也按照这样的方法进行分析。如果只在站里接受过一次服务且是事故车维修的，就要从 4S 店的服务质量上下功夫，在留住客户上下功夫。

客户流失原因分析统计表见表 6-1。

表 6-1 客户流失原因分析统计表

<table>
<tr><th colspan="2">分析项目</th><th colspan="5">统计项目</th><th>合计</th></tr>
<tr><td rowspan="3">按车龄分析</td><td>X＝车龄</td><td>X≤3 年</td><td>3＜X≤5 年</td><td>5＜X≤8 年</td><td>8＜X≤10 年</td><td>X＞10 年</td><td></td></tr>
<tr><td>台次</td><td></td><td></td><td></td><td></td><td></td><td></td></tr>
<tr><td>占比</td><td></td><td></td><td></td><td></td><td></td><td></td></tr>
<tr><td rowspan="3">按最后一次到店行驶里程分析</td><td>X＝行驶里程</td><td colspan="2">X≤60000km</td><td colspan="2">60000＜X≤100000km</td><td>X＞100000km</td><td></td></tr>
<tr><td>台次</td><td colspan="2"></td><td colspan="2"></td><td></td><td></td></tr>
<tr><td>占比</td><td colspan="2"></td><td colspan="2"></td><td></td><td></td></tr>
<tr><td rowspan="4">按车型分析</td><td>配置/车型</td><td colspan="2">高档车型</td><td colspan="2">中档车型</td><td>低档车型</td><td></td></tr>
<tr><td>高配置</td><td colspan="2"></td><td colspan="2"></td><td></td><td></td></tr>
<tr><td>中配置</td><td colspan="2"></td><td colspan="2"></td><td></td><td></td></tr>
<tr><td>低配置</td><td colspan="2"></td><td colspan="2"></td><td></td><td></td></tr>
<tr><td rowspan="3">按离店最后一次维修类型分析</td><td></td><td>首保</td><td>索赔</td><td>常规维护</td><td>一般维修</td><td>事故车维修</td><td></td></tr>
<tr><td>台次</td><td></td><td></td><td></td><td></td><td></td><td></td></tr>
<tr><td>占比</td><td></td><td></td><td></td><td></td><td></td><td></td></tr>
</table>

短期流失客户中有的并不是真正流失的客户，有些用车较少的客户 6 个月还未达到进厂的里程数（比如现在的家庭代步车），因此，统计出来的短期流失客户需进行跟踪回访，确认客户状态。

长期流失客户为主要的流失客户，需通过电话调查用户真正流失的原因，调查客户最近一次到服务站的时间以及不再来的原因，找出最重要的原因，并有针对性的开展活动项目，从服务站内部管理抓起，真正从服务意识、服务能力上去改变。

对于多数新车主来说，选择 4S 店的主要原因是客户手册中规定。由此，新车主在保修期内，大多会在 4S 店进行维修维护，4S 店的客户流失率自然相对较小。但是在此期间内还是有客户流失，主要是客户对 4S 店软硬件设施问题或是服务产生不满而更换汽车维修企业，属于非正常的客户流失。针对保内流失客户，应分析客户反映的流失原因，与自身维护流程对比，找出用户流失的主要原因，进行改善提升。

3. 客户流失的解决方案

针对调查确定的客户流失原因制订整改措施，改进自身工作中的缺陷，尽量满足客户需求，预防问题再次发生。针对社会修理厂、个人修理店等可以进行 SWOT 分析，明确自身优势、劣势、机会与威胁，针对客户不同流失原因提出合理方案，尽力挽回流失客户。

（1）对维修质量不满意的客户　在客户信息中备注客户不满意维修质量，安排专人或者由经理亲自跟进解决，并指定班组或高级技师维修，尽最大努力挽留客户。4S 店要对维修技工不断进行培训及考核，建立奖励机制，提高维修技工的主观能动性，主动学习钻研、提高维修水平。

（2）对服务质量不满意的客户　由服务经理亲自跟进解决，并指定资深服务顾问接待。4S 店应该汲取教训，改善服务质量，提供超出客户期望的服务。这就要求服务顾问必须识别自己客户的需求，调查客户现实和潜在的需求，分析客户需求，确定服务方向，进而提供适销对路的服务项目来满足或超越他们的需求和期望，使其满意。

（3）对维修价格不满意的客户　对维修价格不满意主要是与社会修理厂、个人修理店相比，汽车配件以及工时费都要高。针对这种问题，盲目降价并不可行，可以利用一些优惠措施来吸引客户。例如：用赠送精品、工时优惠券等吸引客户回厂；保内免费延保或付费延保措施；临出保配件捆绑销售给一定优惠，或吸引客户预存维修款，以后使用时进行优惠；保外制订套餐捆绑维护，遵循次数越多，优惠越多的原则，或者是免费赠送等措施。

（4）管理问题　建立客户电子档案，可以使4S店给客户的服务更合适、更高效。客户的车辆一进入服务中心，服务顾问就能够从微机中调取出该客户的相应资料，按照系统内信息就能够知道该客户是老客户还是新客户、其车上次进行的维修项目，能够预测到本次应该进行什么维修维护、该客户是处在什么样的消费群体等。

这样就能够在维修价格、维修质量、维修工期、付款方式、维修维护建议等方面与客户进行友好的沟通，让客户感受到了4S店对其的重视，提高了服务质量。

应按照系统内信息提示进行跟踪服务，使企业的经营由被动变为主动。在该车需要进行年审、季审、保险过期、驾驶证过期、下次维修维护时，4S店送上温馨提示，拉近与客户之间的关系。

课堂拓展

讨论：从2019年西安奔驰女车主坐发动机舱盖上维权事件，怎么看待客户关系管理？

参考建议：经销商店大欺客是售后服务管理的倒退，做好服务要先从客户角度思考问题。要解决问题、尊重客户、与客户建立情感联系。

认知2　提高客户满意度

<table>
<tr><td>学时</td><td colspan="2">1学时</td><td>难度</td><td>中级</td></tr>
<tr><td rowspan="7">学习目标</td><td>知识</td><td colspan="3">1）掌握客户满意度与客户忠诚度的关系
2）掌握提高客户满意度的流程
3）掌握客户满意度的调研方法</td></tr>
<tr><td rowspan="4">技能</td><td>技能点</td><td colspan="2">能力描述</td></tr>
<tr><td>1）在接待客户时能结合客户满意度的流程来开展工作</td><td colspan="2" rowspan="3">1＋X汽车营销评估与金融保险服务技术中级技能【工作四：维修企业的客户管理作业—任务十七：满意度的处理分析】</td></tr>
<tr><td>2）能处理客户的抱怨</td></tr>
<tr><td>3）能制订客户满意度调研问卷</td></tr>
<tr><td>素养</td><td colspan="3">1）培养包容精神
2）培养表达素养及团队成员协作素养</td></tr>
</table>

一、客户满意度分析

作为售后服务管理最核心的内容，客户满意度管理越来越受到各大汽车生产企业和经销商的重视。客户满意度管理以客户感受为主线，以客户满意为关注焦点，借助客户满意度的测量分析与评价工具，不断地进行售后服务管理方面的改进和创新。提高客户满意度是增强汽车生产企业和经销商竞争实力的一种服务管理模式。

客户满意度（Consumer Satisfactional Research，CSR）又称为客户满意指数。一般来说，客户满意是指客户通过对一种产品的实际感受与自身对产品的期望值相比较，所形成的愉悦或者失望的感觉状态。如果客户的感受低于期望，客户就会不满意；如果客户的感受与期望相匹配，客户就满意；如果客户的感受超过期望，客户就会高度满意或者欣喜。

客户如何形成他们的期望呢？客户的期望来源于过去的经验、朋友和伙伴的言论、媒体的宣传、营销者和竞争者的信息及承诺。如果营销者将期望值定得太高，客户很可能会失望；如果公司将期望值定得太低，则无法吸引客户。由此可以看出客户的满意度与客户对服务的期望值是紧密相联的。所以，正确地管理客户的期望对客户满意度管理尤为重要。

客户满意度是对服务性行业的客户满意度调查系统的简称，是一个相对的概念，是客户期望值与最终获得值之间的匹配程度。客户满意度管理的最终目标是追求客户的忠诚度，一个客户是否忠诚，往往取决于一些小的事件的累加。客户满意度与客户忠诚度通常有以下 4 种表现。

1. 当客户满意度是“不满意”时，客户忠诚度为负值

在这种情况下，客户不仅不会选择令他们感到过不满意的产品和服务，还会影响周围其他人选择这种产品或者服务。

2. 当客户满意度为“一般”时，客户忠诚度为零

在这种情况下，客户对产品或者服务没有任何特别的深刻体会。客户会在任何同类产品或者服务中进行尝试，直到找到真正让他信任的产品或者服务为止。

3. 当客户满意度为“基本满意”时，客户有很高的转换率

当客户满意度为“基本满意”时，虽然客户忠诚度为正值，但他们也具有很高的转换率，随时都有可能放弃目前让客户感到基本满意的产品或者是服务，转换到其他的品牌或者替代品。

4. 当客户满意度为“非常满意”时，客户有很高的忠诚度

当客户满意度为“非常满意”时，客户会表现出高忠诚度和低转换率，这就是一汽-大众汽车有限公司一直在追求的“客户欣喜度”，它是客户满意度的最高境界。由于为客户提供了超出他们期望值的产品或者服务，客户会有欣喜的体验和感受，所以会表现出高的忠诚度。各大汽车生产企业和经销商通过这些高忠诚度的客户来实现经济效益和社会效益。

如何利用客户满意度管理真正提升客户的满意度达到客户欣喜，如何解决客户满意度管理中出现的一系列问题，一直是各大汽车生产企业和经销商需要解决的难题。

二、提高客户满意度的流程

已经知道了客户满意度对汽车生产企业的重要性，应该怎样做才能提高客户满意度呢？

1. 重视“客户资源”的价值

在过去相当长的一段时间内，人们对“客户资源”的理解往往停留在“客户档案”上，随着市场环境的变化以及竞争的日趋激烈，各个汽车生产企业对“客户资源”的理解也越来越具体。各个汽车生产企业在充分认识到“客户资源”价值的同时，越来越重视对“客户资源”的有效管理和利用。通常采取以下方式进行客户资源的管理：

1）成立专业的客户关系管理部门，集中管理汽车生产企业的“客户档案”和“业务数据”。

2）重视各个渠道的客户请求和需求信息。

3）重视营销机会的管理，使它有更高的成功率。

4）把“客户资源”作为企业资产进行管理，将它的“利用率”与业务部门的绩效考核结合起来，以便更好地管理利用客户资源。

2. 划分客户类型，为不同类型的客户提供不同方式的服务

应该对稀缺的经营资源进行优化配置，集中力量提升高价值客户的满意度。与此同时，应该关注潜在的高价值客户，渐进式提高他们的满意度。从全部客户满意到价值客户满意，再到高价值客户满意，最后到高价值客户关键因素满意，这应该是企业提升“客户满意度价值回报”的“流程”。

提高客户满意度流程

3. 不断收集和研究客户需求

汽车生产企业要实现中长期的稳定成长和发展，必须不断地收集和研究目标客户群的产品和服务需求，积极而有效地反馈并且融入自身的产品和营销策略中去。只有这样，才能在充分而激烈的竞争中，提高现有的客户满意度，抓住新客户。

4. 和客户建立亲善关系

现在的客户越来越理性，他们通过网络和电视等媒体可以获得更多、更详细的产品和服务信息，不能容忍被动的推销。客户希望与企业的关系超过简单的售买关系，因此各个汽车生产企业应该为客户提供个性化的服务，使客户在使用产品以及接受服务的过程中获得产品以外的良好的心理体验。服务人员在与客户的交往中，要善于听取客户的意见和建议，表现出对客户的尊重和理解，要让客户感觉到企业特别关心他们的需求。企业还应鼓励员工站在客户的角度思考应该提供什么样的服务，以及怎样提供服务。

5. 积极地解决客户的抱怨

统计表明，不满意的客户中有6.5%的客户会采取公开的抱怨方式，这些公开的抱怨会给企业带来这样或那样的负面影响。如果企业对客户的这些抱怨处理不及时、不合理，就会有一些客户采取一些过激的方式。例如：不付账单、对客户服务人员蛮横无理，更严重的是四处诋毁该企业——通过网络影响若干潜在客户。所以企业要给客户提供抱怨的渠道，并认真对待客户的抱怨，在企业内部建立处理抱怨的规章制度和业务流程，如规定对客户抱怨的响应时间、处理方式和抱怨趋势分析等。

抱怨处理

如何提高客户满意度，使其为企业创造更大的利润空间，是各个汽车生产行业都十分关心的问题。只要企业信任和尊重客户、真诚地视顾客为朋友、给客户以“可靠的关怀”和“贴心的帮助”，企业就可能赢得客户的满意。

认知3　提高客户感受

学时	1学时		难度	中级
学习目标	知识	1）了解经销商在宏观、微观管理方面提升客户满意度的措施 2）了解客户关怀的措施 3）了解欣喜方案的设计内容		

（续）

		技能点	能力描述
学习目标	技能	1）能总结现有的提高客户感受的措施	1+X汽车营销评估与金融保险服务技术中级技能【工作四：维修企业的客户管理作业—任务十七：客户满意度的处理分析】
		2）能提出新的提高客户感受的措施	
	素养	1）养成总结创新的学习习惯 2）强化提高客户满意度的意识	

汽车生产企业为了提高客户的满意度，会从多角度为客户提供客户关怀，还会从多方面为客户提供汽车贷款、汽车保险、汽车租赁、二手车评估等衍生服务。

一、加强经销商网络服务组织管理与提升客户满意度

1. 宏观的经销商服务组织管理

经销商网络建设一般是生产厂家提供统一的建筑标准；提供统一的形象建设标准及标识标准；贯彻先进的管理模式；免费提供技术培训、管理培训、索赔培训、备件培训及计算机业务培训；提供疑难维修技术支持；提供技术资料、管理资料；统一订购专用工具、仪器设备，指导通用工具订购；提供电子信息服务系统网络及经销商内部管理软件；提供原厂备件；免费提供产品宣传及服务宣传资料；授权开展售前整备、首保及索赔业务；指导经销商开展服务营销。

经销商的服务组织与管理说大也大，说小也小。从小的方面来说，走进经销商展厅内只看一下卫生间，即可大致判断出服务水平；大的方面讲的是服务理念。各个经销商的服务组织与管理在大的方面极其相似，但小的方面却各有不同。尽管核心流程是统一模式的，但激烈竞争导致经销商自觉地开展特色服务营销，使得经销商为缓解库存压力积极开展服务营销活动的意识越来越强烈。

2. 经销商服务组织的微观管理

（1）服务承诺的诞生　服务承诺是售后服务部门为体现客户关怀、落实服务标准的兑现，并通过经销商承诺的方法向客户公示的服务特色的一种表现形式。

例如，对于一汽-大众汽车有限公司的经销商来说，面对德国大众的售后服务核心流程，针对中国市场的复杂性与多样性，以及客户需求的多层次性、复杂性，经销商的把握和理解程度都会有很大的差异，所以执行结果可能不尽如人意。为了充分体现“严谨就是关爱”的售后服务理念，体现客户关怀，一汽-大众汽车有限公司根据客户满意度调研（CSS）中的弱项及服务核心流程的执行情况，制订了一套简单易行的提高客户满意度解决方案，即“九个一”的服务承诺。通过“九个一”的服务承诺，可使服务核心流程和客户满意度调研（CSS）的结果实现闭环的管理与控制，是客户满意的依据与保障。

提高客户感受

体现“严谨就是关爱”服务品牌的“九个一”承诺如下：

- 将在1min内接待客户。
- 给客户提供一个公开、透明的价格标准。
- 维修前，为客户提供一套完整的维修方案。
- 为客户提供一个舒适整洁的休息空间。

- 将按照约定在第一时间交付客户的爱车。
- 维修后，为客户解释在本店的一切消费内容。
- 每次来店将免费为客户洗车 1 次。
- 为客户提供原厂备件 1 年或 100000km 的质量担保（先达为准，易损件除外）。
- 为客户的爱车提供专业的每天 24h 的救援服务保障。

从以上内容可以看出，这 9 项内容并不复杂，不难做到，但恰恰是这些细节在客户满意度调研（CSS）中丢分较多。

（2）细节决定成败，落实是关键 一汽-大众汽车有限公司要求经销商将上述“九个一”承诺以目视板的形式公示出来，确保客户直观、清晰地看见服务承诺。为兑现服务承诺，经销商根据实际情况制订相应的服务承诺细则，各经销商按服务承诺细则的内容要求从软件、硬件上符合标准的要求，真正体现客户关怀。经销商管理人员不定期进行服务承诺的监督与检查。客户服务中心调查经销商服务承诺执行情况，根据调查结果，给予经销商相应的惩处。

二、加强客户关怀

1. 客户关怀概述

从时间上看，客户关怀活动包含在售前、售中、售后的客户体验的全部过程中。售前的客户关怀会加速企业与客户之间关系的建立，为鼓励和促进客户购买产品或服务起到催化剂的作用。售中的客户关怀则与企业提供的产品或服务紧紧地联系在一起，包括订单的处理以及各种有关销售的细节，都要与客户的期望相吻合，满足客户的需求。售后的客户关怀活动，则集中于高效地跟进和圆满地完成汽车的维修和维护的相关步骤，以及围绕着产品和客户通过关怀、提醒或建议、追踪，最终达到汽车生产企业、经销商与客户的互动。汽车生产企业对产品、客户及其变化趋势有很好的把握效果，能为企业进一步的产品升级、客户拓展达到积累资料的目的。售后服务的跟进和为客户提供有效的关怀，可以大大增强客户对产品和企业（汽车生产企业和经销商）的忠诚度，使客户能够重复购买企业的产品和服务。

为了高效处理客户投诉，缓解客户抱怨，提高客户满意度，经销商都要配合汽车生产企业的售后服务部门和客户关怀部共同处理客户的投诉和抱怨，达到客户满意或者是欣喜的程度。

2. 客户关怀措施

不同的汽车生产企业根据自身产品的特点，制订自己的关怀策略。各个汽车生产企业应该区分不同规模、贡献、层次、地区甚至民族、性别，采取不同的策略，从关怀频度、关怀内容、关怀手段、关怀形式上制订计划，落实客户关怀措施。下面重点介绍汽车生产企业为客户提供的善意补偿款和优惠索赔措施。

（1）善意补偿款

1）善意补偿款的定义。善意补偿款是汽车生产企业为了处理重大客户投诉而发生的相关费用。善意补偿款包括赔偿客户损失及诉讼等发生的直接费用，但不包括连带费用。应急处理时，一般由汽车生产企业的技术团队现场确认后，由经销商第一时间为汽车生产企业垫付给客户，再由经销商向汽车生产企业申报。

2）善意补偿款支付流程。

① 经销商在垫付善意补偿款前与客户签订免责协议，协议通常是由经销商与客户签订的。签订的协议需要有汽车生产企业的相关人员确认。

② 汽车生产企业的售后服务人员向经销商提供“善意补偿款申请表”，由经销商服务总监负责填写，在经销商鉴定结果中须标明支付金额，汽车生产企业的售后服务人员签字确认后，汽车生产企业的区域服务经理、总经理签字确认，然后将“善意补偿款申请表”反馈给产品责任部相关人员。

A. 产品责任部相关人员负责将“善意补偿款申请表”上报领导审批。

B. “善意补偿款申请表”审批以后，产品责任部相关人员负责区域服务人员，并将“善意补偿款申请表”存档。

C. 区域服务人员负责通知经销商服务总监准备相关材料（发票、结算单、判决书等）。

D. 产品责任部负责进行善意补偿款的结算，这项费用由汽车生产企业承担。善意补偿款不计入区域单车索赔费用。支付费用由售后服务部门以备件索赔的形式支付。

（2）优惠索赔　根据客户的特殊性，为客户办理优惠索赔，解决超过质量担保期的敏感客户（新闻媒体记者、VIP、大客户及挑剔客户等）的抱怨，提高客户满意度。

1）优惠索赔的范围。敏感客户车辆在超过质量担保期发生的由于质量问题导致的车辆故障，汽车生产企业承担车辆的维修费用，但不包含任何其他额外的补偿。

2）优惠索赔的内容。

① 客户向经销商提出优惠索赔的请求。

② 经销商服务总监初审是否符合优惠索赔的条件，并请示汽车生产企业的现场服务代表，经过现场服务代表核实并确认客户车辆状况，联系区域的现场技术经理进行技术确认。

③ 现场技术经理鉴定是否属于质量问题，尽快将鉴定结果反馈给现场服务代表。

④ 对于可办理优惠索赔的车辆，现场服务代表通知经销商的服务总监填写“优惠索赔审批表”，在经销商鉴定结果处标明索赔金额（汽车生产企业不承担连带责任）。

⑤ 经过现场技术经理和现场服务代表签字确认后，由汽车生产企业售后服务部门的相关人员对优惠索赔进行技术审核，审核合格后交给索赔人员处理及存档。

⑥ 对于审批合格的优惠索赔，现场技术经理负责将结果通知现场服务代表。

⑦ 汽车生产企业的索赔人员依据“优惠索赔审批表”进行优惠索赔结算。这项费用由汽车生产企业承担。

⑧ 自然灾害造成的车辆损坏，由经销商负责解决客户的抱怨。

总之，客户关怀管理真正体现了“以客户为中心”“以营销为整体”的现代企业经营理念，是企业市场营销系统的重要组成部分，也是企业打造持续的市场竞争力、实现可持续发展的基本要求。

三、超越客户满意实现客户欣喜

无论是公认的调研组织 J. D. POWER 还是汽车生产企业自身的客户满意度 CSS 数据分析显示，客户满意度数值在逐年提高。这就体现出了一方面竞争在加剧，竞争对手在提高；另一方面客户的需求在提高。服务的组织管理方式必须创新，才能为客户带来高附加值的客户满意。例如，一汽-大众汽车有限公司在这方面做了许多探索，在新的竞争形势下改变服务组织现状，为客户提供更好的服务。

从上面的分析不难看出，客户需求提升的速度已经超过了服务发展的速度，传统的服务需要改进，单纯的客户满意已经不能满足于现在的市场发展需求，需要实现超越客户满意的境界。

为了进一步稳固在中国汽车市场上的地位，提高市场竞争力，一汽-大众汽车有限公司售后服务新的目标是为客户提供令其欣喜的售后服务体验。

如何才能创造欣喜呢？具体措施包括：能够为客户传递品牌所赋予的历史、荣誉和传统的信息；具备能够满足客户预期的人员、产品和服务；使客户能够感觉到独一无二的、富有荣誉感的和强烈的心理满足感；销售和服务过程中体现出创意性、创造性、独特性；高技术含量、高精准性、高品质；具备专业的、思路清晰的、具有吸引力的销售和服务人员；关注细节、给客户家的感受；将客户当作客人一样对待，只有尊敬和欢迎，从不施加压力；在接到客户电话时能够高效地进行解答和回应；满足客户需求，包括那些未明确表达的需求。

客户欣喜方案就是在现有核心流程的基础上，加入时代元素，营造客户预期之外的满意，力图超越满意创造欣喜。

（1）打造一流的客户体验服务流程　整合各行业世界一流客户服务标准，以“客户至上”的理念为指导优化现有的工作内容，并加入各种新颖的工作形式。

（2）欣喜之旅优化后的核心流程　经销商工作人员与客户的每一次接触都是创造客户欣喜的机会，客户感到欣喜是因为接收到意想不到的创新的工作方式超出了他们的期望，这就需要经销商工作人员在细节上表现得与众不同，让客户感觉到更出色。对比目前的表现和客户的期望值，只要超越客户的期望，即创造客户欣喜，能带来更多的忠实客户，而他们会向朋友和家人推荐该服务品牌。

1）服务前：经销商客户保留和集客活动（推陈出新，打动我心）。

2）服务开始：

①服务预约（预约安排，想我所想）。

②接待与预检（热情接待，预检我车）。

③服务需求确认及评估（需求分析，确认我意）。

3）服务进程：

①车辆维修（专业细致，修我爱车）。

②客户关怀和信息交流（沟通信息，安慰我心）。

4）服务交付：服务交车（高效周到，交还我车）。

5）服务跟踪：致谢并确定客户欣喜措施（售后关怀，令我欣喜）。

认知 4　客户投诉及处理

学时	1 学时		难度	中级
学习目标	知识	1）了解客户投诉的根源 2）了解投诉客户的类型及需求 3）掌握处理客户投诉的原则、技巧、流程		

（续）

学习目标	技能	技能点	能力描述
		1）能区分投诉客户的类型	1+X汽车营销评估与金融保险服务技术中级技能【工作四：维修修定的客户管理作业—任务十六：客户投诉处理分析】
		2）能正确地处理客户的投诉	
	素养	1）培养危机公关的意识 2）培养关怀、包容的素养	

一、投诉分析

如果特约经销商忽视客户的抱怨，或者对客户的抱怨处理不当，就很容易发生客户的投诉，企业首先要对投诉进行认真分析，把客户投诉的原因、投诉的方式和客户的类型等各方面分析清楚，才能进行下一步的投诉处理工作。

客户投诉按照不同的分类方式可以有很多种分类，按照投诉的重要度可以将投诉做如下界定（表6-2）。

表6-2 投诉的分类（按重要度）

一般投诉	升级投诉	重要投诉
呼叫中心在电话中首轮安抚仍无法解决，需联系经销商处理的投诉	1）3日内未得到解决的一般投诉 2）跟进次数超过2次的一般投诉 3）重复投诉下发为升级投诉 4）地方媒体、地方投诉受理部门（如消协、工商局、12315、质检局等）关注的投诉 5）从新媒体渠道获取有一定影响的、需及时处理的投诉 6）产品质量类（如服务行动、召回等）投诉	1）车辆气囊、火烧车、事故车类投诉 2）中央类主流媒体、投诉受理部门（如中消协、国家质检总局、政府、检验机构、社团等）关注的投诉 3）聚众干扰车企和经销商正常业务秩序的危机和其他形式的危机类投诉 4）从新媒体渠道获取的有重大影响，需紧急处理的投诉 5）在区域事业部处理后仍无法与客户达成一致的投诉

1. 客户投诉的根源

（1）服务态度　服务客户时，服务顾问的服务态度不良或与客户沟通不够。

（2）维修质量　因维修技术欠佳，故障一次或多次未能修好。

（3）客户自身原因　由于客户自己操作不当，对汽车产品知识缺乏了解，使汽车出现使用问题。

（4）维修价格　客户认为维修价格与其期望相差太大。

（5）配件质量差别　由于配件质量差别或没通知客户，而使用了进口件或副厂件。进口件价格太高，客户接受不了。如果用副厂件，客户认为服务顾问在欺骗他。

（6）维修不及时　在维修过程中，汽车维修企业未能及时供应车辆所需配件或维修不熟练，或对维修工作量估计不足且没和客户沟通。

（7）产品质量　由于设计、制造或装配不良产生的质量缺陷，与客户沟通不够。

2. 投诉客户的类型

（1）冷漠型　此类客户态度消极冷漠，语言简单。在处理这类客户投诉时，服务人员应该表示热情关切，挖掘投诉原因，主动告知如何处理。

（2）善言型　此类客户表达力好，言语滔滔不绝，把遭遇告诉给周围的人，容易把负面信息扩散，不易说服。在处理这类客户投诉时，服务人员应该首先隔离其他客户，先行安慰其投诉行为，然后逐渐弄清投诉主因。

（3）愤怒型　此类客户语调过高，肢体动作过大，有一定的危险性。服务人员在处理这类客户投诉时，首先应隔离其他客户，认真倾听其意见，然后逐渐弄清投诉主因，有必要时及时通报上级。

3. 投诉客户的需求

（1）求得尊重　客户在接受服务的过程中，没有受到应有的尊重，或者没有受到其他客户一样的尊重。此类投诉需求一般是由于服务态度方面的原因而投诉。

（2）求得发泄　此类需求由于维修不及时、维修质量不好或者是受到恶劣对待，或者是由于其他原因受到委屈借机发泄。

（3）索求赔偿　此类需求一般由于维修质量出现问题，配件质量差别，维修价格超出心理预期等引起。

4. 客户投诉的方式

1）直接到服务前台投诉。客户向服务主管或服务顾问投诉，一般是由于维修质量、维修过程和维修价格等方面出现了问题。

2）投诉给特约经销商高层领导或客服部门。采用方式一般为电话投诉或直接投诉。

3）投诉厂家。由于对特约经销商的处理不满意，而投诉主机厂。

4）向电视、广播、报纸等新闻媒体投诉或传播。客户采取此类投诉方式是希望通过新闻媒体引起有关方面注意。

5）向行业主管部门或消费者协会投诉，希望行业主管部门或消费者协会协助客户解决问题。

6）在互联网上通过微博、论坛等方式发布信息。这种方式相对比较容易，而且影响力越来越大，不容忽视。

在以上的各种投诉方式中，服务顾问或者服务主管首先面对的是直接到服务前台的投诉，如果把这部分投诉处理好了，其他形式的投诉一般就不会发生了。

二、处理客户投诉的重要性和原则

处理客户投诉的重要性：防止客户流失、减少负面影响、获得有价值的信息、危机事件预警。

客户服务部门在处理客户投诉时，应遵循以下原则：

1）不回避问题，第一时间处理。

2）及时找出投诉原因，界定控制范围，寻求双方认可的服务范围。

3）不做过度的承诺。

4）必要时让上级参与，通过团队解决问题。

5）切忌躲、拖、哄、吓，只有认真负责、及时处理，才能让客户满意，真正解决客户投诉问题。

三、处理投诉的技巧

1. 运用身体语言的技巧

客户服务人员在处理客户投诉时，可以运用的身体语言技巧有：

1）表情自然、放松，不要表情紧张、严肃。

2）微笑，表示关怀。

3）交谈或倾听时，保持眼神交流。

4）认真倾听客户的抱怨，体验客户的心情，不要忽略客户的感觉。

5）自我情绪控制，不要语调激动，不要抢话。

2. 稳定客户情绪的技巧

客户服务人员在处理客户投诉时，稳定客户情绪的技巧有：

1）单独交谈。将情绪不稳定的客户与其他客户隔离，将其请到单独的房间交谈。这样可以稳定客户的情绪，有些人越在人多的地方情绪越激动。另外，将其与其他客户隔离也可避免造成负面影响。

2）微笑表示歉意。

3）让客户放松。请他坐下，给他喝水。

4）不争辩。客户服务人员应该明白客户不满意说明经销商的工作有不完善处，在客户情绪不稳定时与其争辩，收不到好效果。这时，更不能将自己的想法强加于客户。

5）暂时转移一下话题。例如，问一下工作单位性质等，这样也可以通过客户喜欢聊的话题来拉近双方距离。

3. 与客户交谈的技巧

客户服务人员在处理客户投诉时，应掌握以下交谈技巧：

1）认真倾听，表示关怀，让客户感觉客户服务人员确实想为他解决问题。

2）确认投诉的最主要内容。

3）善用提问发掘客户的不满。

4）必要时，还要认同客户的情感，对其抱怨表示理解。

4. 与客户谈判的技巧

客户服务人员在处理客户投诉时，应掌握以下谈判技巧：

（1）转移法 不做正面答复，以反问方式提醒客户双方的责任。

（2）递延法 以请示上级为由，争取时间。

（3）否认法 对客户所提问题有明显差异的，应予以否认。

（4）预防法 在预估事情可能要发生时，先予以提醒。

四、处理投诉的一般程序

实际投诉案例的客户类型、投诉原因和投诉需求多种多样，有时候甚至有恶意投诉，处理方法也不尽相同，所以客户服务人员平时要注意积累，有条件的情况下可以模拟演练或观看教学片，形成不同预案，做到有备无虞。客户服务人员在接到客户投诉的时候，要对投诉案件做出迅速而全面的分析，把握处理投诉原则，注意处理投诉技巧，可参考表6-3的程序进行处理。

表 6-3　处理客户投诉的基本程序

处理投诉流程	工作过程	工作要点	补充内容
受理投诉	接电话	记录必要的信息 为给客户带来的不便道歉 确认客户电话的内容	1）告诉客户拟定对策要花多长时间 2）必要时，接待人员咨询经销商的其他员工（经理和技术人员） 3）当要花很长时间来确定原因或拟定对策计划时，有必要请客户再来拜访一次
	欢迎客户	向客户致意，确认客户的姓名 引导客户入座 向客户介绍负责人	
	听取投诉	确认电话中的投诉内容 听取问题的详细情况 倾听客户投诉，态度真诚，不要畏缩	
	安慰客户	为给客户带来的不便而道歉 对客户的不安表示同情、理解 听取投诉，直至客户平静下来	
	确认投诉的内容和真相	将投诉内容与记录的内容进行确认 确认客户的要求	
	说明特约店的态度、立场	解释经销商处理投诉的想法 取得客户对特约店处理态度的认同	
确定原因并拟定对策计划	将真相与情绪分开	整理投诉内容 将真相（现实）与客户谈话的情绪分开	迅速拟定投诉对策。如果经销商不能解决问题，则要将投诉情况上报车企，并等待车企回应 如果问题不只有一个解决方案，则要向客户解释每个解决方案的优点和缺点
	确定真相	客观地掌握问题并将因素分类 分析因素的相互关系并进行分类	
	确定真实原因	明确人员/组织/技术中的关键问题 明确问题的原因 确认可否特约店内部解决	
	拟定对策计划	为客户选择最佳的对策方案 在承诺的期限内确定对策方案的实施计划 明确对策中要立即开展的措施与要花费的时间等	
对策的说明与实施	确认真相与要求	根据记录确认受理投诉时的谈话内容 若有不同的内容，为明确真相应向客户了解更新的信息	尽量使用通俗的语言。将客户的方便放在第一位 重点： 1）体现出解决问题的诚意。避免单方面谈话，要提问并与客户确认 2）找出客户的所有疑点和要求，以免在执行之后产生焦虑和不满
	说明对策纲要	只清楚地说明纲要，不涉及细节 告诉对策的结果，客户能得到的效果	
	取得客户对对策纲要的认同	听取客户对对策纲要有什么想法 取得客户对对策纲要的认同	
	解释并确认详细的对策	说明对策进度、拟定日期、预算和其他细节 避免单方面谈话，确认客户已经理解 确认所有投诉事项是否能得到解决	
	目送客户离去	再次为带来不便向客户道歉 对客户的到来及认可对策表示感谢	
	实施对策	实施客户已经认可的对策	

（续）

处理投诉流程	工作过程	工作要点	补充内容
跟进	确认问题的存在	为对客户带来的不便再次道歉 了解把握有相关现有问题状况 记录必要的信息	为了防止再次发生此类问题，按需要同主机厂合作实施下列两项工作 1）交流有关发生的条件及问题对策的信息 2）拟定针对再次发生的预防计划 记住跟踪服务时，要确认客户是否还有其他的问题
	建立未来关系	询问是否还有要求特约店和接待人员处理的需求 介绍今后可向客户提供何种服务	
	防止问题再次发生	在特约店员工之间交流有关当前问题和对策的信息 拟定特约店为了防止同类问题再次发生的预防计划	
	跟踪服务	在实施对策后，继续通知定期维护等事宜 开展维持信任度和提高客户满意度的活动 向客户表示出尊敬的态度	

课堂拓展

讨论：一名服务顾问因心情不好，与情绪激动、言语过激的投诉客户发生了争吵，你从这个案例中应该吸取哪些教训？

参考建议：做为一名服务人员，应该管理好自己的情绪；学会包容、理解客户，要有一颗同理心；不断提升自己的礼仪、沟通素养，耐心地为客户服务。

项目实施

客户投诉案例处理

一、客户因维修质量问题投诉

一辆捷达轿车进站换制动盘，故障现象是踩制动时转向盘发抖、车跑偏，车主说在外面刚刚换过制动盘一个月，车主要求此次维修直接换制动盘就行了，并且客户说时间很着急。服务顾问第一时间接待之后，马上安排维修技师进行维修，维修技师按照“任务委托书”的要求直接更换制动盘，更换完成后直接交车给客户。

可是，几天后车主再次返回服务站，说车没有修好，要求返还维修费用，车主情绪十分激动。服务顾问向客户解释说：当时是车主自己要求直接更换制动盘，说自己的制动盘是副厂件，并不是经维修技师检查后建议更换的，并且当时换下来的旧制动盘表面有明显的划伤。车主不认可，认为是服务站检查不到位，没有解决问题，极力要求找服务站领导出面解决。

二、案件背景与分析

对于本次客户投诉案例，就投诉发生的情况分析如下：

(1) 客户投诉的原因 客户自己要求只更换制动盘，其实与制动盘相关的零件——前轮轴承和法兰盘也都需要一起更换，才能彻底解决客户车辆出现的问题。但是，服务顾问和维修技师都按照客户的要求，仅仅只更换了制动盘，所以车辆故障仍然存在。故客户认为是经销商没有维修好他的车辆，还照价收了维修费用，因此，客户心生抱怨，所以投诉了维修质量问题。

(2) 投诉客户的类型 这位客户属于时间效率型客户，因为第一次来服务站时，他说自己的时间很急。同时，他属于愤怒型客户，因为他的态度非常恶劣，情绪十分激动，要求找服务站领导出面解决。

(3) 投诉客户的需求 这位客户觉得车辆没有修好，要求返还维修费用，属于索求赔偿型顾客。

(4) 客户投诉的方式 由于这位客户第二次返回服务站要求赔偿，因此是直接到服务前台向服务主管或服务顾问投诉。

三、应对预案

作为一名优秀的服务顾问，在接待这种投诉客户之前，应该先想好怎样应对这样的客户，怎样才能安抚好客户，怎样才能让客户的投诉得到圆满的解决。下面就是当时的服务顾问准备的应对预案。

1）态度热情周到。无论客户的态度多么不好，都热情周到、以礼相待，把他请到贵宾室进行沟通。

2）和客户进行良好的谈话沟通。首先真诚地向客户道歉，表明对客户不愉快经历的遗憾与同情。认真倾听客户的抱怨和不满，不急躁，不回避问题，及时找出投诉原因，寻求双方都认可的服务范围。

3）不做过度的承诺。和客户沟通的过程中，对客户提出的要求，根据自己的能力而定，不对客户做出过多、过度的承诺。一旦承诺实现不了，势必会加剧矛盾，造成客户的情绪升级。

4）必要时让上级参与。如果服务顾问自己能解决客户的投诉，就及时、高效地解决投诉，必要时请服务经理出面解决。

四、案件处理与应对

1）服务顾问在第一时间接待投诉客户，这时由于客户很激动，说了一些过激的言辞，服务顾问早有心理准备，一直保持良好的心态，面带微笑对待客户。

2）服务顾问看到一时解决不了问题，就对客户说，“××先生，您好！我们一起到贵宾室解决问题，好吗?”然后把客户请到贵宾室，舒缓客户的愤怒情绪，减缓双方的对立态度；并以诚恳的态度认真倾听客户的投诉意见，客户一口气说了半个多小时，把想说的都说出了，情绪平静了下来。

3）听完客户的倾诉，服务顾问首先真诚地向客户道歉，表明对客户不愉快经历的遗憾与同情。掌握了客户投诉的基本情况之后，服务顾问找机会委托同事向上级做了汇报。

4）从与客户的谈话中了解客户想要返还维修费用，分析客户的要求是否合理；然后与客户一同分析车辆维修问题的关键所在。服务顾问向客户多次详细解释制动盘再次出现问题的原因，并且强调，是客户自己说制动盘不是原厂件，要求只更换制动盘，不是维修人员建议他更换的，希望客户能够谅解。但是结果却不尽如人意。

5）这位客户并不认同服务顾问的解释，坚持要求见经销商领导。请来了服务经理后，服务经理先安抚了客户的情绪，并承诺一定会解决问题。然后服务经理跟维修技师核实了情况，维修技师反映的确是制动盘出现问题，此时服务经理要求维修技师重新对制动盘系统进行全面的检查，最后发现此车前轮轴承及法兰盘都需要更换，同时制动盘也有磨损，服务经理再次向客户讲解维修出现问题的原因，并给客户看了更换下来的旧件。

6）由于服务经理和全体服务人员真诚为客户着想，对客户提出的问题耐心的一一解答，及时高效地为客户解决问题，这位客户知道了车辆问题所在，并且承认当时来服务站因为着急就直接更换了制动盘，对刚才的情绪和不礼貌的行为表示歉意。维修技师更换了前轮法兰及轴承，试车后问题解决了，客户表示非常满意。

7）服务经理请车间的维修技师给客户讲解了关于制动盘的技术知识，尤其是东北寒冷的气候条件下，怎样合理使用制动系统，保障行车安全。最后，服务经理赠送给客户一份新年礼物，送客户满意离开。

五、总结与反思

为使在以后的服务接待工作中更有效、及时地解决突发问题，对于本次维修工作中产生的投诉处理总结以下几点经验教训：

1）无论客户来站时多么着急，维修技师都要充分了解车辆的故障现象等详细信息，然后做出合理的维修方案，不能客户要求换什么就换什么。

2）服务顾问在接待客户时要认真分析客户类型，对于时间效率型客户，在满足客户对时间要求的同时，更要解决客户对车辆的实际维修需求。不能为了节省时间导致维修质量出现问题，引发客户抱怨或投诉。

3）维修技师在维修时，不仅要看维修任务单进行维修换件，同时要检查相关零件出现问题是否会导致此故障或存在隐患的问题。如果有，要和服务顾问以及客户做好沟通，维修完毕后，一定要做好质检工作。

4）在解决客户投诉时，服务顾问一定要做到面带微笑，心平气和，以理服人。无论客户做什么过激的行为、说什么过激的话，都要保持平静。

项目七　汽车维修企业财务与成本核算

项目导读

随着我国社会主义市场经济建设的蓬勃发展，汽车维修的市场化竞争也越演越烈，从汽车维修行业整体经营管理的方向来看，其财务管理所表现出的重要性正逐渐体现出来。通过本项目的学习，可以了解汽车维修企业的资产管理及收入情况、学习汽车维修企业是如何进行成本控制的。作为汽车维修企业的管理者，可以学习企业财务管理的技巧，成为节省高手、理财高手。

建议学时安排：

序　号	内　容	学　时
认知 1	汽车维修企业的资产管理	1 学时
认知 2	汽车维修企业营业收入管理	1 学时
认知 3	汽车维修企业的成本管理和利润分配	2 学时

项目引入

小李投资 20 万元开了个汽车美容店，刚开业前几天生意火爆，小李高兴得合不拢嘴。今天说挣了 800 元，拿出 400 元请员工吃饭。明天说挣了 1000 元，拿出 500 元和朋友唱歌。可到月底一算，赔了 1000 元。小李弄不明白了：明明天天挣钱了，可为什么月底一结算，还赔钱了呢？这到底是怎么回事呢？

那么企业的资产、收入、费用和利润是怎么回事呢？

项目内容

认知 1　汽车维修企业的资产管理

<table>
<tr><td>学时</td><td colspan="2">1 学时</td><td>难度</td><td>高级</td></tr>
<tr><td rowspan="4">学习目标</td><td>知识</td><td colspan="3">熟悉汽车维修企业资产管理的内容</td></tr>
<tr><td rowspan="2">技能</td><td>技能点</td><td colspan="2">能力描述</td></tr>
<tr><td>能够合理分配汽车维修企业的固定资产和流动资产</td><td colspan="2">1 + X 汽车维修企业运营与项目管理技术高级技能【工作三：财务管理策略制订与分析—任务十二：企业成本费用制订分析】</td></tr>
<tr><td>素养</td><td colspan="3">1）信息调查收集和整理
2）数据的分析、判断和总结</td></tr>
</table>

资产是维修企业所拥有或控制的能用货币计量并能为企业提供经济效益的经济资源，包括各种财产、债权和其他权利。因此，对于汽车维修企业来说，管好、用好资产是关系到企业兴衰的大事，必须高度重视。

汽车维修企业资产按其流动性通常可分为固定资产和流动资产。

一、固定资产管理

固定资产是使用年限1年以上，价值在规定标准以上，并且在使用过程中保持原来物质形态的资产。固定资产是汽车维修企业资产的主要种类，是资产管理的重点。

1. 固定资产的种类

1）按经济用途划分，固定资产可分为生产用固定资产、销售用固定资产、科研开发用固定资产和生活福利用固定资产。汽车维修企业的固定资产主要是生产性固定资产，且多为专用设备。

2）按使用情况不同划分，固定资产可分为使用中的固定资产、未使用的固定资产和不需用的固定资产。

2. 固定资产的日常管理

为了提高固定资产的使用效率，保护固定资产的安全完整，做好固定资产的日常管理至关重要。具体工作包括以下几个方面：

（1）实行固定资产的分级分口管理　汽车维修企业的固定资产较多，涉及企业各部门及各单位。为此，固定资产由各级使用单位负责管理，落实到班组和个人，这样可做到层层管理，物物有人管。

（2）建立固定资产卡片和资产登记制度　为了详细反映和监督汽车维修企业各项固定资产的使用及增减变动情况，管理好固定资产，需要设置固定资产卡片、建立资产登记制度。通过建卡和登记，有利于促进对设备的维修，提高设备的完好程度，做到账实相符。

（3）按规定进行固定资产折旧　固定资产折旧是指固定资产因磨损而转移到产品中去的那部分价值。固定资产从投入使用开始即发生价值损耗，应开始进行折旧，分摊资产的成本。固定资产报废或停止使用，应停止折旧。

（4）合理安排固定资产的修理　固定资产在使用过程中由于受机械磨损、化学腐蚀等的影响而发生损耗，为了保证其正常使用并发挥应有的功能，必须经常对其进行维护和修理，所发生的修理费可直接计入相关费用。

（5）科学地进行固定资产的更新　固定资产的更新有两种形式：一是原样进行更新，以实现固定资产的实物再生产；二是以先进的设备更换陈旧落后的设备，不断提高企业的技术水平。特别是近年来对汽车维修行业的技术进步要求越来越高，更需要企业以这种形式扩大再生产的更新途径，加速企业上规模、上水平。

二、流动资产管理

流动资产是指可以在1年内或者超过1年，变现或者运用的资产。按照资产的占用形态的不同，流动资金可分为现金、短期投资、应收账款、预付款及存货。以下仅介绍现金、应收账款及存货的管理。

1. 现金管理

现金是流动性最强的资产，拥有足够的现金对降低企业财务风险，增强企业资金的流动性具有十分重要的意义。现金主要包括库存现金和银行活期存款。企业库存现金没有收益，银行存款的利息率也远远低于企业的资金利润率。现金结余过多，会降低企业的收益；但现金太少，可能会导致现金短缺，影响生产经营活动。现金管理应力求做到既保证企业日常所需资金，降低风险，又避免企业有过多的闲置现金，以增加收益。

汽车维修企业对现金的控制，主要内容是：①加速收款，尽可能地加快现金的收回；②控制支出，尽量延缓现金支出的时间；③进行现金收支的综合控制。因此，汽车维修企业要实现现金流入与流出同步管理，实行内部牵制制度，即在现金管理中实行管钱的不管账、管账的不管钱，使出纳人员和会计人员相互牵制，相互监督；及时进行现金的清理，库存现金的收支做到日清月结，确保库存现金的账面额与银行对账单余额相互符合；对超过库存限额的现金应存入银行统一管理。当企业有较多闲置的现金时，可投资于企业股票、国库券等以获得较多的利息收入，当企业资金短缺时出售各种有价证券获得现金。这样，既保证企业有较多的利息收入，又能增强企业的变现能力。

2. 应收账款

应收账款是企业因销售产品、材料，提供劳务等业务，应向购货单位或接受劳务单位收取的款项。汽车维修企业所涉及应收及预付款的业务主要是：企业提供汽车维修的劳务性作业而发生的应收款项；企业向外地购买设备或材料配件等而发生的预付款项；其他业务往来及费用的发生涉及的应收款项。

近年来，由于市场竞争的日益激烈，汽车维修企业应收账款数额明显增多，已成为流动资产管理中一个日益重要的问题。为此，要加强对应收账款的日常控制，做好企业的信用调查和信用评价，以确定是否同意客户赊欠款。当客户违反信用条件时，还要做好账款催收工作，确定合理的收账程序。

3. 库存管理

对于汽车维修企业来说，库存主要是为耗用而储备的物资，一般指汽车维修的材料、配件等。由于它们经常处于不断耗用与不断补充之中，具有鲜明的流动性，且通常是企业数额最大的流动资产项目。

库存管理的主要目的是控制库存水平，尽可能减少存货，降低库存成本（图 7-1）。为此，企业要首先制订库存规划，以便合理确定存货资金的占用数量，节约实用资金，并且要在存货的日常控制方面进行严格管理。汽车维修企业配件部门的使命就是通过最大限度地、及时地满足客户需求（高供应率）和优化库存带来的低库存金额获得良好的营业收益。

图 7-1　库存管理

认知2 汽车维修企业营业收入管理

<table>
<tr><td>学时</td><td colspan="2">1学时</td><td>难度</td><td>高级</td></tr>
<tr><td rowspan="6">学习目标</td><td>知识</td><td colspan="3">1）掌握汽车维修企业收入的内容
2）掌握汽车维修企业收入的计算方法</td></tr>
<tr><td rowspan="3">技能</td><td>技能点</td><td colspan="2">能力描述</td></tr>
<tr><td>1）能够对汽车维修企业的营业收入进行预测和核算</td><td colspan="2" rowspan="2">1+X汽车维修企业运营与项目管理技术高级技能【工作三：财务管理策略制订与分析—任务十一：企业营业收入制订分析】</td></tr>
<tr><td>2）能够分析汽车维修企业的营业收入，并提出改善措施</td></tr>
<tr><td>素养</td><td colspan="3">1）培养信息分析和反应能力
2）建立财务风险意识</td></tr>
</table>

一、汽车维修企业营业收入的内容

汽车维修企业的营业收入是指企业在生产经营中，通过销售汽车零配件、提供汽车维修劳务等所取得的收入，一般分为主营业收入和副营业收入。

1. 主营业收入

主营业收入即汽车维修收入，是指企业提供汽车维修劳务等所取得的营业收入。它可以根据规定的工时定额、材料消耗总额和其他收入计算确定。它由汽车维修工时收入、材料配件收入和其他收入三部分组成。

2. 副营业收入

副营业收入即其他业务收入，是指各类主营业务以外的不独立核算的副营业务所取得的收入，如汽车配件的零售、精品销售等。

其实，汽车维修企业的主营业务和副营业务的内容是相对的，会因为企业经营项目的多元化而发生变化，应根据具体情况来确定。

二、汽车维修企业营业收入的计算

汽车维修费用主要由两部分组成：第一部分是在维修车辆过程中，提供汽车维修技术和劳务的费用；第二部分是在维修车辆过程中，由于更换汽车零部件、消耗各种材料产生的费用。

1. 汽车维修技术和劳务费

汽车维修技术和劳务费主要指汽车维修工时费。汽车维修工时费的基本计算公式为

$$汽车维修工时费=工时单价\times工时定额$$

工时单价和工时定额是根据交通运输部的规定，由各省行业主管部门和价格主管部门根据不同类型的维修企业或维修车辆的成本核算予以确定的。

2. 汽车维修材料费

汽车维修材料费是指汽车维修过程中消耗的配件、材料、油料等，以及自制配件和辅料等费用，它是车辆维修中因必然消耗而得到的营业收入。

3. 其他收入

汽车维修企业除了汽车维修业务外，还有其他的经营业务。例如：为外单位提供劳务协作、汽车配件的零售业务、出租固定资产以及废旧物资出售等这些业务所取得的收入，称为其他收入。这些收入都单独核算。

4. 汽车维修费用结算

汽车维修费用的计算公式：

汽车维修费用 = 工时费用 + 材料费用 + 其他费用

汽车维修费用的结算方式分为现金结算和转账结算两种。

三、汽车维修费用结算凭证

汽车维修结算凭证是汽车维修双方在汽车维修经营活动及各方面经济关系的基本依据，是汽车维修双方发生结算关系的有效凭证。统一汽车维修结算凭证，规范使用汽车维修结算凭证是汽车维修行业管理的一种有效手段。

1. 汽车维修结算凭证的内容

为区别汽车维修作业项目类别，结算凭证应按照维修类别分别印制，如大修单、维护单、小修单、索赔单等，明显注明类别的结算凭证。

汽车维修结算凭证的内容包括车主信息、车辆信息、维修项目、工时费用、汽车配件费用、数量、辅助材料费用、数量、总费用等。表 7-1 是一汽-大众经销商的结算单。

表 7-1　一汽-大众经销商的结算单

			结算单		
				结算日期：	
客户		委托书号		牌照号	
联系人		电话		移动电话	
地址					
底盘号		进厂日期		发票号	
车型		行驶里程		发动机号	
下次维护时间					
下次维护里程					
			维修项目		
		修理项目代码 工时费	项目名称 项目属性	工时	
		应收工时费		实收	
			备件材料		
		备件代码 计量单位	备件名称 金额	数量 性质	
		应收材料费		实收	

（续）

应收工时费： 实收工时费： 应收材料费： 实收材料费：	管理费： 辅材费： 包工费： 施救费：	其他费用1： 其他费用2： 其他费用3：

合计金额		欠收金额		欠收金额	
本次收款		大写			

建议维修项目				
维修项目代码	建议维修项目名称	工时费	材料费	备注

温馨提示：

下次维护里程__________下次维护时间__________

客户预约电话__________24h 服务电话__________

我们将在48h内，在您方便的时段，以您喜欢的方式对我们的服务质量进行回访！

地址：	开户行：
邮编：	账号：
电话：	税号：
结算：	户名：
服务顾问：	服务总监：

打印日期：　　年　月　日　时　分

用户签名：________________

2. 汽车维修结算凭证的使用

1）汽车维修结算凭证填写应与维修类别相对应，即作业项目是什么，就使用相应类别的结算单。

2）结算凭证的所有内容都要逐项填写，不能遗漏。

3）不能写清所有材料或配件费用时，必须填写材料费用明细表或者维修增项表，随同结算凭证一起交给客户。

认知3　汽车维修企业的成本管理和利润分配

学时	2学时		难度	高级
学习目标	知识	1）掌握降低维修企业成本的方法及途径 2）熟悉汽车维修企业利润分配应注意的问题 3）了解汽车维修企业财务技巧		
	技能	技能点	能力描述	
		1）能够对汽车维修企业的成本进行核算检查，并且能制订控制成本的措施	1+X汽车维修企业运营与项目管理技术高级技能【工作三：财务管理策略制订与分析—任务十二：企业成本费用制定分析】	
		2）能够对汽车维修企业的利润进行核算分析，并且能合理地分配利润	1+X汽车维修企业运营与项目管理技术高级技能【工作三：财务管理策略制订与分析—任务十三：企业利润分配制定分析】	

（续）

		技能点	能力描述
学习目标	技能	3）能够对汽车维修企业财务管理制订改善策略	1+X 汽车维修企业运营与项目管理技术高级技能【工作三：财务管理策略制订与分析—任务十五：企业财务数据制定分析】
	素养	1）培养创新意识 2）培养诚信的工作态度	

一、汽车维修企业的成本内容

汽车维修企业的成本是指车辆维修及服务在经营活动中直接耗费的各种费用的总和。由于各级汽车维修企业的实际作业内容差异较大，且费用收入大多只有在车辆维修竣工后才能获得，因此，汽车维修企业的经营成本可分为直接成本和间接成本两类。

1. 直接成本

汽车维修企业的直接成本是指汽车维修过程中直接消耗的材料费用和人工费用。直接成本包括：

（1）直接材料费用　它是指企业在汽车维修过程中实际消耗的汽车配件费用、汽车维修辅助材料费，以及燃料费、动力费、包装费等。

（2）直接人工费用　它是指企业直接从事汽车维修的生产人员工资、奖金、津贴和补贴。

（3）其他直接费用　它是指直接从事汽车维修的生产人员福利费等。

2. 间接成本

汽车维修企业的间接成本是指在汽车维修过程中，间接发生的材料费以及人工费用。间接成本包括：

1）企业非直接生产人员（包括管理人员）的办公费、差旅费、工资、奖金、津贴及补贴、职工福利费、保险费、劳动保护费等。

2）生产厂房维修费、取暖费、水电费、运输费、停工损失费、设备的折旧费及修理费、物料消耗费、客户休息区餐饮费等。

由于汽车维修企业的企业规模一般较小，除了将直接消耗的汽车配件费作为企业的直接成本外，其他费用均可作为企业的间接成本。

二、汽车维修企业的成本控制

汽车维修企业的成本控制是指在企业的生产经营活动中，根据预定的计划目标，对影响成本的各种因素加强管理，采取一定的纠正措施，尽可能以最少的耗费，取得最大收益的一种行为。

1. 成本控制的意义

汽车维修企业的利润是企业的收入与成本之差，增加企业的收入和降低企业的成本是提高企业利润的两个方面。在收入不增加的情况下，降低成本就能够提高企业的经济效率，因此，掌握成本控制对汽车维修企业是非常必要的。因为成本偏高会失去市场的竞争力，导致利润的下降，甚至会威胁企业的生存。所以，任何一个汽车维修企业都必须对成本实施有效的控制。

2. 成本控制的内容

汽车维修企业成本控制的主要内容是对各种开支、人力、物力消耗的控制。有些控制是绝对控制，有些是相对控制。绝对控制是对费用开支总额的控制，控制其不超过预算数。相对控制是把工作量、成本、收入等指标结合起来进行的控制。当某些费用开支超过预算总数时，只要同时能获得较多的收益，即使超过预算的开支也是合理的。相对控制是积极的控制，在实际工作中，相对控制得到广泛的应用。

3. 降低成本的途径

汽车维修企业要实施好成本控制，首先最重要的一点是在全员中树立成本观念，将成本费用的控制指标化，直接联系到相关个人，建立责任成本管理制度的激励政策。

（1）控制人工费　在各种生产要素中，人（劳动力）是最活跃的因素。工作的质量、工时、成本等管理目标都是靠人的劳动去实现的，因而人（劳动力）是生产要素中进行动态管理和优化配置的重点。在汽车的维修过程中，工人严格按照客户的要求和维修顾问的建议进行维修，减少赶工或窝工浪费，并不断进行劳动力平衡，调整、解决作业过程中工人数量、技术相配合等问题，充分调动工人积极性，同时加强技术教育和培训，并以考试的形式进行比赛，提高效率，杜绝返工现象的发生，避免因返工造成人工、材料的浪费等计划外加大成本。此外，在现在车市低迷的情况下，还可以采取适当裁减销售人员和与售后无关的管理部门人员，控制人工费在总成本费用中的比例。

（2）控制配件　汽车维修企业在购买配件时，不仅要进货时尽可能减低成本，更重要的是要加大对配件的日常管理。

1）每月紧急订单的项目数及金额均不得超过总订单的40%。

2）对失销配件进行配件失销记录，配件的及时供货率达到90%以上。

3）提供月度库存积压报告。对1年期以上配件，控制在总库存配件的10%以内。2年期以上配件，每年允许库存损失不超过2%。

4）每季度进行一次库存盘点，全年必须确保二次全盘、二次抽盘（抽盘比例不低于10%），并按财务制度做好盘存和处置记录。对于保管不善，造成霉烂、变质、锈蚀的零配件，在收发、保管过程中已损坏并已失去部分或全部使用价值的，要做好报废处理。在盘点过程中，应清查有无本企业多余或暂时不需要的配件，以便及时把这些配件调剂给其他需用的单位或企业。

（3）加强费用管理，控制不合理支出　在费用管理上，汽车维修企业要全面实行目标限额控制以及节约奖励超支处罚制度。首先要根据《企业财务通则》和企业财务制度的要求，正确确定费用开支范围和各项目开支标准，按照费用项目的性质和可控制原则归口到各有关单位。各部门还要将费用项目分解到下属各车间、班组及个人，明确责任，使全员提高费用控制意识，在具体支出上对细节加强控制管理，以达到全面控制费用支出的目的。

1）将店内发生的费用按费用性质划分为固定费用和变动费用。由于固定费用在一定时期内相对较稳定，因此要重点加强对变动费用各环节的审批支出管理。

2）日常支出费用出入库研讨。对于店内日常支出较多费用的消耗物品，除特殊情况外，一律采取出入库的形式结算，不得以现金报销结算。

3）话费等采用定额补助的形式。对于话费、车费等采取定额补助的形式予以支出，为了免除涉税风险，可采取在定额补助内凭票报销的方式。

4）销售费用的固定和提成的方式。对于销售费用，采取按销售额和回款额挂钩，并按定额提成的方式结算，同时为了免除涉税风险，也采取在定额的范围内凭票报销的方法。

5）实行严格的费用开支审批制度。建立健全严格的费用开支和报销审批制度，将费用的报销分为考核和非考核费用。对于考核费用，一切开支都要在预算额内进行，不允许有任何的调整和变动。对于非考核费用，必须经店内负责人直接审批或有类似权限的人审批后才能办理。对于一些重要的费用如招待费、会议费、宣传费、中介费等，必须由店内负责人审批。

三、汽车维修企业的利润分配

汽车维修企业的利润是企业在一定经营期内，通过汽车维修服务、汽车与配件营销等所取得的财务成果，它综合地反映了汽车维修企业各项技术经济指标的完成情况及企业生产经营管理的经济效益。所谓企业利润，是企业各项业务收入在扣除各项生产成本和税金以后的差额。汽车维修企业成本及利润分析见表7-2。

表7-2　汽车维修企业成本及利润分析　　（金额单位：万元）

营业额	材料费		税费		毛利润	公关费		分包提成费		修理工时费		水电办公费		折旧利息	租金	利润	利润率
	费率	金额	费率	金额		费率	金额	费率	金额	费率	金额	费率	金额				
10.00	0.30	3.00	0.10	1.00	6.00	0.10	0.60	0.25	1.50	0.08	0.48	0.05	0.50	4.00	3.00	-4.08	-0.41
20.00	0.30	6.00	0.10	2.00	12.00	0.10	1.20	0.25	3.00	0.08	0.96	0.05	1.00	4.00	3.00	-1.16	-0.06
30.00	0.30	9.00	0.10	3.00	18.00	0.10	1.80	0.25	4.50	0.08	1.44	0.05	1.50	4.00	3.00	1.76	0.06
40.00	0.30	12.00	0.10	4.00	24.00	0.10	2.40	0.25	6.00	0.08	1.92	0.05	2.00	4.00	3.00	4.68	0.12
50.00	0.30	15.00	0.10	5.00	30.00	0.10	3.00	0.25	7.50	0.08	2.40	0.05	2.50	4.00	3.00	7.60	0.15
60.00	0.30	18.00	0.10	6.00	36.00	0.10	3.60	0.25	9.00	0.08	2.88	0.05	3.00	4.00	3.00	10.52	0.18
70.00	0.30	21.00	0.10	7.00	42.00	0.10	4.20	0.25	10.50	0.08	3.36	0.05	3.50	4.00	3.00	13.44	0.19
80.00	0.30	24.00	0.10	8.00	48.00	0.10	4.80	0.25	12.00	0.08	3.84	0.05	4.00	4.00	3.00	16.36	0.20
90.00	0.30	27.00	0.10	9.00	54.00	0.10	5.40	0.25	13.50	0.08	4.32	0.05	4.50	4.00	3.00	19.28	0.21
100.00	0.30	30.00	0.10	10.00	60.00	0.10	6.00	0.25	15.00	0.08	4.80	0.05	5.00	4.00	3.00	22.20	0.22
110.00	0.30	33.00	0.10	11.00	66.00	0.10	6.60	0.25	16.50	0.08	5.28	0.05	5.50	4.00	3.00	25.12	0.23
120.00	0.30	36.00	0.10	12.00	72.00	0.10	7.20	0.25	18.00	0.08	5.76	0.05	6.00	4.00	3.00	28.04	0.23
130.00	0.30	39.00	0.10	13.00	78.00	0.10	7.80	0.25	19.50	0.08	6.24	0.05	6.50	4.00	3.00	30.96	0.24
140.00	0.30	42.00	0.10	14.00	84.00	0.10	8.40	0.25	21.00	0.08	6.72	0.05	7.00	4.00	3.00	33.88	0.24
150.00	0.30	45.00	0.10	15.00	90.00	0.10	9.00	0.25	22.50	0.08	7.20	0.05	7.50	4.00	3.00	39.72	0.25
160.00	0.30	48.00	0.10	16.00	96.00	0.10	9.60	0.25	24.00	0.08	7.68	0.05	8.00	4.00	3.00	39.72	0.25
170.00	0.30	51.00	0.10	17.00	102.00	0.10	10.20	0.25	25.50	0.08	8.16	0.05	8.50	4.00	3.00	42.64	0.25
180.00	0.30	54.00	0.10	18.00	108.00	0.10	10.80	0.25	27.00	0.08	8.64	0.05	9.00	4.00	3.00	45.56	0.25
190.00	0.30	57.00	0.10	19.00	114.00	0.10	11.40	0.25	28.50	0.08	9.12	0.05	9.50	4.00	3.00	48.48	0.26
200.00	0.30	60.00	0.10	20.00	120.00	0.10	12.00	0.25	30.00	0.08	9.60	0.05	10.00	4.00	3.00	51.40	0.26

注：1. 毛利润是营业额减去材料费和税费。

2. 公关、分包提成、修理工时等费用按毛利润计算，水电办公费用按营业额计算。

1. 汽车维修企业利润的内容

汽车维修企业的利润由营业利润、投资净收益、营业外收支净额3部分构成。

（1）营业利润　营业利润是指汽车维修企业的税后营业的业务利润扣除汽车维修中的企业管理费用和财务费用后取得的经营成果。

营业利润＝(汽车维修利润＋其他业务利润)－管理费用－财务费用

其中，汽车维修利润＝汽车维修收入－(汽车维修成本＋汽车维修经营费用＋汽车维修营业税及附加费)。

(2) 投资净收益　投资净收益是指汽车维修企业的投资收益扣除投资损失后的净值(税后数额)。

投资净收益＝企业投资收益－投资损失

其中，企业投资收益包括企业在对外投资（入股或债券）中所分得的利润或利息、投资到期收回或者中途转让后所取得的净增值。投资损失包括企业对外投资（入股或债券）在到期收回或者中途转让时出现的损失，以及按照股权投资比例所应分担的亏损额。

(3) 营业外收支净额　营业外收支净额是指与企业的主营业务无直接关联的额外收入(营业外收入减去营业外支出的余额)；如固定资产的盘盈或出售的净收入、罚款收入、教育附加费返还等。营业外支出是指与企业的主营业务无直接关联的额外支出，如固定资产的盘亏和报损、非正常原因的停工损失费、救急和捐赠、赔款与违约金等。

2. 汽车维修企业利润的分配

汽车维修企业在一定的经营期内获得的利润，要按照有关的法律规定按一定的程序进行分配，在分配时要正确处理国家、集体、个人三者间的利益关系。

(1) 分配程序

1) 按照现行税法规定，按企业所得利润额与所得税率，向国家缴纳所得税。

2) 在缴纳所得税后，利润按照下列次序和原则进行分配：

① 支付被没收的财产损失，支付滞纳金和罚款。

② 弥补企业以前的亏损。

③ 提取法定公积金与公益金。

④ 向投资者分配利润。

(2) 利润分配时应注意的问题　在财务报告中应分项列示其利润的构成和利润分配的项目。按税后利润扣除有关费用后的余额，计提10%的法定盈余公积金，5%的法定公益金(用于职工集体福利设施)，10%的任意盈余公积金。该3项资金的使用权在总经理。在税后利润分配时应注意的问题是：

1) 若企业以前年度亏损未弥补完的，不得提取盈余公积金和公益金。

2) 在提取盈余公积金和公益金前，不得向投资者分配利润。

3) 企业必须按照当年税后利润的10%（减弥补亏损后）提取法定盈余公积金。当法定公积金提取已达到注册资本的50%时，不再提取。

4) 企业以前未分配的利润可以并入本年度的利润分配。

5) 企业在向投资者分配利润前，经董事会决定，可以提取任意公积金。企业当年无利润时，不得向投资者分配利润。

知识拓展

汽车维修企业财务管理技巧

投资的目的是赚取利润，财务管理是赚取利润的一个手段。财务管理要取之有道，不能偷税漏税，应在法律允许的范围内减低成本，节省开支，控制不必要的花销，用之有度，做到会赚钱也会省钱。

一、合理理财

理财不当主要表现在以下几个方面：

1. 不注重资金周转

在企业的生产过程中，必须保证一定的资金流动，才能维持正常的运转。如果只注重单项生产的利润，而忽视了资金占用的因素，很容易造成被动的局面。

2. 不进行财务核算

小本经营者通常很少对公司的财务做整体的规划，既不会预估营业额，也不拟定年度预算和销售计划，因此在成本和利润的控制上，往往不得要领。

开店前正确预估所需资金以便有效地控制成本，是私营公司财务管理的第一步。一般来说，开店资金的基本项目包括装潢费、基本进货费、广告促销费、店面押金、第1个月租金等，开店者必须控制将租金和押金的比例控制在总资金的30%以下，否则公司很难盈利。

3. 赊账过多

赊账过多，会影响资金周转，减少利润，并且讨账的过程中会占用一定的人力、物力，如果对方公司发生人事变动，还会产生一定的坏账率，甚至无法收回钱款。这种经济损失会给企业的运转造成极大的影响，所以不到万不得已不能赊账。

4. 开支过大

投资回收额是销售总额与费用之差，利润和费用成反比的关系。如果费用低，利润就高；反之，费用高，利润就低。费用支出与资金控制紧密相关，资金管理盲目、成本增加，企业的利润率将不能得到提升，甚至造成创业的失败。

5. 铺张浪费

经营中的浪费是不易察觉到的，如设备闲置、盲目库存等，为了降低成本可以制定一系列的规范：

1）作业规范化，如严格控制办公用品的申领。

2）养成随手关灯、断水的习惯。

3）在保证质量的前提下，尽量减少返工次数。

4）经常评估、考核员工的工作效率。

课堂拓展

讨论：我们现在的生活和工作都提倡环保低碳，那么我们如何做环保低碳的节省高手呢？

参考建议：不占用及浪费公共资源、双面打印材料、公共交通出行、随手关水及关灯断电、购物自带环保袋、出门自带水杯、避免使用一次性餐具、午休或下班后关掉电脑电源、不乱扔废旧电池、拒绝过度包装、不购买动物皮毛制品……

二、居安思危，早为资金周转做打算

汽车维修企业经营需要不少流动资金，开业前，需要先付出大额的资金进货，此时现金就暂时转货为货品，只有当货品售出时，才能兑换成现金。如果在资金回收前，有了额外的开销，便可能出现资金周转不良的情况。

资金周转灵活的先决条件是拥有一套系统的会计模式和把握有效的调动资金的技巧。当受益大于支出时，资金就能顺利周转；反之，如果某段时间内支出高于收入，就可能周转不灵。如果周转资金的技巧不善，便可能要加大投资额，会使投资成本增加，风险会随之提高。

资金周转的预算应该保守一些，不能过于乐观。例如，预计下半年的净利润有 20 万元，在做资金的规划时，应该视为有 15 万元的净利润，这样可以避免出现意外事故后对整个企业的运营造成影响。

三、流通的资金才是“摇钱树”

资金只有在不断反复运用中才能发挥其增值的作用。如果把资金存在手中，不加以利用，那么在通货膨胀的影响下就会贬值。经营者只有把资金合理地应用到经营过程中，才能取得更高的利益，才能帮助企业不断地发展壮大。

经营者可以采用办工厂、开商店、买债券、买股票等投资方式，让资金在流通中为企业增加利润。流通增利的奥秘在于能够创造出剩余价值，比如用货币去购买商品，然后对商品进行出售，这时所得到的货币已经具有了剩余价值。也就是说，原来的货币已经增值了。

四、及时判断可能的“死”账，避免陷入泥沼

与客户做生意时，必须对其经营状况有所了解，及时把握客户的动向，根据情况判断是否可能出现“死”账，以减少公司的损失。

1. 正常进货

优秀的业务员应深入了解经销店的销售能力、库存数量以及当前的市场情况，以便掌握经销店的每月进货量、进货种类、进货时间，对于经销店不正常的订货应深入了解。例如，一向精明的小店老板却选择较不利的时间点订货（结账的前几天订货），且订货数量巨大，遇到这种情况应该保持警觉，除非查知订货动机纯正，否则应暂时中止供货，并继续深入调查。

2. 货品流向有问题

某经销店生意并没有明显的起色，但是订货次数和数量却有显著的增加，此时业务员需要注意该经销店的货品流向是否有问题。

3. 老板经常不在

某企业的老板突然变得经常不在，早出晚归，此时业务员需要增加拜访的次数，并确认老板经常不在是否和其信用“红灯”有关。

4. 个人作风有问题

企业老板除了应兼具财力、经营管理能力外，更重要的是对工作的付出。如果老板过度沉迷于享受，则会出现精神萎靡不振、债台高筑等情况，会严重影响企业的发展。

五、对企业成本敏锐起来，以达到消耗最小

现代企业中销售和利润的增长很重要，但同时要重视成本意识。当代市场经济中，竞争对手很多，客户争夺激烈，如果不是十分有特色的经营，争夺客户往往会通过价格来进行。无论如何，成本控制是经营者最重要的经营思考之一。

经营的基本原则是以最小的成本投入获得最大的经营利润。在日常工作中通常采用更新技术、提高效率、减少人员投入、提高设备性能或批量生产等方法，将成本降低。

六、懂得报税技巧

无论经营哪一行业，了解税制、懂得报税技巧，是对自己权益的保障。因此很多商人都会委托会计专业人士为自己计算应缴税项，以避免不必要的损失。理性避税表明了企业管理者对待纳税的正确态度，它会促进企业有效地开展财务控制和合理布置经营活动，从而提高企业经营水平，又达到了增收的目的。

七、控制不必要的花销

作为企业的领导者，任何时候到要精打细算，按照企业的发展做好财务规划，避免出现浪费的现象。要以长远的眼光来对待公司的每一项批款，否则可能会出现滚雪球式的开支，为公司产生许多预算外的费用。

企业的各项支出即企业成本的多少将直接影响企业财富的多少，企业作为市场竞争的竞争主体，应始终把降低成本作为企业的核心战略。

项目八　汽车维修企业人力资源管理

项目导读

在现代企业管理中，人力资源的重要性不断上升，这是当今市场竞争加剧的必然结果。一个企业能否健康发展，在很大程度上取决于员工素质的高低，取决于人力资源管理在企业管理中受重视的程度。作为汽车维修企业的管理者，通过本项目的学习，能够了解如何管理自己的员工，激励自己的员工为企业最大限度地发挥自己的潜能与创造力。作为一名普通的员工，通过本项目的学习，能够知道自己适合做什么，企业组织的目标、价值观念是什么，岗位职责是什么，自己如何有效地融入企业中，结合企业组织目标如何开发自己的潜能、发挥自己的能力，如何设计自己的职业人生等。

建议学时安排：

序　号	内　容	学　时
认知 1	人力资源管理的基本概念	1 学时
认知 2	汽车维修企业的组织机构及岗位设置	2 学时
认知 3	员工考核与激励	2 学时
认知 4	员工的培训	1 学时
项目实施	制订岗位招聘面试问卷	1 学时

项目引入

某地一家汽车维修企业有 80 多人，由于老板不重视人力资源管理，企业完全是“家族式”管理，也不重视人才的聘用，管理部门用的都是自己的亲属，结果导致企业的多个骨干都投奔到竞争对手处，使企业的运营基本处于混乱瘫痪状态，严重影响了企业的发展。

那么，作为一名企业的管理者，应该如何做好人力资源管理呢？

项目内容

认知 1　人力资源管理的基本概念

<table>
<tr><td>学时</td><td colspan="2">1 学时</td><td>难度</td><td>高级</td></tr>
<tr><td rowspan="5">学习目标</td><td>知识</td><td colspan="3">1）熟悉人力资源管理的意义
2）掌握人力资源管理的内容</td></tr>
<tr><td rowspan="3">技能</td><td>技能点</td><td colspan="2">能力描述</td></tr>
<tr><td>1）能够对维修企业的人力资源现状进行分析，并制订人力资源需求计划</td><td colspan="2">1＋X 汽车维修企业运营与项目管理技术高级技能【工作二：人资管理策略制订与分析—任务七：人力资源规划制定分析】</td></tr>
<tr><td>2）能够对维修企业人力资源工作进行控制和评价</td><td colspan="2">1＋X 汽车维修企业运营与项目管理技术高级技能【工作二：人资管理策略制订与分析—任务十：人力资源管理方案制定分析】</td></tr>
<tr><td>素养</td><td colspan="3">1）培养信息调查收集和整理素养
2）培养数据的分析、判断和总结素养</td></tr>
</table>

一、人力资源管理的定义

人力资源管理是指在经济学与人本思想指导下，通过招聘、甄选、培训、报酬等管理形式对组织内外相关人力资源进行有效运用，满足组织当前及未来发展的需要，保证组织目标实现与成员发展的最大化的一系列活动的总称。它就是运用科学方法，协调人与事的关系，处理人与人的矛盾，充分发挥人的潜能，使人尽其才，事得其人，人事相宜，以实现组织目标的过程。

二、人力资源管理的内容

企业人力资源管理的目标是选择人、培育人、使用人、激励人。企业应紧紧围绕经济发展目标，以人才资源开发为根本任务，从根本上解决人才的开发和利用。

1. 选择人

选择人主要是指如何确定企业的员工需求并把合适的人员吸引到企业中来，它包括人力资源规划、工作分析、招聘、选拔和委派。企业经过人力资源规划，确定了需要招聘的职位、部门、数量、类型等，再进行工作分析，确定空缺职位的工作性质、工作内容、胜任该工作的员工应具备的资格、条件，就可以进行人员的招聘了。

招聘是通过各种信息传播渠道，把可能成为和希望成为企业员工的人吸引到企业里来应聘，实现员工个人与岗位的匹配，也就是人与事的匹配。选拔是企业根据用人标准和条件，运用适当的方法和手段，对应聘者进行审查、选择、聘用。委派是把招聘、选拔来的员工安排到一定的岗位上，担任一定的职务。

在人才来源上，要有一个正确的观念，一定要摒弃从社会上招聘“散兵游勇”或者任人唯亲的做法，在对企业需求和工作进行分析的基础上，招聘具有一定技能的人到企业空缺的岗位上。汽车销售人员和服务人员最好选择在专业院校接受过专业培训及高等教育的人。管理人员必须是具有多年的市场营销、汽车维修企业经营管理经验以及丰富的汽车专业知识和实践经验的人。

2. 培育人

对新招聘来的员工进行一段时间的教育，内容包括企业发展现状和愿景教育、企业经营理念和企业价值观的教育等，使新员工尽快熟悉企业的情况和环境。

对企业现有员工不断地进行继续教育和业务培训，不断地提高员工的业务水平和经营理念。

3. 使用人

企业对人才要量才使用，大材小用不行，小材大用也不行；要用其所能，避其所短，充分发挥其优势；要坚持员工的素质评估和绩效考评制度，对员工的德、智、能、技做出客观的、公正的评价；对那些素质高、绩效显著的员工给予奖励和升迁；对那些素质低、绩效差的员工适当地采取降级使用、惩罚、解雇等措施，要做到奖惩分明。

4. 激励人

企业应建立各种绩效管理指标，加强对员工的素质、行为及工作成果的评价，在绩效考评的基础上，为员工提供所需的、与其事业成功度相匹配的工资、奖酬，增加其满意度，充分发挥工资、奖酬的激励功能。

三、传统人事管理与现代人力资源管理的区别

现代人力资源管理深受经济竞争环境、技术发展环境和国家法律及政府政策的影响。它作为一个崭新的和重要的管理学领域，远远超出了传统人事管理的范畴。具体说来，存在以下一些区别：

1）传统人事管理的特点是以“事”为中心，只见“事”，不见“人”，只见某一方面，而不见人与事的整体、系统性，强调“事”的单一方面的静态的控制和管理，其管理的形式和目的是“控制人”。现代人力资源管理以“人”为核心，强调一种动态的、心理、意识的调节和开发，管理的根本出发点是“着眼于人”，其管理归结于人与事的系统优化，致使企业取得最佳的社会和经济效益。

2）传统人事管理把人设为一种成本，将人当作一种“工具”，注重的是投入、使用和控制。现代人力资源管理把人作为一种“资源”，注重产出和开发。

3）传统人事管理是某一职能部门单独使用的工具，似乎与其他职能部门的关系不大，但现代人力资源管理却与此有着截然不同。实施人力资源管理职能的各组织中的人事部门逐渐成为决策部门的重要伙伴，从而提高了人事部门在决策中的地位。人力资源管理涉及企业的每一个管理者，现代的管理人员既是部门的业务经理，也是这个部门的人力资源经理。

认知 2　汽车维修企业的组织机构及岗位设置

<table>
<tr><td>学时</td><td colspan="2">2 学时</td><td>难度</td><td>高级</td></tr>
<tr><td rowspan="5">学习目标</td><td>知识</td><td colspan="3">1）了解汽车维修企业部门的组织机构形式
2）熟悉汽车维修企业各岗位人员的设置、要求</td></tr>
<tr><td rowspan="3">技能</td><td>技能点</td><td colspan="2">能力描述</td></tr>
<tr><td>1）能够制订维修企业的员工岗位职责</td><td colspan="2">1＋X 汽车维修企业运营与项目管理技术高级技能【工作二：人资 策略制订与分析—任务六：员工岗位职责制订分析】</td></tr>
<tr><td>2）能够制订招聘员工岗位的标准素质要求</td><td colspan="2">1＋X 汽车维修企业运营与项目管理技术高级技能【工作二：人资 策略制订与分析—任务九：员工招聘标准制度制订】</td></tr>
<tr><td>素养</td><td colspan="3">1）培养责任意识
2）建立人际理解关系</td></tr>
</table>

一、组织机构

一个好的组织机构可以让企业员工步调一致，同心协力，向着同一个目标迈进。一个不合理的组织机构会使企业组织效率降低，内耗增加，影响企业的成功和发展目标的实现。

1. 组织机构设置的原则

1）目标明确。

2）功能模块清晰。

3）分工明确。

2. 组织机构设置的方法

1）工作划分。根据分工协作和效率优先的原则，将汽车维修工作划分为业务接待、车间维修、质量检验、配件采购、财务结算等。

2）建立部门。把相近的工作归在一起，在此基础上建立相应的部门。根据生产规模的大小，一些部门可以合并，也可以分开。汽车维修企业常见的部门有业务接待部、配件部、维修车间、技术部、财务部、人力资源部、综合部门等。

3）确定管理层次。确定一个上级直接指挥的下级部门的数量。

4）确定职权关系。确定各级管理者的职务、责任和权力。

3. 一般汽车维修企业常见的组织机构形式

（1）整车维修一类汽车维修企业　一类汽车维修企业既可从事汽车大修及总成大修的企业，也可从事汽车小修、汽车维护及汽车专项修理生产。整车维修一类企业的特点是规模较大，有的维修企业员工甚至达到百人以上，专业化程度很高，如各品牌 4S 店。其组织机构如图 8-1 所示。

（2）汽车维修专项业户　专项业户即从事汽车专项修理或维护的企业，一些岗位可以兼职。其组织机构如图 8-2 所示。

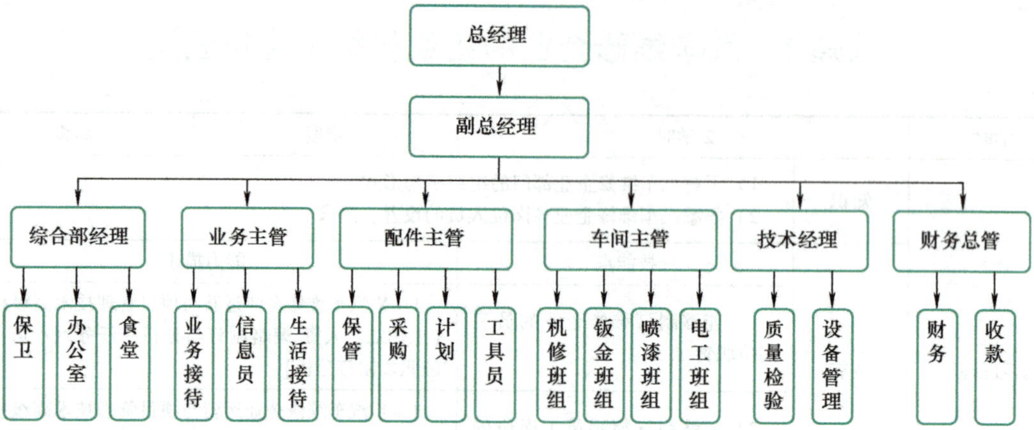

图 8-1 一类汽车维修企业组织机构

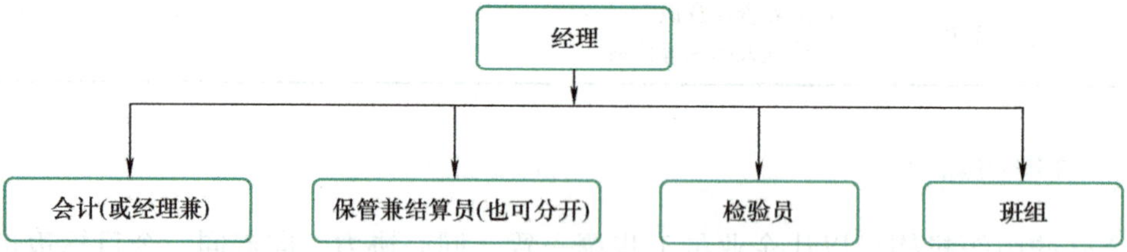

图 8-2 汽车专项维修企业组织机构

（3）整车维修二类汽车维修企业 二类汽车维修企业即从事汽车一级、二级维护和汽车小修生产的企业。其组织机构如图 8-3 所示。

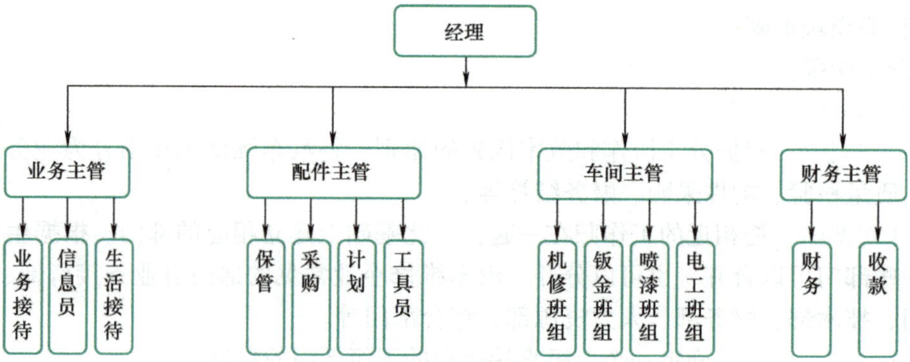

图 8-3 二类汽车维修企业组织机构

二、岗位设置

1. 总经理

（1）职务名称 总经理。

（2）管辖范围 公司内所有部门和人员。

（3）直接下属

1）营销主管。

2）业务主管。

3）财务主管。

4）综合部经理。

（4）素质要求

1）必须是汽车维修企业正式职工。

2）具有大专或相当于大专以上的文化程度。

3）思想端正、事业心强、服务热情周到，能够严格按照汽车生产企业售后服务工作有关规定及要求实施经销商各项业务。

4）具有较丰富的管理知识、汽车维修知识。汽车营销常识及社交常识，能够较熟练操作使用微机管理软件。

5）具有丰富的管理经验、组织能力和协调能力。

（5）职责与权限

1）落实国家及行业的各项法律、法规，制订、落实企业方针、政策，并贯彻汽车生产企业的各项政策。

2）直接领导各主管及经理的工作。

3）负责公司内文件的审批。

4）负责定期对公司的经营状况、管理、服务质量等进行评审。

5）负责公司所需资源的配备。

6）有投资决策权、经营权、人事任免权、现金使用审批权等。

2. 业务主管

（1）职务名称　业务主管。

（2）直接上级　经理。

（3）管辖范围　索赔件库、业务接待厅。

（4）直接下属

1）业务接待。

2）索赔员。

3）信息员。

4）生活接待。

（5）素质要求

1）具有大专以上文化程度，汽车或相关专业。

2）3 年以上汽车维修工作经验。

3）具有一定的服务营销知识、丰富的汽车理论知识和汽车维修经验。

4）能够熟练地操作计算机。

5）具有较丰富的管理经验及较强的组织、协调能力。

6）具有较强的语言表达能力。

7）熟悉汽车驾驶，有驾驶执照。

（6）职责与权限

1）遵守公司规章制度，不泄露公司机密。

2）领导、分配、协调下属员工的工作。

3）制订维修接待的各项管理指标及工作计划并监督完成。

4）负责提高维修业务接待的服务质量及专业水平。

5）提出提高客户满意度的方案并监督执行。

6）负责解决服务过程中与用户发生的纠纷。

7）负责与备件主管联系，解决维修所需备件。

8）负责外出救援服务、预约服务、用户投诉、走访用户等工作的管理，并参与对重大维修服务项目的评审。

9）参与维修工具和设备的配备。

10）负责下属劳动纪律的管理。

11）负责所辖区域现场环境的管理。

12）监督、检查、指导维修人员工作。

13）负责组织开展服务营销。

3. 业务接待

（1）岗位名称　业务接待。

（2）直接上级　业务主管。

（3）素质要求

1）具有大专以上文化程度，汽车专业或汽车维修专业。

2）具有较丰富的汽车维修经验。

3）能够准确地判断故障原因，并能准确估算维修价格及维修时间。

4）具有管理经验，较强的语言表达能力、组织协调能力。

5）能熟练地操作计算机。

6）熟悉汽车驾驶，有驾驶执照。

（4）职责与权限

1）遵守公司规章制度，不泄露公司机密。

2）引导、受理用户预约。

3）负责维修车辆用户的接待工作。

4）负责用户车辆的故障诊断，与用户达成协议（任务委托书）。

5）负责车辆维修后的电话服务跟踪。

6）负责向索赔员传递车辆状态信息，并负责索赔技术鉴定。

7）负责向维修技师传达用户的想法，描述车辆的故障形态，分配维修工作任务。

8）负责交车工作，解释维修内容。

9）负责建立、完善用户档案

4. 车间主管

（1）岗位名称　车间主管。

（2）直接上级　经理。

（3）素质要求

1）具有大专以上文化程度，汽车相关专业。

2）2 年以上相关工作经验。

3）熟知汽车维修、管理的工作流程，具有一定的维修理论知识和实际维修经验。

4）具有较强的服务理念和管理经验，有组织协调工作等领导能力，责任心强。

5）有良好的沟通能力和解决问题及应变能力，有良好的人际关系。

（4）职责与权限

1）遵守公司规章制度，不泄露公司机密。

2）随时掌握车间员工的工作进度，督促工作的有效性和高效性。

3）能够按照进厂车辆的优先次序和员工的技术水平，合理组织分配任务。

4）定期统计车间员工效率表及返修率。

5）与接待人员沟通协调，控制车间维修量情况。

6）按照需要做适当人员调整，最大限度地提高生产力和员工的生产率。

7）充分利用设备资源和人力资源。

8）严格控管车间费用。

9）车辆终检合格后及时告知相应接待，做好交车准备。

10）严格按照维修标准流程安排工作。

11）分析相关报表和生产情况，制订改善计划。

12）重大问题及时向经理汇报。

13）服务部各部门之间的协调沟通。

5. 维修技师

（1）岗位名称　维修技师。

（2）直接上级　车间主管。

（3）素质要求

1）有优秀和详细的汽车系统、汽车服务、汽车维修和汽车诊断知识。

2）了解网络、部件、主要总成等的结构、功能和系统，并且能够与其他系统知识结合使用。

3）有良好的汽车电气和数据总线系统知识背景。

4）有丰富的无线电学知识，软件操作，网络知识构架。

5）能够操作或者能够快速学习使用所有的设备和系统。

6）有良好的语言沟通能力和解决问题及应变能力，有良好的人际关系。

（4）职责与权限

1）遵守公司规章制度，不泄露公司机密。

2）维修技师代表公司的形象，以为客户服务为宗旨。

3）可监控维修程序，可以进行终检。

4）即使在压力下也能保持客观，不掺杂个人的意见与观点。

5）有较强的独立意识，能够表达自己的观点并且能够做出正确决策。

6）能够较好地分析复杂问题，能够独立提出自己的策略。

7）能够对疑难问题提供技术指导，能够成功解决问题。

8）潜心学习，能够培训其他员工。

9）运用开放式思维进行复杂的尤其是网络系统方面的故障诊断，并记录原因。

10）能够向同事提供专业的技术信息作为参考意见。

11）使用新的诊断系统设备和方法修复车辆。

12）向业务接待提供关于故障诊断的技术支持和解决方案。
13）保持车间的4S管理。
14）工作中主动辅导年轻员工，提高他们的技术水平。
15）在维修中发现问题时及时与客人联系。
16）主动协助班组搞好车间的各项工作。
17）发现问题时及时向班组汇报。
18）施工中注意安全生产。

6. 配件主管

（1）职务名称　配件主管。
（2）直接上级　经理。
（3）管辖范围　备件库、材料库。
（4）直接下属
1）备件计划员。
2）备件仓库保管员。
（5）素质要求
1）具有大专或以上文化程度。
2）具备一定的营销常识。
3）具有丰富的汽车构造知识。
4）具有丰富的管理经验，一定的组织能力及协调能力。
5）能熟练地操作计算机。
6）熟悉汽车驾驶，有驾驶执照。
（6）职责与权限
1）遵守公司规章制度，不泄露公司机密。
2）负责保证维修所需的充足的备件供应，对原厂备件负责。
3）负责建立合理的备件库存量，指导保管员对库房进行管理。
4）负责备件订购计划的审批。
5）负责组织备件的到货验收及备件的入库检验。
6）负责定期组织人员进行库存盘点。
7）负责审核备件管理账目，抽检库存备件状况。
8）负责实施备件管理方面的培训。
9）负责制订备件位置码。

认知3　员工考核与激励

学时	2学时		难度	高级
学习目标	知识	1）掌握员工考核的内容及方法 2）了解绩效考核过程中要注意的问题 3）掌握常用的员工激励办法		

（续）

		技能点	能力描述
学习目标	技能	1）能够分析制订维修企业的员工考核方案	1+X 汽车维修企业运营与项目管理技术高级技能【工作二：人资 策略制订与分析—任务八：员工绩效考核制订分析】
		2）能够分析整理维修企业员工绩效考核中出现的问题，并制订相应的解决措施	
	素养	1）培养责任意识 2）培养换位思考意识	

员工绩效考核是分析、考核一个员工在工作岗位上的表现和工作结果，它作为一种衡量、评价员工工作表现的工作体系，可以起到鼓励先进、鞭策后进的作用，从而激发员工的潜能，使企业和员工同时受益。由于企业是由员工组成的，因此，对每一个员工的绩效考核是一件非常重要的事情。

一、员工绩效考核的意义

1. 绩效考核是建立薪酬制度的基础

按劳分配、奖勤罚懒，是制订薪酬制度的一贯原则。怎样判断企业员工的劳动业绩，绩效考核可以提供量化数据，真实、可靠的数据是建立薪酬制度的基础。

2. 绩效考核是决定人员任用、调遣、培训的主要依据

在一群年龄、学历相当的员工中，只有进行了科学的绩效考核，才能找到工作业绩出色的员工，才能为员工的任用、调遣提供可靠的依据。同时，针对工作业绩出现问题的员工，可以分析问题所在，发现另有所长的，可进行横向调动；发现工作中员工需要帮助的，可考虑进行相应内容的培训。

3. 绩效考核是激励员工的根本

在工作中，每一位员工都希望得到肯定或者褒奖。通过绩效考核可以肯定成绩、肯定努力、鼓舞士气、增强信心。同时，使一些员工看到不足，通过比较，先进的更努力，后进的变压力为动力，使工作良性循环。

4. 绩效考核是体现公平竞争的前提

提倡公平竞争，展开公平竞争的前提是要有一个科学、良好的工作业绩考核。

5. 绩效考核有助于实现员工的自我价值，提高企业效益

绩效考核细化了工作要求，使员工的工作责任心增强，同时明确了努力的方向，满足了员工渴望成功的愿望，从而提高了企业效益。

二、员工绩效考核的内容

员工绩效考核工作首先要考虑内容的科学性、合理性。员工绩效考核根据考核对象的不同，可分为个体考核和团队考核。

1. 个体考核

考核的对象是岗位个体，如汽车维修工、配件库房管理人员、前台接待人员（SA）等。

岗位不同，要求就不同。汽车维修工岗位，首先考核维修量的多少，其次考核维修质量。配件库房管理人员，首先考核服务质量；其次考核配件利润的多少。前台接待人员，考核的是工作方式、解决问题和处理问题的能力。

2. 团队考核

考核的对象是不同的岗位小组和工作小组，主要分为管理性团队、科技性团队、生产性团队、服务性团队等。维修企业中，前台服务组、汽车维修组分别属于服务性团队和生产性团队。服务性团队考核的主要指标是工作效率、服务方式。生产性团队考核的主要指标是维修量、维修质量和服务质量。

三、员工绩效考核的方法

工作考核的过程是一个同时有人和数据资料在内的对话过程，这个过程既涉及技术问题，又牵连着人的问题。总之，没有“完美无缺”的绩效考核方法。绩效考核的方法多种多样，它们都是人们在实践中积累起来的。常用的员工绩效考核方法有民意测验法、共同确定法、情景模拟法等。

1. 民意测验法

民意测验法就是让企业所有人员或与之有关系的人来评价被考核者，然后得出结果。这种方法的优点是评价的人员多，民主性强，可以看到大家的实际看法；缺点是最后的评价结果往往受被考核者的人缘影响，并不代表实际的工作业绩。

2. 共同确定法

共同确定法是一种层层确定的方法。先由最基层的小组提出意见，进行上一级专业小组评定，上报总的评定委员会评议，得出结果。这种方法的优点是层层评议，最后由专家确定，可以保证被考核者的水平、能力等方面确实与实际相符；缺点是当某些业绩不能很好的量化时，结果受考核者的主观因素影响很大。

3. 情景模拟法

情景模拟法是为了适应管理和执行工作而提出来的。工作越来越复杂，每一项任务的执行需要多方面的素质和能力，而不同任务所需要的素质和能力是不同的，单凭一些人为规定的考核项目无法全面测评员工是否胜任工作。因此，利用仿真评价技术，通过计算机仿真、模拟现场等技术手段进行模拟现场考核；或者通过代理职务进行真实的现场考核。这种考核方法的优点是被考核者可以真实地面对工作，表现出自己的水平；缺点是需要大量的财力、人力，不能应用于所有的岗位。

以上列举了一些员工考核的方法，这些方法各有优缺点，汽车维修企业管理者在使用时可以斟酌考虑，找到适合自己企业考核的方法。

四、绩效考核实施过程中需要考虑的问题

绩效考核工作本身难度很大，不仅仅是主管领导给员工画勾、打分，在绩效考核中的任何一点偏差都会导致考评结果不真实可靠。

1. 绩效考核过程中可能会出现的问题

1）很难考核创造的价值。

2）很难考核团队工作中的个人价值。

3）员工总认为没有得到公正的待遇。

4）主管害怕出现负面的影响。

5）考核过程容易受到其他因素的影响。

6）缺乏明确的绩效考核标准。

7）考核者的失误。

8）消极的沟通。

9）反馈不及时，不公正。

10）考核方法本身就需要不断提高。

2. 减少可能出现上述问题的措施

1）考核者、管理者必须清楚上述可能出现的问题。

2）分析每一种考核方法的优缺点，选择一两种合适的评价方法。

3）对参与考评者进行培训，避免犯常见的错误。

五、员工的报酬与激励办法

薪酬是员工因向所在的组织提供劳务而获得的各种形式的酬劳。科学合理的酬金管理是一种动力，会极大地提高员工的工作效率，为企业创造更大的效益。不良的酬金管理，将挫伤员工积极性，对企业产生不信任感，影响企业的发展。薪酬管理的基本原则是多劳多得，按劳分配。

激励就是企业用适当的诱因去满足员工的需要，激励起员工的工作积极性，提高员工的工作效率。激励包括物质激励和精神激励。

1. 维修工人计酬方式

目前，国内汽车维修企业采用的计酬方式主要是按工时计酬、按产值计酬、工资加奖金计酬、保底工资加产值提成计酬 4 种方式。

（1）按工时计酬

$$月工资 = 月工时费收入 \times 提成比例$$

这种计酬方式上不封顶、下不保底，员工无最低工资保障。这种分配方式适用于机修工、电工、钣金工，统计时不管材料费为多少，只统计工时费。

（2）按产值计酬

$$月工资 = 月产值 \times 提成比例$$

这种计酬方式适合喷漆工。喷漆工因为其工种的特殊性，原材料易耗，在工作中人为因素较大，所以采用全包干的分配方式，即喷漆用的原材料及人工费均由喷漆工承包，然后与修理厂分成。

此种计酬方式的缺点是：喷漆工为了减少成本增加收入，有时会简化工序、偷工减料。例如，本来应该喷 3 遍漆，结果只喷了 2 遍漆。因此采用此种计酬方式要加强质量检验，加强过程控制，对因简化工序、偷工减料而造成的返工，由承修者承担全部返修费用，并进行经济处罚。

（3）工资加奖金计酬

$$月工资 = 工资 + 补贴 + 奖金$$

工资：根据国家规定，分成几个档次，档次要考虑技术级别、工龄等因素。

补贴：包括工种劳保补贴、误餐补贴等。

奖金：按企业规定提取奖金。

这种计酬方式一般是国有企业采用。

（4）保底工资加产值提成计酬

月工资＝保底工资＋产值提成

这种计酬方式员工有最低工资保障。

以上几种分配方式的提成比例由厂方根据提供的生产条件、设备水平及当地维修市场的行情确定。

2. 管理人员计酬方式

管理人员的计酬方式分两种：按工人平均工资计酬和固定月（年）薪计酬。在此基础上，为了提高管理人员的责任心，年底按效益情况发放一定数额的奖金。

（1）按工人平均工资计酬　一般管理人员按工人平均工资发放，部门负责人按工人平均工资乘以系数，不同级别的管理人员可选择不同的系统。

（2）固定月（年）薪计酬　采用这种计酬方式的人员为企业的高层管理人员、有专门技术或较高业务水平的管理人员。

课堂拓展

讨论：毕业前夕同学们都会面临就业，你是如何看待薪酬待遇问题呢？

参考建议：工资期望值不要过高，注重个人发展提升，树立正确的消费观、价值观，不要虚荣攀比、正确定位自己，给自己奋斗打拼的时间，有吃苦精神、抗压精神，不依靠父母、不“啃老”……

3. 物质激励

物质激励包括以下 4 个方面的内容。

1）员工工资：直接反映当前员工的工作绩效。

2）奖励制度：奖励员工在某一项目或某一时间内的特殊贡献。

3）福利：包括养老保险、法定假日及带薪休假等。

4）长期激励：体现员工长期的价值，如配乘用车、分配住房等。

4. 精神激励

精神激励包括以下 4 个方面的内容。

1）荣誉激励：表彰员工在某一方面的特殊贡献，或表扬突出事迹。荣誉激励应及时，以收到好的效果。

2）感情激励：关心员工的工作和生活，为员工设计职业生涯。

3）参与激励：让员工参与企业管理，为企业献计献策。

4）教育激励：提供员工受教育的机会。

认知 4　员工的培训

学时	1 学时		难度	高级
学习目标	知识	1）了解员工培训的必要性 2）熟悉培训的形式及方法		
	技能	技能点	能力描述	
		能够分析制订维修企业的员工培训方案	1＋X 汽车维修企业运营与项目管理技术高级技能【工作二：人资 策略制订与分析—任务十：人资管理方案制订分析】	
	素养	1）培养高瞻远瞩的战略意识 2）培养共赢的理念		

培训工作是企业持续发展的重要保证，是实施管理的重要补充。企业对员工进行培训是一种投资行为，而不能认为是一种成本支出，员工培训提高了员工素质，增强了企业的竞争力。

员工培训是指企业为实现自身的目标和员工个人发展的目标，采用一定的方式，有计划、系统地对全体人员进行培养和训练，使其提高与工作相关的知识、技能等素质，以适应并胜任职位工作。

一、员工培训的意义

汽车维修企业中的人才流动是必然现象，这不是以某个管理者的意志为转移的。企业和企业管理者采取各种措施与机制，只能做到人才的相对稳定。千万不可因为人才的流动而不对员工进行培训，这样会造成企业的恶性循环，得不偿失。汽车维修企业建立对内部员工的培训机制，是稳定人才的重要手段和企业发展的必然措施。企业能扩张多快多大，很大程度是要看内部管理人员的培养速度。员工培训的意义主要体现在以下几方面。

1. 培训是提高员工素质和增强企业竞争力的根本途径之一

企业竞争也是人才的竞争。明智的企业家越来越清醒地认识到培训是企业发展不可忽视的“人本投资”，是提高企业“造血功能”的根本途径。人类正在进入知识经济时代，现代社会快速发展的一个重要趋势就是新知识、新工艺、新技术、新产品的不断涌现，市场变化多端，稍纵即逝。汽车维修行业同现代化工业生产紧密联系，需要不断地提高汽车维修行业员工队伍的素质，以适应汽车维修作业和企业管理工作的需要，适应工作岗位发展变化的新要求。

2. 培训是提高劳动生产率和工作效率的重要途径

通过培训，可以提高员工的工作能力、办事效率和技术水平；可以增加他们的知识积累、加速知识更新和引发科学创见。通常情况下，教育培训的程度越高，完成任务的效率就越高，革新与发明创造就越多。

3. 培训会给企业带来巨大的经济效益

就企业而言，对员工培训得越充分，对员工越具有吸引力，越能发挥人力资源的高增值性，从而为企业创造更多的效益。

4. 培训能增强员工对企业的归属感和主人翁责任感

培训能促进企业与员工、管理层与员工层的双向沟通，增强企业的向心力和凝聚力，塑造优秀的企业文化。因为企业文化是企业的灵魂，它是一种以价值观为核心对全体职工进行企业意识教育的微观文化体系。企业管理人员和员工认同企业文化，不仅会自觉学习掌握科技知识和技能，而且会增强主人翁意识、质量意识、创新意识，从而培养大家的敬业精神、革新精神和社会责任感，形成上上下下自学科技知识，自觉发明创造的良好氛围，企业的科技人才将茁壮成长，企业科技开发能力会明显增强。

二、员工培训的形式

员工培训的形式多种多样，汽车维修企业可以根据企业自己的特点，采取不同形式的培训。

1. 按照员工在培训时的工作状态分类

（1）在职培训　在职培训就是利用工作时间或就某一个问题，在实际工作中进行的短期培训。它的特点是：培训时间灵活，不影响正常的维修任务；边学边干，学以致用，易掌握知识要点，实践性强；能够结合本维修企业自身的维修特点；可以利用本单位技术骨干而不需要聘请专门的培训师，也利于员工之间的交流；经济可行，不需要添置设备和场所；所培训的知识不系统、不规范；受训人数受培训场地限制。

在汽车维修企业中，对新进设备、工具的使用，某一种新车型、新总成的维修方法、安全培训等，均可采用这种培训方式。

（2）脱产培训　脱产培训就是在一定的时间里，受培训者离开工作岗位接受专门、系统的知识培训。它的特点是：培训的知识系统化、理论化、专业化，受训者可以得到全面的提高；受训者可能来自不同的地区、行业，可以进行相互交流、学习，学习更专心，不受工作的干扰。

（3）半脱产培训　半脱产培训介于在职培训和脱产培训之间，兼顾二者的优缺点。

2. 按照培训的目的分类

（1）文化技术培训　文化技术培训的目的是提高汽车维修企业员工文化素质和维修技术，如某车型的结构特点培训、汽车维修企业管理培训等。它的特点是针对性强，短期内可提高员工的维修技术。

（2）岗位培训　岗位培训是从工作的实际需要出发，针对某些岗位的特殊要求而进行的培训。其目的是传授对于个人行使岗位职责、推动工作方面的特殊技能，使受训人在担任该岗位之前，能够充分了解和掌握岗位的职责、权利、知识和技能等。例如：对维修站中高层管理人员进行的财务培训和人力资源培训，对服务总监进行的服务理念更新、市场的开拓培训，对维修电工进行的计算机基础控制的培训等。

3. 按照培训内容的层次分类

（1）初级培训　初级培训主要是一般性的知识和技术方法培训，例如入厂培训、维修人员的应知应会等培训。

（2）中级培训　中级培训针对培训对象加入一些相关专业的理论知识进行的培训，如汽车维修中级、高级培训。

（3）高级培训　高级培训主要是将一些汽车行业的新技术、新观念、新方法以短期培训、研讨会的方式进行的培训。

4. 按照培训的对象分类

（1）新员工培训　新员工培训主要是指职前培训。其目的是让新员工对企业、工作岗位、工作环境有一个全面的认识，领会企业文化，熟悉企业的规章制度，能够很快地进入状态。

（2）在职员工培训　在职员工培训主要是指员工的继续培训。其目的是全方位地提高员工素质。

三、员工培训的内容

根据汽车维修企业工作的职能，员工培训的内容通常可归纳为技术类培训、管理类培训、索赔类培训、备件类培训和计算机类培训。

1. 技术类培训

根据汽车维修企业参加培训的人员素质和技术水平的不同，技术类培训可分为不同的级别，如初级、高级、专家级等。

1）初级技术培训适合刚刚进入汽车售后服务的维修检测人员学习，一般安排汽车维修维护方面的基础培训和汽车电气方面的基础培训。维修维护方面的培训内容如汽车产品结构配置、技术参数、使用要求、拆装注意事项、维护维修知识、售前检查等内容。电气系统方面的培训内容如基本测试、调整、电路常识、电路图读解、专用仪器使用等培训。培训内容虽然分成机械和电气两方面，但参加培训的维修人员不一定要分两方面。因为现代汽车的先进技术都是具有机电一体化的特征，只懂得机械或只懂得电气这种单一的技术，已经无法适应汽车售后服务的要求，所以对汽车维修检测人员的综合素质要求越来越高。

2）高级培训一般根据汽车的结构特点按部分系统进行。发动机部分的内容如汽油发动机、柴油发动机各系统结构、原理、拆装、调整，常见故障排除、检测等。底盘部分的内容如变速器、自动变速器、ABS 等总成的结构、原理、拆装、调整，常见故障排除、检测等。电气部分的内容如电子舒适系统（如电加热座椅）、空调等系统结构、原理、拆装、调整，常见故障排除、检测等。车身修复可安排钣金和油漆两方面，钣金内容是车身结构、焊接原理、车身校正系统使用等知识；油漆内容是车辆表面处理、喷涂常见的缺陷及原因、微调技术、驳口工艺等知识。

此外，高级培训还包括主机厂的新车型、新技术等方面的专题培训。

3）专家级培训主要侧重于交流、总结多发故障、疑难故障的分析与排除方法、深入解析系统原理，为汽车维修检测服务提供技术经验，为主机厂提供典型故障案例的素材和依据。

2. 管理类培训

管理类培训的目的主要是提高汽车维修企业的管理水平。根据汽车维修企业的具体情况不同，管理类培训一般分为管理模式、用户沟通和服务营销等方面的培训。管理模式的培训内容包括维修服务工作流程、售后服务流程等。用户沟通的内容有用户关系技巧、用户抱怨与冲突的解决技巧、电话回访的技巧等。服务营销的培训内容侧重服务理念、时间控制模式、小组工作模式、经营分析等。

管理类培训适合从事服务管理的服务经理、接待人员、客户服务人员及营销人员等参加。

3. 索赔培训

索赔工作对于汽车品牌4S店来说，是售后服务的一项重要工作。它的物流线既涉及用户、经销商，又涉及汽车生产企业乃至供应商。它的责任线涉及的更广。所以经销商的基础索赔工作十分重要。而执行基础索赔工作的是经销商处的索赔人员，所以必须加强对索赔人员的培训。

索赔培训一般包括索赔工作流程、索赔管理条例、索赔件管理以及索赔申请单的填写、在网录入、离网上传、修改索赔单等项目。现在的索赔工作都是在网络上进行的，因此参加培训的人员应具备一定的计算机基础，对索赔件损伤原因的分析能力，一定的维修基础知识。

4. 备件培训

备件培训是对于汽车品牌4S店而言的。为保证备件订货业务的顺利进行，主机厂要对经销商的备件订货人员和管理人员进行培训。备件培训的内容包括主机厂的备件体系、备件订货及管理系统、备件管理条例、备件的图册或电子目录系统以及计算机网络订货等。

备件培训适合于经销商的备件经理及备件订货员参加。

5. 计算机业务培训

在现代社会里，信息成了主要战略资源。汽车维修企业、主机厂、物流商、供应商的一切信息沟通都离不开计算机系统。因此，企业必须做好计算机业务培训。汽车维修企业的计算机培训主要根据主机厂、物流商等共同使用的信息管理系统进行，内容一般包括人员管理，信息管理，车辆信息反馈，内部管理软件的使用、维护等。

一般4S店的索赔员和服务经理等都必须经过该项培训。

课堂拓展

讨论：你如何理解在工作和成长过程中“活到老，学到老”？

参考建议：业精于勤荒于嬉，领悟无止境，吾生也有涯、而知也无涯，新工艺、新知识、新技术不断涌现，社会竞争残酷，必须提高自己的竞争力，保持积极的人生态度、持之以恒的学习态度……

项目实施

制订岗位招聘面试问卷

某汽车维修企业进行维修技师岗位招聘，请制订人事部门面试时的考察问卷。

(1) 请你进行一下自我介绍。

回答提示：一般习惯性地回答姓名、籍贯、年龄、工种、工龄、工作经历。实际上，招聘方最希望知道的是你能否胜任工作，包括你最强的技能、个性中最积极的部分、做过的最成功的事、主要的成就等。另外，招聘方都很重视一个人的礼貌和涵养，要尊重考官，回答完问题后说一句"谢谢"，招聘方喜欢有礼貌的求职者。

(2) 你为什么愿意到我们公司来工作？

回答提示：对于这个问题，你回答的时候要格外小心。在面试前要先做功课，了解一下该公司的背景、企业文化、管理理念等。例如：贵公司一直都稳定发展，近几年来在市场上很有竞争力。另外，贵公司的经营理念和发展环境很吸引我，与我所追求的理念相同，而且对员工的教育培训、升迁都有规范的制度，我认为贵公司能够给我提供一个与众不同的发展道路。这些都显示出你已经做了一些调查，也说明你对自己的未来有具体的远景规划，让对方觉得你真的很想得到这份工作，而不只是探探路。

(3) 你对薪资的要求是多少？

回答提示：招聘方都事先对职位定好开支预算，这个价钱往往是他们所能给予的最高价钱。因此，他们问你就是想证实一下这笔钱是否足以引起你对该工作的兴趣。所以，如果你对薪酬的要求太低，那显然贬低自己的能力。如果你对薪酬的要求太高，会显得你分量过重，公司受用不起。

例如：①我受过系统的汽车专业能力的训练，不需要进行大量的培训，就可以直接上手工作，而且我本人也对汽车特别感兴趣。因此，我希望公司能根据我的情况和市场水平，给我合理的薪水。②我对工资没有硬性要求，我相信贵公司在这方面会合情合理。我注重的是这个工作机会，所以，只要条件公平，我不会计较太多。

(4) 你对加班的看法如何？

回答提示：实际上招聘方问这个问题，并不证明一定要加班，只是想测试一下你是否愿意为公司奉献。例如："如果工作需要，我会义不容辞加班，我现在单身，没有任何家庭负担，可以全身心地投入工作。但同时我会提高工作效率，减少不必要的加班。"

(5) 工作中难以和同事、上司相处，你该怎么办？

回答提示：①我会从自身找原因，仔细分析是不是自己工作做得不好让领导不满意，同事看不惯。还要看看是不是我为人处事方面做得不好，如果是这样，我会努力改正。②如果我找不到原因，我会找机会跟他们沟通，请他们指出我的不足，有问题就及时改正。③作为优秀的员工，应该时刻以大局为重，即使在一段时间内，领导和同事对我不理解，我也会做好本职工作，虚心向他们学习，我相信，他们会看见我在努力，总有一天会对我微笑的。

(6) 你希望与什么样的上级共事？

回答提示：这个问题既是一个陷阱，又是一次机会。最好回避对上级具体的希望，多谈对自己的要求。例如："作为刚步入社会的新人，我应该多要求自己尽快熟悉环境，适应环境，而不应该对环境提出什么要求，希望我的上级能够在工作中对我多指导，对我工作中的错误能够立即指出。"

(7) 最能概括你自己的 3 个词是什么？

回答提示：我常用的 3 个词是感恩、责任心、团队合作。结合具体事例向主考官解释一下。

(8) 你的业余爱好是什么？

回答提示：找一些富于团队合作精神的活动，或者举真实的故事。有人因为这个问题被否决掉，因为他的爱好是深海潜水。主考官说，这是一项单人活动，我不敢肯定他能否适应团队工作。

(9) 你欣赏哪种性格的人？

回答提示：热情、实干、诚实而且有创新能力的人。

(10) 你对“跳槽”的看法如何？

回答提示：正常的“跳槽”能促进人才合理流动，应该支持。但是频繁的“跳槽”对单位和个人双方都不利，应该反对。

知识拓展

一汽-大众公司售后服务的人力资源开发体系

一、DEP 项目介绍

DEP（Dealers Elite Program）经销商卓越人才计划，是由原 TQP 项目和 SPD 项目整合而来，是一汽-大众公司与全国多家职业学校共同联手打造的对应企业岗位需求、实施定向技术人才培养工程的“伙伴计划”（图 8-3），实现预留人才、选拔人才、用好人才和留住人才目的。通过 DEP 项目实施，突出体现了学校、企业深度融合的职业人才培养模式，把培养目标与一汽-大众公司售后服务体系岗位直接对接，更好地满足企业人才的需求。

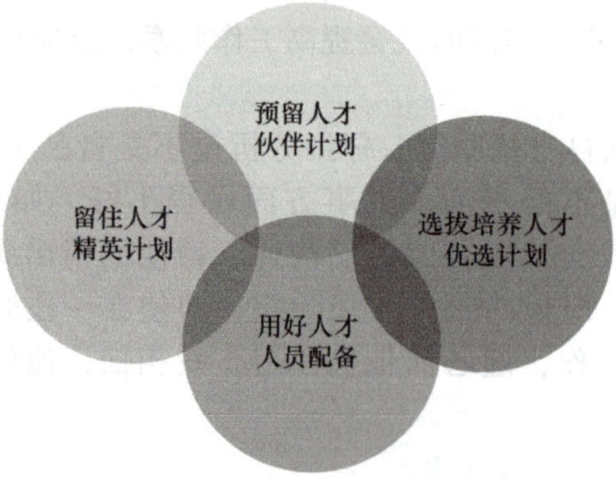

图 8-3　DEP 培养工程的“伙伴计划”

通过企业调研，根据一汽-大众公司相关企业未来人力资源需求以及岗位群的分析、工作任务分析、所具备能力以及汽车技术的发展的需求，确定 TQP 学员基本就业岗位和发展就业岗位。学生在下述岗位群的就业是能力递进的体现，是学徒到专家的发展过程。学员进入经销商后的技术晋级过程如图 8-4 所示。学员培养方向如图 8-5 所示。

学生定位　提前培养具备一汽-大众品牌技能的高素质人才，分为服务和营销两个方向。

一汽-大众品牌班		素质能力	适用岗位	职业上升通道
	服务班	1）品牌文化：对一汽-大众品牌忠诚 2）技术能力：三级助理技师 3）非技术能力：助理服务顾问	一汽-大众经销商服务业务： 机修技工、服务顾问、索赔员、备件库管员、客服专员、……	技术经理、服务经理、备件经理、客服经理、服务总监、客服总监、……
	营销班	1）品牌文化：对一汽-大众品牌忠诚 2）了解产品：一汽-大众产品知识 3）销售能力：助理销售顾问	一汽-大众经销商销售业务： 销售顾问、计划订单员、试乘试驾专员、市场专员、金融保险专员、……	销售经理、市场经理、大用户经理、保险经理、销售总监、市场总监、……

图 8-4　学员进入经销商后的技术晋级过程

学生培养方向　品牌班学生的培养应建立在认同品牌理念的基础上，紧密围绕工匠精神。

图 8-5　学员培养方向

二、学生能力要求

1. 基本能力

1）遵守与工作相关的劳动和安全规定。

2）执行与工作相关的环境规定/回收规定。

3）使用所需信息系统。

4）采取质保措施并记录相应的工作步骤。

5）选择材料和配件，并执行订购流程。

6）处理商誉保修和保修工单。

7）处理客户工单。

8）使工作成果可视化，并加以展示。

9）独立完成工作任务（学会学习）。

2. 专业技术能力

1）PDI 操作。

2）首保 ~60000km 维护。

3）描述各总成结构及工作原理。

4）拆装各总成部件。

5）按照电路图和功能说明进行工作。

6）诊断仪器使用。

7）应用诊断技术。

三、师资培训

大众公司将 DEP 纳入自己人力资源体系，并且列入高级人才培养阶段，按照经销商内训体系对教师进行培训。各校根据 DEP 招生数量，确定教师数量。每年定期培训 2 ~3 次，时间选在暑假或寒假期间。可以专项对教师培训，也可以和经销商共同培训，并获得相应的证书。参加 DEP 定向培养的授课教师必须获得一汽-大众公司售后服务体系培训资格认证，获得 TTT2（BQ）、TTT3（AQ）、培训师、高级培训师证书。一汽-大众公司的培训体系如图 8-6 所示，一汽-大众公司的资格认证如图 8-7 所示。

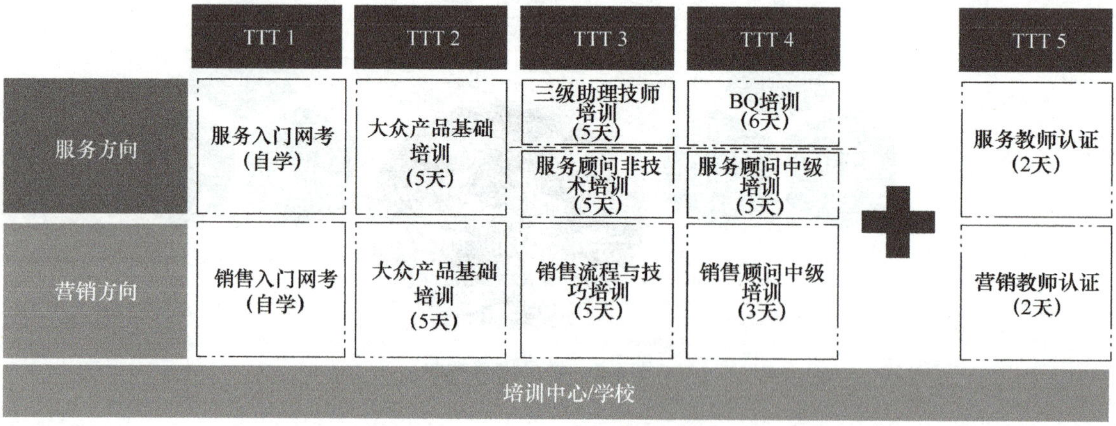

图 8-6　一汽-大众公司培训体系

方向	课程名称		课程内容	培训天数
服务方向	TTT1	服务入门网考	1）一级助理技师内容：安全生产、一汽-大众企业文化、一汽-大众常规车型维护操作 2）二级助理技师内容：车辆总成、部件的常见拆装及专用工具的使用	—
服务方向	TTT2	大众产品基础培训	品牌历史、车型简介、动力、科技、安全、底盘等基础知识讲解、产品设备操作、试乘试驾	5天
服务方向	TTT3	三级助理技师培训	1）发动机机械基础；2）发动机电控基础；3）电路图初步分析；4）505X测试仪及故障导航部分；5）舒适系统、网关、转向柱控制单元、中央电器控制单元的基础知识	5天
服务方向	TTT3	服务顾问非技术培训	1）企业介绍；2）服务理念；3）服务顾问岗位职责与发展；4）有效沟通基础；5）电话沟通；6）服务接待礼仪；7）售后服务中的法律事项；8）三包规定；9）服务满意度；10）咨询与销售；11）客户抱怨应对基础；12）售后服务核心流程	5天
服务方向	TTT4	BQ培训	1）电气设备系统化故障查询及诊断；2）汽车电气控制单元诊断及输入、输出信息检测；3）车辆控制单元局域网络CAN总线系统及故障诊断	6天
服务方向	TTT4	服务顾问中级培训	1）服务意识；2）时间管理；3）团队；4）沟通基础知识回顾；5）接车中沟通能力提升；6）交车中沟通能力提升；7）服务流程执行能力提升；8）客户抱怨处理	5天
服务方向	TTT5	服务教师认证	对教师授课能力进行现场认证，检验TTT1~TTT4的参训效果。	2天
营销方向	TTT1	销售入门网考	产品基础知识、标准销售流程、三包知识、法律法规、基础维护等	—
营销方向	TTT2	大众产品基础培训	品牌历史、车型简介、动力、科技、安全、底盘等基础知识讲解、产品设备操作、试乘试驾	5天
营销方向	TTT3	销售流程与技巧培训	标准销售流程执行要点、岗位认知、客户满意度、车辆展示技巧、沟通基础、基础议价技巧、销售工具等	5天
营销方向	TTT4	销售顾问中级培训	1）主动出击（积极心态、获取有效客户资源、跟进方法、异议处理技巧、主动成交时机把握等）； 2）议价技巧（议价心理、报价技巧、议价铺垫、议价技巧，衍生产品推介、工具的使用）	3天
营销方向	TTT5	营销教师认证	对教师授课能力进行现场认证，检验TTT1~TTT4的参训效果	2天

图 8-7　一汽-大众公司的资格认证

参考文献

[1] 赵晓宛．汽车售后服务管理［M］．北京：北京理工大学出版社，2010.

[2] 叶志斌，李云飞．汽车营销［M］．北京：人民交通出版社，2009.

[3] 陈兆俊，王丽娜．汽车备件管理［M］．北京：北京理工大学出版社，2015.

[4] 潘义行，张慧兰．汽车维修销售管理实务［M］．上海：复旦大学出版社，2007.

[5] 王一斐．汽车维修企业管理［M］．北京：机械工业出版社，2008.

[6] 倪勇．汽车4S企业管理制度与前台接待［M］．北京：机械工业出版社，2009.

[7] 栾琪文．汽车维修企业管理［M］．北京：人民邮电出版社，2013.

[8] 胡建军．汽车维修企业创新管理［M］．北京：机械工业出版社，2005.

[9] 人力资源和社会保障部教材办公室．汽车维修企业管理［M］．北京：中国劳动社会保障出版社，2012.

[10] 北京中车行高新技术有限公司职业教育培训评价组织．汽车专业领域职业技能等级证书—汽车运用与维修职业技能考核培训方案准则—汽车维修企业运营与项目管理技术：中、高级［M］．北京：高等教育出版社，2020.

[11] 北京中车行高新技术有限公司职业教育培训评价组织．汽车专业领域职业技能等级证书—汽车运用与维修职业技能考核培训方案准则—汽车营销评估与金融保险服务技术：初、中、高级［M］．北京：高等教育出版社，2020.